U0134178

YE BOOK

洞 见 人 和 时 代

王炎平 著

科举与士林风气

四川人民出版社

图书在版编目（CIP）数据

科举与士林风气 / 王炎平著. — 成都：四川人民出版社，
2024.1
ISBN 978-7-220-12864-6

Ⅰ.①科… Ⅱ.①王… Ⅲ.①科举制度–研究–中国–古代
Ⅳ.①D691.3

中国版本图书馆CIP数据核字（2022）第194973号

KEJU YU SHILIN FENGQI

科举与士林风气

王炎平　著

出 版 人	黄立新
策划统筹	封　龙
责任编辑	戴黎莎
封面设计	周伟伟
版式设计	张迪茗
责任印制	周　奇

出版发行	四川人民出版社（成都市三色路238号）
网　　址	http://www.scpph.com
E-mail	scrmcbs@sina.com
新浪微博	@四川人民出版社
微信公众号	四川人民出版社
发行部业务电话	（028）86259624 86259453
防盗版举报电话	（028）86259624
照　　排	四川最近文化传播有限公司
印　　刷	成都东江印务有限公司
成品尺寸	140mm×210mm
印　　张	13.375
字　　数	250千
版　　次	2024年1月第1版
印　　次	2024年1月第1次印刷
书　　号	ISBN 978-7-220-12864-6
定　　价	78.00元

目　录

引 言

自古功名亦苦辛，行藏终欲付何人？

当时黮闇犹承误，末俗纷纭更乱真。

糟粕所传非粹美，丹青难写是精神。

区区岂尽高贤意，独守千秋纸上尘。

（王安石《读史》）

  春秋时期的社会变动，产生了士阶层。孔子是最早的士的代表，也是历史上第一位培养士的大师。士的教育，以修身明道安天下为目的，为此就必须从政，以运用社会公权力实现"治平"理想，于是有"学而优则仕"的主张。这是在世卿制的贵族领主政治衰落的历史条件下，第一次提出的、具体的尚贤政治原则。

  战国至秦，官僚制逐渐代替世卿制。可是，两汉官僚制下，功臣贵族不但享有世袭特权，有任子和赀选的规定，而且从武帝开始实行的察举制，亦逐渐被权贵豪强所把持，结果导致了魏晋南北朝的九品官人法。门选的实质，乃是在相当程度上恢复了贵族等级政治。然而，士族在特权地位上日益腐化，终于因为不能履行社会职责而逐渐丧失其社会统治权力。科举制萌芽于南北朝，创制于隋，逐渐成熟于唐，完善于宋，行用至于明清。它的出现，又一次打破了特权。

王安石《李璋下第》诗曰："男儿独患无名尔，将相谁云有种哉！"这是科举制下士人的豪语。

历史上最早说"王侯将相宁有种乎"的，是秦末农民起义领袖陈胜。秦汉之际社会变革的结果是成就了西汉初年布衣将相的局面。可是布衣将相很快成为贵族，陈胜之语竟在由汉至隋大约八百年间沉寂无闻。直到科举制兴起，才永远打破了"将相有种"的世局。

科举制的出现，标志着贵族政治趋于终结和官僚政治趋于完善，中国古代文官制度至此逐渐成熟，它以考试面前人人平等的原则，将孔子"学而优则仕"的尚贤主张变为现实，从而对中国古代士人的命运产生了决定性的影响。所谓"朝为田舍郎，暮登天子堂"，以及"大登科金榜题名，小登科洞房花烛"，是迷梦，也是现实。少数士人因为科举制而扬眉吐气并施展抱负。

中唐名士独孤及《送虞秀才擢第归长沙》诗曰："海运同鹍化，风帆若鸟飞！"虞秀才科举登第，如鹍化为鹏鸟，他此后的仕途，将一帆风顺，升迁之速，有若鸟飞。诗人将科举对士人命运的改变，比作《庄子·逍遥游》中化鲲为鹏的"海运"，反映了科举制在士人面前展现了鹏程万里的前景。然而实际上，当科举这个"海运"来时，化为鹏鸟的只是极少的鲲鱼。至于仕宦途中，大多数人并不顺利。在功名场中，士人或沉或浮，时沉时浮，命运莫测，所谓"得水蛟龙失水鱼"（李山甫《贺友人及第》），乃是普遍的现象。这对士人的心态和行为，对士人与国家和社会的关系，对士林内部的关系，对士人的家庭，都产生了复杂而深刻的影响，因而演出了无数的悲剧和喜剧。

科举制这个深刻地改变了世运和文运的制度，虽创始于隋，史籍却不载有关隋代科举的情况。从历史记载看，这个制度在国家和社会生活中产生广泛而深刻的影响始于唐代，而大盛于两宋及明清。本书所述，亦因此以唐代科举为基本内容，兼采宋、辽、金、元及明清材料，以具体的史实说明科举的创制和演进，科举与官僚制的结合，以及科举官僚制度对于中国古代社会的世情和国情有何影响，中国古代士人在科场和官场上有着怎样的命运和心境，借以为科举时代的中国社会写照，为科举时代的中国士人写心。

第一章 大能荣耀苦心人
——科举述论

浩荡宫门白日开，君王高拱试群材。

学如吾子何忧失，命属天公不可猜。

意气未直轻感慨，文章尤忌数悲哀。

男儿独患无名尔，将相谁云有种哉。

（王安石《李璋下第》）

唐高祖武德四年（621），秦王李世民先后攻灭窦建德和王世充，占领东都洛阳，唐朝统一天下的大局因以奠定。次年三月，唐高祖颁诏举行科举考试。十月，全国各州应举的士人会集长安。十二月，在吏部考功员外郎申世宁的主持下举行考试，结果录取秀才一人，进士四人。这是唐朝历史上第一次科举考试，也是见于史籍记载的中国历史上第一次科举考试。

武德五年（622）登第的四名进士是：孙伏伽、李义琛、李义琰、李上德。（《登科记考》卷一）他们的际遇，揭开了中国古代读书人经由科举致身青云的历史性场面。从此，中国古代读书人以"十年寒窗"之辛苦，追求"一举成名"之荣耀，一代又一代，在大约一千三百年间，孜孜矻矻，悲悲喜喜，在人世间演出了多少动人心魄的活剧。至今回顾，犹不禁令人浩叹！

一　始觉文章可致身
——科举对于前代选官制度的突破

　　唐朝武德五年举行的科举考试，虽然仅有四人进士及第，但却以其异于前代的选官方式，开启了新的世局。其中李义琛、李义琰兄弟"家素贫乏"，与从弟李上德皆被举送京师参加科举考试。他们行至潼关，遇大雪，投宿旅店，被拒于门外。有一位来自咸阳的商人深表同情，邀请他们住进自己屋里。一连住了数日，雪才停止。李义琛等为报答商人厚意，商量卖掉驴子，置酒酬谢。商人却悄悄离去，行前还赠予他们进京所需资费。后来三人皆由科举入仕，李义琛官至雍州长史，李义琰官至宰相，李上德官至司门郎中。（《唐摭言》卷七）这三位寒士，皆经由科举做到高、中级官吏。这样的事，在士族门阀政治时代是不可思议的。故历来评论科举制度时，都正确地指出这是对于魏晋以来九品官人法的否定。

否定是扬弃不是抛弃。全面地看这个问题，科举对于前代选官制度，既有变革的一面，也有沿袭的一面。因为一切选官制度，都以选拔国家各级各类管理人才为目的，也都以当时提倡的德才为标准。九品官人法下，虽然是"上品无寒门，下品无势族"，但选官为政治，选官讲究德才的目的和原则是一样的。司马炎代魏前夕，魏咸熙二年（265）十一月，他下令诸郡中正官以六条标准选官：忠恪；孝敬；友于兄弟；廉洁谦让；重信义；好学而修身。（《晋书·武帝纪》）北魏孝文帝于延兴二年（472）六月下诏，批评贡举猥滥，要求自今选举，"皆门尽州郡之高，才极乡闾之选"（《魏书·高祖纪》）。可见，魏晋南北朝时期选官，并非仅论门第，而是兼论德才，是在门选的前提下选才。因为前提是门第，所以"上品无寒门"。

但同是高门中人，则仍以才秀为美。《陈书·蔡凝传》谓："黄、散之职，故须人、门兼美。"意即黄门侍郎、散骑侍郎这样的清官美职，必须人才与门第皆高。梁武帝用刘孝绰为秘书丞，说是："第一官当用第一人。"（《梁书·刘孝绰传》）即第一流官职当用第一流人才。史载：吴郡张率被任命为秘书丞，梁武帝告诉他："秘书丞天下清官，东南望胄未有为之者。今以相处，为卿定名誉。"（《南史·张裕传附张率》）可见，"望胄"子弟如非才美，也不能担任秘书丞这样的美职。梁武帝以张率为秘书丞，是为张率定美才的名誉，而非定高门的名誉。

《宋书·王僧达传》载：王僧达"自负才、地，谓当时莫及。上［宋孝武帝］初践祚，即居端右。一二年间，便望宰相"。又，齐武帝时，王融"自恃人、地，三十［岁］内望为公辅"（《南史·王弘传附王融》）。王僧达和王融引为自豪的是"才、地""人、地"，即人才与门第，而不仅仅是门第。如梁朝士族王峻的儿子王琮，在国子学读书，因为"不惠［慧］"，遂"为学生所嗤"，其妻也因此同他离婚。（《南史·王裕之传附王琮》）足见仅凭门第而无德才，是不能有美誉及高位的，甚至得不到起码的尊重。故魏晋南北朝时期的士族，颇多以礼法或经学传家者。这个时期，士族中出现了一批又一批政治、文化人才。《宋史·选举志》说："两汉而下，选举之制不同，归于得贤而已。"就是讲汉之察举，魏晋之九品官人，唐宋之科举，虽然选举制度各异，但在"归于得贤"上是一致的。

科举不但在选官的目的和标准上，而且在名目上亦于前代有所承袭："进士者，可进受爵禄者也。《王制》曰：'大乐正论造士之秀士，以告于王，而升诸司马，曰进士。'……夫秀才、茂才、孝廉之科，其来尚矣。"（《登科记考》卷二十八）在考试方法上亦有所承袭："进士科与俊、秀同源异派，所试皆答策而已。两汉之制，有射策、对策……有唐自高祖至高宗，靡不率由旧章。"因为名目乃是对于德与才的具体内容的概括，而考试为评定人才之必要手段，这些当然不可能是科举制所独有的。

那么，科举制区别于前代选举制度的根本特点是什么呢？

科举制乃是一种以国家统一文化考试选拔官吏的制度，它在原则上是以文化考试成绩为唯一的标准。正是在这一点上，它既有别于两汉察举之重德甚于重才，又不同于魏晋南北朝九品官人法之重门第甚于重德才，从而造成中国古代选官制度历史上划时期的变革。

诚然，唐代因为是初行科举，故在制度上尚不完善，在实行上尚有种种干扰，文化以外的诸多因素尚起不小的作用。但是，毕竟在原则上定下了以文化考试为标准。开元二十六年（738）正月唐玄宗下敕：

> 孝悌力田，风化之本，苟有其实，未必求名。比来将此同举人考试词策，便与及第，以为常科，是开侥幸之门，殊乖敦劝之意。
>
> 自今已［以］后，不得更然。
>
> （《登科记考》卷八）

看来，唐前期科举，尚存前代重德之旧习，既违科举以文章取士之精神，又诱德行之士于名场。唐玄宗颁布此敕的主要意义，在于确立科举为专以文化考试取士之制度。有唐二百八十九年中，国家和社会都在为排除文化考试以外的各种干扰因素而不断努力，结果使科举制在唐代处于逐渐成熟和完善的过程中。到宋代，才真正实现了"一切考诸试篇"（《宋史·选举志》）的原则。故自唐宋以来，士人"始觉文章可致身"（褚载《贺赵观文重试及第》），世局变了，士心和士风也随之而起变化。

二　天子下帘亲自问
——制举

武则天临朝称制，为笼络士人，大搜遗逸。垂拱四年（688），举行制举考试。当时，四方之士应制举试者近万人。武则天亲御洛阳城南门，临试诸贡士。结果，张说对策为天下第一。其时张说二十二岁，制举及第后任职太子校书。武则天以张说策文精警，特于尚书省颁示诸州朝集使及四夷使臣，"以光大国得贤之美"（《大唐新语》）。

这是唐代历史上产生轰动效应的一次制举考试。唐代科举包括制举和常举两类。制举是皇帝自诏举行的特科，以举行不定期和选才标准不固定而区别于常科。"其为名目，随其人主临时所欲"（《新唐书·选举志》），故制举科目极多。每次举行制举考试，往往开设数科甚至十数科。其中，经常举行的，有贤良方正直言极谏科、博通坟典达于教化科、军谋宏远堪任将率科、详明政术可以理人科。显而易见，制举所选，重在安邦治国、补弊扶危之才。

应诏参加制举考试的，称"制举人"或"应制举人"，由地方政府长官或五品以上朝官荐举，也可自荐。无论是否入仕，亦无论是否有出身，均可参加。武德五年（622）三月，唐高祖下诏：

> 择善任能，救民之要术；推贤进士，奉上之良规。……岩穴幽居，草莱僻陋，被褐怀珠，无因自达。……宜令京官五品以上及诸州总管、刺史各举一人。其有志行可录、才用未申，亦听自举。
>
> （《登科记考》卷一）

这是唐代制举之始。贞观三年（629），唐太宗诏：

> 诸州官吏，或正直廉平，刑清讼息。……宜令都督、刺史封名以进。白屋之内，闾阎之人，但有文武材能，灼然可取，或言行忠谨，堪理时务……亦录名状，与官人同申。
>
> （《登科记考》卷一）

这是唐代制举有科目之始。所谓"正直廉平，刑清讼息""文武材能，灼然可取""言行忠谨，堪理时务"，就是具体的制举科目。武德五年（622）的制举对象，是岩穴幽栖之士。贞观三年（629）的制举对象，有官有民。可见，制举的主要目的，在于选拔那些"虽沾簪绂，犹晦迹于下僚"的能吏，以及"或蕴智谋，尚沉名于大泽"的贤士。（《唐大诏令集》卷一百二）

制举是以皇帝的名义举行的，原则上由皇帝亲临殿廷考试。皇帝如不亲临，则派大臣监试。实际负责考试的是考制策官，多以中书舍人担任。又有复制策官，多以翰林学士担任。考试地点多在武成殿、含元殿、宣政殿、紫宸殿或勤政楼。先由有司设食和赐物，然后考试，以试策为主。最初试策无定数，玄宗开元九年（721）改为试策一道，此后试策多为一道。制举考试的问目，大多为时政要务，但也有关于经史学问的。开元二十一年（733），唐玄宗诏："多才科，试经国商略大策三道，并试杂文三道，取其词气高者。"（《登科记考》卷八）这是制举加试杂文之始。天宝十三载（754），词藻宏丽科加试诗、赋各一首。这是制举加试诗赋之始。

唐代共举行制举一百二十次。第一次在高祖武德五年（622），最末次在哀帝天祐元年（904）。制举及第人姓名，史多不载。史载第一位制举及第人是谢偃，他于贞观元年（627）应制举及第，历任高陵主簿、弘文馆直学士等职，以擅长作赋著称。其时，李百药工为五言诗，故当世有"李诗谢赋"之誉。制举加试杂文之始年，及第人是李史鱼，年仅二十八岁，群辈仰之，如鸿鹄之在霄汉。制举加试诗赋之始年，登科者三人，第一名是杨绾，他在代宗时做到宰相。德宗贞元十年（794），贤良方正科十六人及第，而裴洎、裴度、崔群、王播、皇甫镈五人后来拜相。其中，裴洎、裴度、崔群皆为名臣。制科得人，此榜为盛。

　　唐代，应制举考试而在政治上发生重大影响者，为刘蕡。文宗大和二年（828），刘蕡应贤良方正能直言极谏科。当时宦官权盛，握兵宫闱，天子废立，由其可否。刘蕡在对策中指陈时弊，极论宦官专权之害，说是："宫闱将变，社稷将危，天下将倾，海内将乱。"他建议去宦官之权，恢复其"门户扫除之役"，以改变宦官豪横之局。考策官冯宿、贾餗、庞严读后，皆深相叹服，以为虽西汉晁错、董仲舒，亦不能过之。然其时宦官势焰正炽，考官不敢以刘蕡及第。舆论哗然，皆为刘蕡称屈。登科人李郃说："刘蕡不第，我辈登科，实厚颜矣！"乃上疏请以己官授刘。事虽不行，人皆称之。（《旧唐书·刘蕡传》）刘蕡，字去华，昌平（今北京昌平区西南）人，博学善文，尤精研《左传》，好谈王霸大略，性耿介，疾恶如仇，言及当世腐败情事，痛切陈辞，慨然有澄清天下之志。他的对策，言人人之所欲言而又不能言，慷慨激烈，士林感动。人们争相传读，有相对垂泣者。唐后期宦官肆虐，刘蕡对策，一吐人心之积愤，故造成极大震动，有力地推动了反宦官的斗争。然刘蕡竟因此沉废终生。他死后，李商隐写了四首诗哭他。《哭刘司户二首之二》云：

> 有美扶皇运，无谁荐直言。
> 已为秦逐客，复作楚冤魂。
> 溢浦应分派，荆江有会源。
> 并将添恨泪，一洒问乾坤。

当时，文宗已在宦官迫害下抑郁死去，故谓溢水、荆江皆化为恨泪，亦不能诉尽胸中之冤痛。李商隐以刘蕡比屈原，是因为二人皆以逐臣流落在外而死。屈原死，楚国遂亡；刘蕡死，唐运亦垂尽。刘蕡本欲救国，结果身死而国事愈加不堪，确乎只有洒泪问乾坤而已。

皇帝自诏举人，经对策选用，始于汉代。魏晋南北朝亦时而举行。唐代制举，为常举之辅助手段，它的作用：一是避免遗贤之失，且待非常之才；二是应时政之急需。如武则天垂拱四年（688）策问：

> 随时之务何先？经国之图何取？
> 帝皇之道奚是？王霸之理奚非？

张说对策指出：

> 顷者三监乱常，有司既纠之以猛；于今四罪咸

服，陛下宜济之以宽。

时当武则天任用酷吏大行猛政之际，张说谏以宽猛相济之道。他认为："刑在必澄，不在必惨；政在必信，不在必苛。"他建议："明肆赦之渥恩，安万人之反侧；布深仁于罗鸟，收至察于泉鱼。"（《登科记考》卷三）策文直陈政见，兼顾时势与人情，词句典雅，直而能婉，故为武则天所深赏。清人陶福履《常谈》论曰："盖士非泛览经史百家，博通古今，深明治体者，不能对策"，故制举试策可"觇人器识，验人学术"。唐世进士、明经及第人中，有高才者往往又应制举考试，以展才识，以见襟抱。如刘蕡对策之年，杜牧即在登进士第后又应制举及第。他作《重登科》曰：

星汉离宫月出轮，汉街含笑绮罗春。
花前每被青蛾问：何事重来只一人？

当年，进士及第而又制举及第者，唯杜牧一人，他的得意是不言而喻的。

制举及第，高者由中书门下"特授与美官，其次与出身"（《通典·选举三》）。《独异志》载元德秀《自述》诗曰：

延英引对碧衣郎，江砚宣毫各别床。

天子下帘亲考试，宫人手里过茶汤。

此诗首句写制举考试地点：大明宫中延英殿，这通常是皇帝召见宰相议事的地方。此诗二句写应考人一人一座，笔砚皆是珍品。此诗三句写至尊的皇帝亲临策问。此诗四句写美丽的宫女递送茶汤。这是科举考试中对于考生的最高规格待遇。

显然，诗人颇以制举考试时所得到的优遇为荣。《独异志》又载："是时〔玄宗时〕贵族竞应制科，用为男子荣进。"故在唐代前期和中期，制举为世所重，亦为士人所争趋。刘蕡对策以后，宦官不乐士人议论时弊，制举转衰。五代时期，仅后梁开平三年（909），博学宏词科二人及第。后周显德四年（957），诏复制科，然并未举行。

范仲淹《上执政书》称：唐朝"常设制科，所得大才将相非一"。张说、裴度即是应制举入仕的将相大才。唐代应制举及第而知名当世者，尚有张行成、李怀远、李峤、张廷珪、宋璟、陆元方、阎朝隐、王邱、徐安贞、韦见素、陆象先、杨茂谦、敬括、于休烈等多人。（《登科记考》卷二十七《附考·制科》）

制举经在晚唐五代一度衰落以后，至宋代又盛。宋太祖始置贤良方正能直言极谏等三科。宋真宗增置博通坟典达于教化等四科。宋仁宗时，诏置贤良方正能直言极谏科、博通坟典明于教化科、才识兼茂明于体用科、详明吏理可使从政科、识洞韬略运筹帷幄科、军谋宏远材任边寄科，共六种。宋人称制科为"大科"。如富弼初游场屋，穆脩对他说："进士不足以尽子之才，当以大科名世。"（《邵氏闻见录》卷九）又，苏辙《龙川别志》卷上，载张方平语曰："自设六科以来，士之翘楚者，皆争论国政之长短。……朝廷往往为之动摇。"但因此也就不为专制帝王所喜，故宋世虽士人甚重制科，朝廷却废置无常。哲宗时，改置宏词科。南宋高宗绍兴三年（1133），诏设博学宏词科。此后，博学宏词成为制举的主要科目，与过去以贤良方正直言极谏为主要科目不同。从此，制举对策由议论时政转为粉饰文治。

科举史上，制科以唐宋之世为盛，而宋不如唐。据南宋人王应麟《困学纪闻》卷十四统计，唐代由制举出身官至宰相者达七十二人，宋代则登第制科者仅四十人，其中官至宰相者仅富弼一人。

清代曾两次诏开博学鸿词科（因避乾隆帝名讳，"宏"改"鸿"）。第一次在康熙十七年（1678）下诏开科，次年考试。其时距明亡不久，康熙帝意在笼络士大夫，特别是笼络明遗民。诏下之后，京内外官员即举荐名儒，尤其注意搜括隐居山林之明遗民。一些遗民被迫应征。但也有不屈者，如李颙以死相拒，获免。顾炎武被推举，从此绝迹不至京师。吕留良被推举，亦不应召。康熙十八年（1679）三月，在保和殿举行考试。康熙帝亲阅试卷，于应试者一百四十三人中，取中彭孙遹等五十人，皆授任翰林院侍读、侍讲、编修、检讨等官。录取者中，有著名文士陈维崧、朱彝尊、潘耒、施闰章、尤侗、汪琬、汤斌、毛奇龄等。此科的开设，客观上有助于振兴清代的文运。

清代第二次开设博学鸿词科，在乾隆元年（1736），应试者一百七十六人，取中刘纶等十五人，其中知名学者有杭世骏、齐召南等。次年，补试续到人员，取中四人。

清代制举尚有孝廉方正科和经济特科。雍正元年（1723），诏直省每府州县卫各举孝廉方正，赐六品服备用。以后每逢皇帝即位即荐举一次。乾隆五年（1740），规定荐举后赴礼部验看考试，授以知县等官。

经济特科设于清末，旨在选拔"洞达中外时务"的人才。光绪二十四年（1898）维新变法时，贵州学政严修创议请设，后因发生政变未及施行。光绪二十七年（1901），始诏令内外大臣荐举，二十九年（1903）考试，录取一等九人，二等十八人。

以上为由唐至清制举大略。总之，唐代制举裨补时政之精神，宋世犹存，至清全失。

三 "三十老明经，五十少进士"
——明经科

中唐著名诗人元稹，十五岁应明经考试及第。据唐康骈《剧谈录》记载：

> 元和中李贺善为歌篇，为韩愈所知，重于缙绅。时元稹年少，以明经擢第，亦工篇什。尝结交于贺，一日执贽造门，贺览刺不答。〔稹〕遽入，仆者谓曰："明经及第，何事看李贺！"稹惭恨而退。

此事，《唐语林》卷六《补遗》所载略同。这是说元稹因是明经及第，故为李贺所轻慢。

但此事纯属虚构。元稹于唐德宗贞元九年（793）明经及第，下距唐宪宗元和元年（806）尚有十三年。又，元稹生于779年，李贺生于790年，元稹比李贺大十一岁。当元稹十五岁明经及第时，李贺才四岁。故李贺断无轻慢元稹的可能。

不过，事虽乌有，它所反映的明经为世所轻的社会现象却是真实的。元稹因为明经出身而仕途不利，乃在元和元年（806）应制举才识兼茂明于体用科，以第一名登第，授任左拾遗。此后元稹在仕途上虽然有过挫折，但终于做到宰相、节度使这样的高官。陈寅恪在《元白诗笺证稿》第四章《艳诗及悼亡诗》中，谓元稹应制举试为改正当初应明经试之错误，以元稹为善于利用社会风气巧于仕宦之人。

明经是唐代常举中与进士科并列之一种科目，因为此科主要以经学取士，故名。

唐高祖武德四年（621），始下敕开明经科取士。武德五年（622）十月，诸州贡明经一百四十三人。（《登科记考》卷一）及第人数不详。

明经科分为学究一经、两经、三经、五经等多种，以明两经为多。唐代，以《礼记》《左传》为大经；《毛诗》《周礼》《仪礼》为中经；《周易》《尚书》《公羊传》《穀梁传》为小经，合称"九经"。学究一经试大经一；两经试大、小经各一，或中经二；三经试大、中、小经各一；五经试大经二，中、小经各一，兼通《孝经》《论语》。

明经科最初仅试经策十条，于九经中出题，以明辨义理为通。高宗时，加试帖经。玄宗时，加试经义，并将试经策十条改为试时务策三条。这样，到玄宗时，形成明经考试三场制。帖经以帖十通六为及格，经义以问十通六为及格，时务策以粗有文理为通。唐代明经及第比例，一般为十之一二，每次录取约百人。

唐代有"三十老明经，五十少进士"之谚，意谓明经易得，三十岁及第，已嫌其老；而进士艰难，虽五十岁登科，犹为年少。以此之故，高才之士多不屑于应明经考试。《新唐书·李珏传》载：李珏举明经，李绛对他说，"日角珠庭，非庸人相。明经碌碌，非子所宜"。此事，裴廷裕《东观奏记》亦载，所记李绛语更加直截明白，说是："明经碌碌，非子发迹之路。"可见，明经及第，不利于仕途显达。

然考唐制：明经出身者，上上第，从八品下；上中第，正九品上；上下第，正九品下；中上第，从九品下。进士出身者，甲第，从九品上；乙第，从九品下。故明经出身者之地位，并不低于进士，朝廷且屡次颁诏提倡经学并批评进士浮华。何以唐世尊进士而卑明经呢？这是因为：明经考试重记诵，故较易；进士考试重诗赋，故较难。人情重难轻易，故世重进士，士之高才者亦乐于应进士试，以此优秀人才多集中在进士科。又，明经一般不及进士富于创造精神，能力上稍逊一筹。加以明经大多不擅文章，大多不能胜任中书舍人、翰林学士等要职，因而大多不能升居高位，故在仕途上，明经之前程亦不如进士。此外，唐世风尚颇重文学，中晚唐尤甚，故长于诗赋的进士愈来愈贵。所以，明经不如进士，乃是由考试内容和方法，人才长短，仕途穷通，以及世风好尚所造成的。

但在唐代，明经及第者数倍于进士，朝廷亦始终重视经学。故明经一科，关系唐朝国家情况非轻。唐世明经出身而为名臣者，有张文瓘、裴行俭、唐休璟、李昭德、韦安石、狄仁杰、陆元方、徐有功、敬晖、杜暹、崔日知、李杰、裴光庭、段秀实、韦丹、李巽、程异、贾耽、路随等多人，其盛况虽不及进士，而相去亦不甚远。过去说到唐代科举，往往有轻视明经的倾向，是欠斟酌的。

唐世有关轻视明经的言行，皆发生在肃宗、代宗以后。此前则不然，孟浩然《送张参明经举兼向泾州觐省》诗曰："泛舟江上别，谁不仰神仙？"则其时明经为世羡仰可知。权德舆《送三从弟况赴义兴尉序》："吾三年第经明者三百余士，而知类通达者往往有焉。"（《登科记考》卷十五）权德舆在贞元十八年（802）、十九年（803）、二十一年（805）三知贡举，共取明经三百余人，其中不乏"知类通达"之士。由此可见，虽在唐中期之德宗朝，明经科亦有优秀人才。上面所举由明经出身之名臣，多数在唐前期，少数在唐中期，晚唐则无一人。所以，不但唐前期明经不轻，而且中晚唐有关贬议明经之论，亦每多过甚其辞。

宋代，明经为进士以外诸科之一种，有九经、五经、三礼、三传等。神宗时，罢诸科。此后不再有明经科。

顾炎武论曰："当时〔唐时〕以诗赋取者，谓之进士；以经义取者，谓之明经。今罢诗赋而用经义，则今之进士，乃唐之明经也。"（《日知录》卷十六）这是说明清时期的进士科，取士标准较近于唐代的明经科。故在后世，明经之科目虽废，而明经取士重经义之精神，则在进士科中保存下来。

四　文章世上争开路
——进士科

唐于武德四年（621）始下敕开进士科取士，次年诸州贡进应进士试者三十人，及第四人，第一名是孙伏伽。唐武德元年（618），孙伏伽上表，批评高祖沉溺于声色游猎之乐，亲近佞媚小人。他向高祖提出忠告："陛下勿以唐得天下之易，不知隋失之不难也！"当时唐朝初建，"群公卿士，罕进直言"。高祖特下诏褒奖，称赞他"至诚慷慨，词义恳切，指陈得失，无所回避"，提拔他担任治书侍御史。（《旧唐书·孙伏伽传》）故孙伏伽是在入仕以后应进士科考试的，他是中国科举史上第一位状元。孙伏伽后来历任刑部郎中、户部侍郎、大理卿等职。

进士科最初仅试时务策五条。高宗时，加试帖经和杂文，成为三场考试制。其后有所变易，到中宗神龙元年（705），三场制才确定下来。

进士科三场试中，最重要者为试杂文。杂文泛指诗、赋、箴、铭、颂、表、论、议，而以诗赋为主。高宗永隆二年（681），进士科定制试杂文两首。专试诗赋，始于中宗神龙元年（705），到玄宗时固定下来。由于"主司褒贬，实在诗赋"（《通典·选举五》），故进士科又称"词科"。

进士科主要以文学取士，与明经科主要以经学取士不同。唐代社会及士林均重文学，才士多趋进士科，进士科及第因而极难，约为百分之一二。《新唐书·选举志》谓："方其取以辞章，类若浮文而少实；及其临事设施，奋其事业，隐然为国名臣者，不可胜数。"这是因为人才既然群集于进士科，则登第者中自不乏高才之士。故登第者之才与识，与考试之内容和方法并无必然联系。进士科得人最盛，并非考试诗赋的功效，而是其时世风下人才集中于此科的结果。

唐代，进士及第仅获得出身即做官资格，非如宋以后立即授官。及第人入仕之途径有三：一是等待吏部铨选，二是接受藩方辟置，三是参加吏部宏词试或拔萃试。唐后期，及第人多从藩府辟置入仕。然幕职劳苦，且多拘束。如杜甫在严武幕府，即以不堪束缚，每每形诸篇咏，其《遣闷奉呈严郑公二十韵》曰：

> 白水鱼竿客，涛秋鹤发翁。
> 胡为来幕下？只合在舟中。
> ……
> 束缚酬知己，蹉跎效小忠。

周防期稍稍，太简递匆匆。

晓入朱扉启，昏归画角终。

不成寻别业，未敢息微躬。

……

会希全物色，时放倚梧桐！

又如韩愈从徐州张建封辟为推官，深以晨入夜归为苦，特请求上午寅入辰出，下午申入酉出，以不废事为原则。

唐代官僚机构中，科举出身者只占少数。高宗时，刘详道奏称：每年入流官员千五百，科举出身者比杂色人不到三分之一。玄宗时，杨玚奏称：流外及诸色仕者每年两千人，超过明经、进士十倍。科举出身者中，进士及第每年平均约二十五人，明经及第每年平均一百人，明经入仕者数倍于进士。故唐代不但入仕多途，而且非科举入仕者多于科举入仕者，明经入仕者多于进士入仕者。这说明唐科举在国家体制中的地位不及宋以后那样重要。

然而，唐科举尤其是进士科的生命力引人瞩目。词科考试吸引了社会上的英才，进士入仕者在国家生活中发挥了越来越重要的作用，仕宦通显的比例越来越高。德宗以后，台省要职和宰相人选，多为进士出身者所据。故在唐朝官僚机构中，进士人数虽少，能量却大。到唐后期，进士官僚由于多居要职因而在相当程度上控制了政府机构。元和八年（813），吏部上奏：

近日缘校书、正字名望稍优，但沾科第，皆求注拟。……起今已后，等第稍高，文学兼优者，伏请量注校［书］、正［字］。其余署《开元礼》人，太常寺官有阙，相当注。通经人，国子监官阙，相当者，并请先授，以备讲讨。

（《登科记考》卷十八）

据此，不同科目的人，一开始就在仕途上有所区别。而文学词科之进士，任职秘书省成为"常制"。这样，唐后期进士入仕，虽叙品仍低，但任职皆美。《中朝故事》载："京国士子，进士成名后，便列清途，屈指以期大用。"所谓"清途"，谓在朝廷任职秘书省或集贤院，在地方任职京、畿、望、紧县尉，其后迁升入三省或御史台任职，直至做到宰相。故在唐世，犹有魏晋南北朝余风，官职分为清、浊两途。在魏晋南北朝，士族高门出身者垄断了清职；在唐代，进士逐渐占据了清途。

随着进士及第人在仕途中的地位日益提高，进士科也就日益贵盛。文士莫不以进士及第为殊荣。晚唐人卢晖少孤，由舅父郑愚抚育成人，郑愚希望他从进士出身。后因黄巢起义，卢晖逃至岭南。其时外兄郑绍镇南海。当初，卢晖与郑绍同学，俱为郑愚所赏爱。如今，郑绍因不忍卢晖贫穷，遂劝其仕宦，说是："人生几何？苟富贵可图，何须一第耳！"卢晖回答："苟白衣殁世，亦其命也。若见利改途，有死不可！"（《唐摭言》卷四）他终于在连举十几年以后进士及第。

至于非进士及第而仕宦者，则多感遗憾。薛元超仕至宰相，却以非进士出身为平生恨事。又如刘邺已经做官，承皇帝恩宠，特敕旨进士及第。韦岫为郓州李种草贺函，谓："用敕代榜，由官入名。……禁门而便是龙门，圣主而永为座主。"（《唐摭言》卷九）这说明皇帝干预科举，为舆情所不满；而敕赐及第，为士林所轻蔑。正因如此，唐代不乏已仕之后或他科出身者应进士试的。如杜升官居拾遗，着绯。他应进士试登第再拜拾遗，在一群青袍进士中显得出众，世谓"着绯进士"。既然进士较他途仕宦通显，而朝廷及社会皆重进士，足见唐后期进士科在仕途上的优势地位已经形成。

唐代科举史上，颇多关于批评进士科的记载，这反映了进士科之为世所重及影响甚大。唐代科举制由不成熟逐渐趋于成熟，主要表现为进士科之不断改革和逐渐完善。唐以后科举唯进士科发达，终至于仅存进士科一种（制科在宋以后实为点缀与文饰之具），是进士科优于其他科目的明证。

唐代科举处于不断成熟和完善的历史过程中，其演变趋向是：各种科目中，进士科日盛，至晚唐几成独盛局面。制举在文宗以后基本上不再举行，明经科衰落不振，诸科实际处于停废状态。这预示了后世科举唯有进士一科的历史趋向。

进士科日盛，主要不在录取名额增多。据《登科记考》所载统计：

> 高祖时期5次贡举，总共录取进士26人，年平均约5人。
>
> 太宗时期21次贡举，录取进士205人，年均约10人。
>
> 高宗时期24次贡举，录取进士467人，年均约19人。
>
> 武则天时期19次贡举，进士434人，年均约23人。
>
> 中宗睿宗时期6次贡举，进士188人，年均约32人。
>
> 玄宗时期45次贡举，进士1209人，年均约27人。
>
> 肃宗时期5次贡举，进士125人，年均25人。
>
> 代宗时期17次贡举，进士417人，年均约25人。
>
> 德宗时期24次贡举，进士594人，年均约25人。
>
> 宪宗时期15次贡举，进士418人，年均约28人。
>
> 穆宗、敬宗时期6次贡举，进士172人，年均约29人。
>
> 文宗时期13次贡举，进士395人，年均约30人。
>
> 武宗时期7次贡举，进士174人，年均约25人。
>
> 宣宗时期13次贡举，进士377人，年均29人。
>
> 懿宗时期13次贡举，进士390人，年均30人。
>
> 僖宗时期14次贡举，进士379人，年均约27人。
>
> 昭宗、哀帝时期17次贡举，进士409人，年均约24人。

总计唐代二百八十九年，贡举二百七十二次，进士六千四百五十二人，每次平均二十三点七人。约略言之，武则天时期年均约二十三人，已接近于平均数。玄宗以后至唐末，在二十五至三十人左右，高于平均数并不太多。故从录取名额看，从武则天时期开始，即已相对稳定。

进士科之盛，主要表现为进士之贵。唐德宗贞元十八年（802）、十九年（803）和二十一年（805），权德舆三知贡举，录取进士七十二人，后来拜相者达十人，而任职方镇及台省者尤多。就仕宦显达而言，确乎盛极，唐人也以此为美谈。查《登科记考》，此七十二人中有姓名者是：徐晦、尉迟汾、侯云长、韦纾、沈杞、李翊、崔琯、樊阳源、许康佐、冯定、曹景伯、侯喜、李础、贾餗、胡直钧、郑式方、沈传师、窦庠、刘述古、韦珩、李宗闵、牛僧孺、杨嗣复、冯审、罗立言、陈鸿、杜元颖、萧籍、殷侑、滕遂、浑侃，共三十一人。可是，此三十一人之见于两《唐书》列传者，竟无一人对国家有重大贡献。

唐后期进士科特别尊显，而由进士出身之名臣，却远不及唐前期之多。故对唐代进士科之盛，要做具体分析。有必要说明，唐进士科在众多科目中之地位，是逐渐尊显的。大约始于高宗、武则天时期，成于玄宗时期，盛于德宗以后，极盛于晚唐。也要看到，进士科得人较他科为盛，然当唐后期进士科越来越贵时，得人反不如前期。

故所谓进士科得人愈盛，是指唐后期进士之仕宦通显，而不是进士对国事裨益甚多。德宗以后，进士出身致位宰相者颇多，而为国名臣者寥寥。还有，进士词科之盛，与世风重文学有关。然唐代世风渐趋浮靡，进士文风亦渐趋浮华，这应该是进士科选才功效逐渐下降的重要原因。总之，历来笼统称赞唐进士科盛况，是欠妥当的。

唐代，科举已经经常化。有唐二百八十九年中，贡举二百七十二次，仅有十八年停举。若从武德五年（622）始行科举起算，则仅有十四年停举。而停举皆有不得已的原因。公元755年安禄山叛乱，然从756年至平定叛乱之763年，七年中仅宝应元年（762）一年停举。贞元十九年（803），以灾情严重，京师乏粮，下敕停举一年。（《登科记考》卷十五）韩愈《论今年权停选举状》指出："今若暂停举选，或恐所害实深：一则远近惊惶，二则人士失业。"这里，韩愈坦率地挑明了士人的利益同科举的关系。

自春秋时期的社会变动产生了士阶层以来，士即处于不可一日无禄的经济地位，从政也就成为士人谋生的一种职业。故历代选举制的内容和形式不论如何不同，但有两点是共同的：其一，国家选拔统治管理人才与士人政治抱负相契合；其二，国家调节统治阶级内部利益及分配关系，与士人谋官求禄之利益相协调。当国家与士人关系处理得较好时，则政情较好、政局较稳，社会进步亦较顺利。故历代政权都高度重视改善选举制度。科举制的出现，使古代中国政权找到了较好地处理国家与士人关系的办法，这是科举制具有生命力的一个重要原因。

文宗大和八年（834）八月，因旱灾严重，诏停贡举。但到九月，文宗即下敕曰："念彼求名之人，必怀觖望之志。宁违我令，以慰其心。宜依常例却置。"（《登科记考》卷二十一）这显然是朝廷迫于士人求禄的压力而做出的妥协。事实表明：仕途是否正常，已成为关系政局是否安定之大事。此所以唐亡之年，贡举依然进行。五代战乱纷纷，然五代五十三年（907—960）中，有四十七年贡举，停举仅六年。这说明政权无论如何变易，都不能不顾及士人求仕的要求。

唐后期进士录取名额稳定在二十五至三十人之间，同前期相比，增加不多。故终唐之世，一直是入仕多途。然在后期，名额过少与士人求仕之矛盾日趋尖锐。文宗大和九年（835）十二月，中书门下奏称：

> 又闻每年贡士，尝仅千人。据格所取，其数绝少。强学待用，尝年不试，孤贞介士，老而无成，甚可惜之！

建议："起来年添满四十人及第。"（《登科记考》卷二十一）这是朝廷开始重视并采取措施缓和及第人甚少与应举人甚多的矛盾。咸通十年（869），因用兵停举，次年即增加进士名额十人，明经名额二十人。（《登科记考》卷二十三）这是过去从未有过的事。哀帝天祐三年（906）二月，礼部上奏：

> 今者干戈稍弭，水陆渐通，举人等皆负笈担簦，裂裳裹足，来求试艺，竞切观光。虽人数不广于近年，而贡籍颇甚其屈誉。至于俊造，亦有其人。臣今欲于去年数外，更放三数人，仁开劝诱之门，以赞文明之运。
>
> （《登科记考》卷二十四）

结果，皇帝下敕增加两个名额。这自然不能解决问题，但却反映了士人求仕对于政府的压力，预示了后世大幅度增加进士名额的历史趋向。

唐后期进士及第以后，待选时间渐短，而仕宦升迁渐速。元和年间（806—820），吏部郎中李建论曰：

> 方今秀茂皆在进士。使吾得志，当令登第之岁，集于吏部，使尉紧县。既罢复集，使尉望县。既罢又集，使尉畿县，而升于朝。大凡中人三十成名，四十乃至清列，迟速为宜。既登第，遂食禄；既食禄，必登朝，谁不欲也？无淹滞以守常限，无纷竞以求再捷。下曹得其修举，上位得其更历。就

而言之，其利甚溥。

（《唐语林》卷二）

所谓"既登第，遂食禄；既食禄，必登朝"，是士人的愿望，也反映了唐后期进士待选时间渐短和仕进渐速的现实。李建从有利于国家政治的立场出发，提出了调节的办法，即进士及第应在当年入仕，然仕进当由下位到上位，由地方到朝廷，逐步升迁，并伴以考核，使及第人既无淹滞，又无纷竞；而政事能够修举，高级官员能有丰富的从政经验。由李建之议，可知及第以后长期待选，既违士情，又妨政事。

文宗大和九年（835）十二月，中书门下建议：

伏以国家取士，远法前代，进士之科，得人为盛。然于入仕，须更指执，必使练达，固在经历。起来年进士及第后，三年任选，委吏部依资尽补州府参军，紧县簿尉。官满之后，来年许选。三考后，听诸使府奏用，便入协律郎、四卫佐。未满三考，不在奏改限。……庶令才人速得自效，经于下位，以致上达。

（《登科记考》卷二十一）

此议得到皇帝批准。故在唐后期，进士待选时限缩短乃大势所趋，有渐成制度化之势。而进士升迁太速，亦引起非议。此种"速得自效，经于下位，以致上达"之说，基本上就是宋以后进士仕宦的原则。天复元年（901），昭宗敕令中书门下："选择新及第进士中有久在名场，才德科级年齿已高者，不拘常例，各授一官。"（《登科记考》卷二十四）这是唐代唯一的一次破格优待。虽然只是为了照顾屡举才得及第的老年进士，但却开了科举史上进士及第立即入仕的先例。此事发生在唐末，看似偶然，但因合于唐后期进士待选时间渐短的历史趋势，因而昭示了宋以后及第即行入仕的历史新动向。

五　七岁神童古所难
——童子等诸科及秀才科

唐代常举，除进士、明经，尚有秀才科、童子科、明法、明字、明算、史科、开元礼、三传科等。自童子科以下，总称诸科。

童子科又称神童科，十岁以下儿童，能通一经及《孝经》《论语》，诵文十通者予官；通七予出身。

唐代应童子科入仕者中，以刘晏最为知名。关于神童刘晏，有一段佳话流传。晚唐人郑綮《开天传信记》载：

　　刘晏年八岁，献《东封书》。上［玄宗］览而奇之，命宰相出题，就中书试验。张说、源乾曜等咸宠荐。上以晏间生秀妙，引晏于内殿，纵六宫观看。贵妃坐晏于膝上，亲为晏画眉总䯲髻。宫中人投果遗花者，不可胜数也。寻拜晏秘书省正字。

　　此事，北宋人王谠《唐语林》卷三《夙慧》所载略同，当系王谠采自《开天传信记》。不过《开天传信记》及《唐语林》有关刘晏得杨妃赏爱坐于膝上为之画眉总髻的记载，虽动人听闻，却非事实。

　　关于刘晏神童及第之事的真相是：刘晏七岁或八岁时，应神童试及第。其时张说为相，深赏刘晏敏慧过人。到玄宗东封泰山之年，刘晏十岁或十一岁时，献《东封颂》（《东封书》）得玄宗赏叹，于是"神童"之名誉满天下。然刘晏生于716年，杨妃生于719年，杨较刘小三岁。当玄宗东封之年即725年，杨仅六岁养在深闺，故断无杨在宫中坐刘于膝亲为画眉总髻之事。这是因为唐朝后期，世俗喜谈玄宗杨妃故事。刘晏既以幼慧得玄宗君相嘉赏，神童亦为人情所重。人心之羡慕神童，与世情之乐道杨妃，遂使不相关涉之二事牵合纠缠。郑綮好奇，乃录写以为佳话传世。

　　刘晏，字士安，曹州南华（今山东东明）人。应神童科及第后，授秘书省正字，历仕玄、肃、代、德四帝，先后担任夏县令、殿中侍御史、度支郎中、河南尹、京兆尹、户部侍郎、吏部尚书等职。自唐肃宗乾元三年（760）任户部侍郎起，至唐德宗建中元年（780）蒙诬贬死，他主持唐朝财政二十年，进行了一系列卓有成效的改革。

一是改革榷盐法。唐玄宗天宝十四载（755），安史之乱发生。叛军占领大片土地，税源锐减，而平叛军费猛增，朝廷财政十分困难。第五琦建议实行榷盐法，在产盐地区设官收购盐户所煮盐，然后运至各地加价官卖，同时以严刑禁止私煮盐和私卖盐。由于政府垄断盐的购销，盐价由每斗十文增至一百一十文。政府一时获得大利，财政好转。然而很快就引发了许多问题：（1）官盐价高，人民只好少吃盐，盐的销量大减，政府大利难以为继。（2）政府经营盐业，各地增设机构，开支增加，抵消盐利收入。（3）政府为了增加销量，强迫人民买盐，造成骚扰，社会不安。（4）大利所在，盐商走私不止，世局动荡，治安费用增加。刘晏针对上述弊端，进行改革。政府只在产盐地设官收购盐户所煮盐，然后加价卖给盐商，任由盐商自由贩运各地出售。偏远地区，政府贮备官盐，盐价上涨，官盐按平价出售，称常平盐。由于省去许多盐官，既减少开支，又去除了扰民之弊。盐商贩售自由，有利于商。盐商互相竞争，官设常平盐，盐价稳定，有利于民。盐的销量增加，产量亦随之增加，财政收入稳步上升。盐商合法营销，不再走私，社会安定。国家经济及政治形势好转。第五琦之时，政府每年所获盐利四十万缗（一说六十万缗）。实行刘晏新法，政府每年所获盐利逐渐增至六百万缗。

二是整顿漕运。唐朝建都长安，关东、江南财赋，赖漕运输送关中。由于黄河砥柱天险，沉船事故十分严重。刘晏疏浚运河，造坚固运船，以盐利收入雇工挽漕。又采行分段运输法：长江船达扬州，换汴水船达河阴，再换黄河船达渭口，再换渭河船达太仓。其间沿水置仓，转相受贮。运船、船工与水力相适应。每年运粮百余万石，无升斗沉覆之患。安史乱后，京师所需，全仗江淮供给，漕运成为急务。刘晏妥善解决漕运问题，对于支持平叛战争和稳定唐后期国家局势，意义重大。

三是实行常平法。刘晏在诸道设置巡院，每旬报告当地天气及生产情况，丰收则政府出钱贵籴，歉收则政府出谷贱粜。他又掌握各地供求情况及物价变化，及时转输物资以通有无，平抑物价。结果，天下物价无甚贵甚贱之忧，民生安定。

四是改革救灾工作。过去，凡有灾情发生时，由地方政府申报朝廷请求救助。地方政府追求政绩，往往隐瞒灾情，不报或迟报，结果造成饥民流亡甚至死亡。刘晏要求各地巡院及时报告当地天气情况及农作物生长情况，预先筹划救济工作，不待州县政府申请，即奏请赈灾。救民困苦，未尝失时，以此百姓得免破产流亡之苦。刘晏负责财政之始，每年国家税入不过四百万缗，后来增至千余万缗，而户口增加百分之五十。

故刘晏办财政，是通过发展经济和改善民生来增加国家收入。司马光评刘晏理财"以爱民为先"。王夫之称赞刘晏理财利国利民，是"仁民"之政。刘晏因此成为中国古代一位卓越的大财政家。

唐朝虽然出了神童刘晏，但终唐之世，再未闻神童及第者中有何重要人才。

宋代亦设童子科。史载："凡童子十五岁以下，能通经作诗赋，州升诸朝，而天子亲试之。"（《宋史·选举志》）然时停时举，取人甚少。有宋一代，以童子召试知名者有贾黄中、晏殊等。

贾黄中七岁童子科及第。李昉《赠贾黄中》诗曰：

> 七岁神童古所难，贾家门户有衣冠。
> 十人科第排头上，五部经书诵舌端。
> 见榜不知名字贵，登筵未识管弦欢。
> 从今稳上青云去，万里谁能测羽翰？

> （《闻见前录》）

由此诗三四句可知当年童子科及第十人中，贾黄中是第一名。他能诵五部经书，远远超过童子科通一经的要求。五六句写童年幼稚情态，七八句祝他鹏程万里。后来贾黄中十五岁时，又登进士第。宋太宗时，他与宋白、李至、吕蒙正、苏易简同拜翰林学士，当世有"五凤齐飞入翰林"之誉。贾黄中官至参知政事（副相）。

晏殊七岁能文，地方上以神童荐于朝廷。宋真宗召晏殊与进士千余人并试廷中，他神气从容，援笔立成，真宗赐他同进士出身，故晏殊是应神童试而破格录取为进士者。晏殊后来官至宰相兼枢密使。他能知人，能进贤，名臣范仲淹、欧阳修、孔道辅，皆出其门。他又竭力振兴地方教育。五代战乱，天下学校皆废。晏殊知应天府时，延请范仲淹教授生徒。宋代地方上兴学，自晏殊开始。此外，他曾奏请罢宦官监军，请皇帝不以阵图指挥战事，使前方将帅能临机制变。晏殊还是优秀的词人，他的词作，虽然沿袭五代词风，以宴游歌舞为基本题材，但风格疏淡、韵致委婉、情趣娴雅，与脂粉气颇浓的花间词风显出了区别。如《踏莎行》曰："一场愁梦酒醒时，斜阳却照深深院。"写莫名的惆怅情怀，寓普遍的人生感慨。至于《浣溪沙》之"无可奈何花落去，似曾相识燕归来"，词句清丽、词意凄婉，传达出一种惘惘然的悲情，令读者低回不已。

南宋度宗咸淳二年（1266），礼部侍郎李伯玉上奏："人材贵乎善养，不贵速成。请罢童子科，息奔竞，以保幼稚良心。"度宗下诏，明年停罢童子科。童子科由唐至宋，施行六百余年，及第者中，仅刘晏、贾黄中、晏殊等数人为大才，足见不是一种好的选举科目。唐宋之世，不断有人批评童子科，故此科曾多次停罢。但时停时复，竟断断续续施行至南宋末年。历来批评童子科的意见，与李伯玉所奏大致相同，主要是应试者多假报年龄，舞弊严重。考试简单，专重记诵，不能满足政府对于人才的需要。而且所选人才，一般都成不了大器。童子科助长了人们急于求官的浮躁心理，学风和士风因而更坏。

其他诸科包括：

明法：试律七条，令三条。全通为甲第，通八为乙第。

明字：先口试，通过以后，墨试《说文》《字林》二十条，通十八条及第。

明算：录大义本条为问答，明晓数术为通。试《九章》三条，《海岛》《孙子》《五曹》《张丘建》《夏侯阳》《周髀》《五经算》各一条，十通六；《记遗》《三等数》帖读，十得九，为及第。或者，试《缀术》《缉古》录大义为问答者，在详明术理的前提下，试《缀术》七条、《缉古》三条，十通六，《记遗》《三等数》帖读，十得九，为及第。

史科：每史问大义百条、策三道，义通十之七、策通二以上及第。

开元礼：通大义百条、策三道者，超资与官；义通七十、策通二者，及第。散官、试官能通者，依正员。

三传科：《左传》问大义五十条，《公羊传》《穀梁传》三十条，策皆三道。义通十之七以上、策通二以上及第。

高宗显庆三年（658），诸科及第一人。（《登科记

040

考》）是为史载诸科及第之始。从高宗朝到德宗朝，诸科及第者一般每年不超过十人，而以睿宗景云二年（711）最多，达五十六人。宪宗至宣宗时期，一般每年不超过二十人，而以元和元年（806）最多，为三十六人。懿宗以下，一般每年不超过十人，而以咸通八年（867）最多，为二十人。故唐代诸科及第人数，不及进士。《登科记考》总目所载诸科人数皆少于进士（《登科记考·凡例》），这是因为诸科为世所轻，应考人不多，及第人甚少，而知名者极为罕见。宣宗大中十年（856）三月，中书门下奏：

据礼部贡院见［现］置科目内，开元礼、三礼、三传、三史、学究、道举、明算、明法、童子等九科，近年取人颇滥。曾无实艺可采，徒添入仕之门。……臣等商量，望起大中十年，权停三年。

（《登科记考》卷二十二）

由此可知，诸科弊端甚多，而得人极少。

至于秀才科，隋代已经设置。如杜正伦与其兄正元、正藏，俱登秀才第。有隋一代，秀才仅十余人，而杜正伦一家就有三个秀才，故为世称美。（《旧唐书·杜正伦传》）唐武德四年（621），始下敕开秀才科。次年，诸州应秀才试者六人，及第一人。据《通典·选举三》：秀才科第最高，试方略策五条，有上上、上中、上下、中上凡四等。太宗时，有举送秀才不第者，"坐其州长"。此后有司畏过，多不敢举送。高宗永徽二年（651），始停秀才科。武德五年（622），秀才及第一人，此为首次。永徽元年（650），秀才及第一人，此为末次。自622年至650年，二十八年中，二十一年有举秀才及第者。故在唐初，秀才科实经常举行，然及第者甚少，大多一年一人。贞观十九年（645）及第三人，为最高数字。二十一年中，总及第人数仅二十九人。（《登科记考》）

自永徽二年（651）停秀才科后，直到玄宗开元二十四年（736）方始恢复。可是，由于进士科选才渐严，而秀才科不考帖经及杂文，反易于进士科。主司以此科停废已久，不欲奖拔，有应秀才试者，皆黜落不取。天宝元年（742），礼部侍郎韦陟奏请：有堪应秀才科者，由长官特荐；其常年举送者停止。于是，秀才科成为荐举性的特科。然征诸载籍，永徽二年（651）以后，终唐之世，竟不见一人秀才及第。至于《旧唐书·儒学传》所载冯伉于大历初年登五经秀才科，乃明五经之明经，而非秀才。故唐代虽然屡有复行秀才科之议，可是实未施行。

秀才科悬格最高，长官怯于举送，士人亦怯于应举。贞观二十年（646），张昌龄因为文名颇高，本州欲举应秀才科，他坚决不肯，结果应进士科及第。由于应秀才试者寥寥，故不能不终于停废。（《登科记考》卷一）

唐代及第秀才二十九人，史皆不著其姓名，则是二十九人皆无重要建树。故秀才科得人，反不如进士、明经。这说明考试选才，并非愈严愈好。因为高才之士，多具不羁之精神。苛刻的标准下，取士难得伟器。唐诸种选举科目中，进士科独盛，应与此科比较有利于士人发挥才学有关。

"秀才"之语出自《史记》："吴廷尉为河南守，闻其［贾谊］秀才。"故秀才本谓才华秀美。两汉察举，秀才为与孝廉并行之科目。魏晋南北朝亦有时举选秀才。隋唐时，始纳入科举制。唐代，人们亦称进士为秀才。这是因为秀才科既已停废，而进士登科者不乏才俊之士。故有唐一代，"秀才"实美称。明清则秀才为进学生员之称谓，有时甚至成为轻蔑性或戏谑性的称谓。

总之，有唐一代，秀才科及诸科在国家生活中作用甚微。

宋代常举，有进士，有诸科。唐之明经，在宋代纳入诸科，而童子科则在诸科之外。北宋神宗时，停罢诸科。南宋度宗时，停罢童子科。此后，常举中只存进士一科。

六　三条烛尽，烧残举子之心
——唐进士科考试

唐朝进士科考试，如白日未能完卷，许燃烛夜试，以三条烛尽为限。相传礼部侍郎权德舆主考时，曾戏谓一应考举子："三条烛尽，烧残举子之心。"这位举子应声答道："八韵赋成，惊破侍郎之胆。"（《登科记考》卷二十八《别录上》）主考官的戏语，反映了应试举人普遍的心境是危苦的。这位举子的答语，则说明他对自己胜券在握充满信心。

关于应试人、主考人、考试及放榜之具体情况。今人大多不知其详，兹揭历史之帷幕，以观昔时科场之种种形状。

（一）西去意如何，知随贡士科——贡举人

贡举人即应试举人。皇甫曾《送郑秀才贡举》诗曰："西去意如何，知随贡士科。"贡举人西去长安，自然意在金榜题名。《北梦琐言》载：荆州每年举送参加进士科考试者皆不能登名金榜，以此世谓荆州解为"天荒解"。"解"即解送，意思是说荆州解送应考的贡士皆无成名者。唐宣宗大中四年（850），荆州举人刘蜕进士及第，当时称为"破天荒"。为表祝贺，荆州刺史特别赠他"破天荒钱"七十万。

唐代参加科举考试的考生，主要有国子监举送的生徒和州府举送的乡贡，通称"贡举人""举人""贡人"或"贡士"。

生徒包括京师学校和地方学校经过考试合格的学生。不过，在实际上，主要是京师学校的学生。州县学校在玄宗时已经"绝无举人"（《封氏闻见记》卷三）。

州府举送的乡贡，系在家学或私学学习成才者。应举人先持牒到县报名，经县考试合格后，再参加州府考试。一般情况下，由本府、本州功曹参军或司功参军任试官，也可由属县主簿或尉任试官。有时，州府长官亲自任试官，如白居易在杭州任刺史时亲试徐凝和张祜。

唐代，国家为了通过科举选拔优秀人才，实行举送责任制，以期杜绝妄举和失举。国子监或州府对于贡举人的道德和学业要作出具体的鉴定，谓之"举状"。《唐律疏议·职制律》规定："诸贡举非其人及应贡举而不贡举者，一人徒一年，二人加一等，罪止徒三年。"所谓"非其人"，指德行不好，与举状不符。若是考试不合格，则减二等处罚。如果考试及第，发现德行与举状乖违，也要加以抑退并处罚举主。显然，有关规定的精神在于：重视考生德才与举状名实相符；对妄举人和失举贤同样治罪，以不埋没人才并能选拔到真才。

唐前期，生徒地位较高。"开元已前，进士不由两监〔西京长安国子监和东都洛阳国子监〕者，深以为耻。"（《唐摭言》卷一）随着进士科由试策转为以试杂文为主，以学经为主的生徒竞争力降低，"莫不去实务华，弃本逐末"，即轻经学重文学，以此国学渐衰，生徒渐微。为挽救颓势，玄宗天宝十二载（753）下敕："天下举人，不得言乡贡，皆须补国子及郡学生。"代宗广德二年（764）又下制："京兆府进士并令补国子生。"所谓"京兆府进士"，是指京兆府举送参加进士科考试的乡贡，政府规定他们必须取得国学学生的资格，这是以行政手段提高学校的地位。然而这些命令都终于没有用，"奈何人心既去，虽拘之以法，犹不能胜。……由是贞元十年已来，殆绝于两监矣"（《唐摭言》卷一）。国子监所举送的生徒竟无进士及第者。

乡贡中最著名的是京兆府等第。从玄宗朝开始，京兆府举送的贡举人中，以前十名为"等第"，其及第率有时高达百分之百，最低也有百分之七十。如果低于百分之七十，"则往往牒贡院请落由"（《唐摭言》卷二）。故取得京兆府等第，有似于及第，得之者往往夸示于人。

按规定，贡举人于十月二十五日集尚书省户部报到。国子监即在此前举送生徒。州府举送的乡贡，一般是秋初上路。贡举人报到时，应交纳"举状"和"家状"，并写明保人和住址。报到以后，即积极准备迎考。

（二）眼看龙化门前水——知贡举

唐武宗会昌四年（844），王起主考，僧广宣写诗祝贺他："眼看龙化门前水，手放莺飞谷口春。"（《登科记考》卷二十二）士人进士及第，有似鱼化为龙，亦如莺飞出谷。而主持鱼跃莺飞者，为知贡举即主考官。

唐高祖时，定制由吏部考功郎中知贡举。武德五年（622），唐代举行首次科举考试，由吏部考功员外郎申世宁知贡举，这是史载科举史上第一位主考。申世宁以考功员外郎的身份知贡举，说明在实际行事上并没有严格遵守制度。清代学者徐松在《登科记考》卷一加按语说："此以员外郎者，定制之初不必划一也。"唐太宗贞观元年（627），改制为吏部考功员外郎专掌贡举。从此直到开元二十四年（736），科举考试都由吏部负责。开元二十四年（736），发生考功员外郎李昂为举人诋呵事件，玄宗以员外郎位望较低，改以礼部侍郎知贡举。此后，终唐之世，均由礼部负责科举考试。这样，吏部负责官吏的任免考课，礼部负责选拔人才，体制上得以改进。而礼部侍郎位望较高，与科举在国家生活中的地位相当。故以开元二十四年（736）为界，前段称"考功试"，后段为"礼部试"。开元二十五年（737），礼部侍郎姚奕知贡举，是为唐代第一位以礼部侍郎知举者。

自开元二十五年（737）以来，凡礼部侍郎知举，皆谓知贡举。凡他官知举，皆谓权知贡举。唐代第一位以他官权知贡举者，是兵部侍郎李麟。在他官知举者中，最多的是中书舍人。第一位知举的中书舍人是姚子彦，他于肃宗上元元年（760）知举。

唐有两都贡举之习。武则天永昌元年（689），神都洛阳及西京长安分试进士，神都录取六人，西京录取二人，史不载知举人姓名。这是唐代两都举人之始。当时武则天常住洛阳，神都成为武则天时期实际上的首都。代宗永泰元年（765），以经济困难，分别在长安和东都举行科举考试。当年在长安知举的是尚书左丞贾至，在东都知举的是礼部侍郎杨绾。大历十一年（776），停东都举。其后，东都举不常置。

知举人如有亲属参加科举考试，则采取另试办法，以避嫌疑。开元二十四年（736）以前，因系考功郎中或考功员外郎主试，故其亲属应考者，由礼部委派郎官另试，及第者由尚书省复定，然后别奏，谓之"奏移"。开元二十四年（736）以后，考功试改为礼部试，奏移法以礼部郎官别试亲属，显然不妥。开元二十九年（741），礼部侍郎韦陟上奏："掌举官亲族，皆本司郎官考试，事在嫌疑。"他建议"移送考功试"（《登科记考》卷八），即送吏部考功司别试，经玄宗同意施行，是为"别头制"。及第者谓之"别头举人"。德宗贞元十六年（800），中书舍人高郢奏罢别头制，别头举人仍由礼部考试，理由是考试结果须经中书门下复查。但到宪宗元和十三年（818），又恢复了别头制。当年庾承宣知举，他上奏要求："臣有亲属应明经、进士举者，请准旧例送考功试。"宪宗"从之"。（《登科记考》卷十八）显然，对知举官亲属采取别头试，既合于舆情，又合于知举人避嫌的愿望，故罢而复行。其后，文宗大和三年（829），又曾一度废别头试。但到大和六年（832），再次恢复了别头试。

知贡举官为天下选才，职责重大，在朝廷受到尊礼，在社会负有众望。韦贯之曾谓宪宗："礼部侍郎重于宰相。"（《登科记考》卷二十八《别录上》）唐后期，不少宰相出身进士，故负责选进士的主考官，可说是负有选宰相的重任。王起一生四知贡举，据《登科记考》卷二十二载，他在会昌三年（843）第三次知举时，崔轩写诗称颂说："满朝朱紫半门生！"故在唐世，士大夫以知举为殊荣。范阳卢氏及第人多，却因无一人知举，深以为憾。唐代有二百七十二年贡举，著录知举人共一百二十二人。神龙元年（705）以前，知举人姓名多阙，高祖时（618—626）唯申世宁；太宗时唯卢承庆、王师旦；高宗时（650—683）唯杜易简、骞味道、刘思立、刘廷奇；武则天时（684—704）唯李迥秀、张说、沈佺期、崔湜。705年以后，知举人姓名多存，仅开元三年（715）、十三年（725）、十七年（729）、二十一年（733），以及咸通十四年（874）、光启元年（885）和天祐四年（907），共七年阙。

唐代，多数知贡举官仅知举一次。神龙元年（705）以来，屡为主司者四十二人。其中，两次知举者二十四人，三次知举者十三人，四次知举者仅达奚珣、杨浚、薛邕、张渭、王起五人。又，唐代父子均为知贡举者仅三家：高锴及其子高相，于邵及其子于允躬，崔郾及其子崔瑶。

唐代，知贡举官一般于上年秋冬简任，次年正月入闱。紧接着，便是举国关注的科举考试。

（三）南宫风月画难成——考试

唐代科举考试，称为"省试"，即尚书省考试。这是因为无论开元二十四年（736）以前的考功试，还是其后的礼部试，都属于尚书省。

进士考试一般在正月举行，地点为礼部贡院。试日，设香案于阶前，主司与举人对拜，故世俗有"焚香礼进士"之谚。

进士三场试，每场一天，先试杂文，次试帖经，最后试策。杂文本来泛指各种诗文，后来专指诗赋。帖经有似于今之填空，是"以所习经，掩其两端，中间唯开一行，裁纸为帖，凡帖三字"（《通典·选举三》）。即以纸条帖掩三字，让应考人回答。试策包括经策和时务策，经策阐扬经义，时务策议论时务。唐代进士科试策，议论平平，不及制举对策有名。

进士考试虽为三场，但决定取舍在于杂文，即诗赋。唐代所试之赋，当时习称"甲赋"，是格律赋。最初，主司仅命题，并不限韵。开元二年（714），王邱知举，试《旗赋》，以"风日云野军国清肃"八字为韵，是为试赋限韵之始，然尚未成为定制。贞元以后，甲赋渐盛。文宗大和以后，甲赋以八韵为定式。其中，四平四仄为正格，三平五仄、五平三仄、六平二仄、二平六仄为变格。

唐代所试诗体，当时习称"律诗"，后人称为"试律诗"或"试帖诗",以五言六韵为定式,但也偶有五言八韵、四韵、二韵者。

应进士试者,多为才俊之士,不喜记诵,故优于杂文而窘于帖经。《登科记考》卷九载引《封氏闻见记》:"天宝初,达奚珣、李岩相次知贡举,进士文名高而帖落者,时或试诗放过,谓之'续帖'。"这就开了以试诗代替帖经的先例。此种做法无疑会助长进士科之专重诗赋。

为免考试时发生舞弊行为,试场严设兵卫,围以棘篱。举人入场,须搜索衣箧,严禁夹带书策。《旧唐书·李揆传》载:乾元二年(759)李揆知举时——

> 以主司取士,多不考实,徒峻其堤防,索其书策。殊不知艺不至者,文史之圈亦不能摛词,深昧求贤之意也。其试进士文章,请于庭中设"五经"、诸史及《切韵》本于床,而引贡士谓之曰:"大国选士,但务得者,经籍在此,请恣寻检。"由是数月之间,美声上闻。

此后,进士科考试杂文,试场备有书籍以供查检。这是因为杂文贵创造,非抄书可以塞责。而备书以供查检,有利于疏于记诵者发挥其才智,此所以为举人所称美,亦为世上所赞同也。

进士科三场试中,试杂文和试策两场,均允许燃烛夜试。相传韦永贻考试交卷以后，曾描写考场夜间景象云：

> 白莲千朵照廊明，一片升平《雅》《颂》声。
> 才唱第三条烛尽，南宫风月画难成。
>
> （《登科记考》卷二十八《别录上》）

据此，当第三条烛燃尽时，便有吏人高声唱叫，考生则须即刻交卷。至于"南宫"即礼部贡院风月如画，那是已经交卷并且自我感觉良好者的得意语。若是烛尽尚未完卷，感受就不一样了。

进士考试既专重诗赋，而诗赋评卷极难精确，于是有省卷和行卷作为参考。究其作用，实为进士科考试的辅助方式。

省卷和行卷皆应试人精选自己的作品，书写端正，制成卷轴。省卷献予尚书省礼部主司，行卷献予当朝达官或当世名人。

省卷始于天宝元年（742）礼部侍郎韦陟知举时。韦陟认为，以一场考试定取舍，未必允当，难免遗才，故"令举人自通所工诗笔。先试一日，知其所长，然后依常式考核"。结果，"片善无遗，美声盈路"（《旧唐书·韦安石传附韦陟》）。从此，举人向主司献纳省卷成为惯例。

行卷之兴，与唐进士科的通榜制度有关。通榜即知举人通过一定方式了解应举人的才学和名望，以为写榜时决定取舍的参考。通榜的方式：由知举人委托专人采访应举人的情况，而达官显宦或社会名流亦得向知举人或受委托之通榜人推荐。前者例如贞元八年（792）陆贽知举，委托补阙梁肃通榜，得人颇盛，"数年之内，居台省清近者十余人"（《登科记考》卷十三）。后者显例，如贞元十八年（802）权德舆知举，委托员外郎陆傪通榜，韩愈向陆傪推荐侯喜等十人，当年及第四人，余六人在五年内先后登第。

贞元八年（792），进士及第二十三人，梁肃所荐八人皆及第，约占三分之一。贞元十八年（802），进士及第二十三人，韩愈所荐的十人有四人及第，约占六分之一。这是唐世通榜最著名的两例，而在及第人中仍为少数。故知录取时定取舍的主要依据是国家举行的礼部考试成绩，省卷和行卷仅起参考作用。

唐代科举考试中，发生过多起舞弊事件。高宗麟德二年（665），试官董思恭漏泄进士科试策问目，判处流刑，及第进士全部作废。（《登科记考》卷二）这是科举史上第一次科场案。

一般情况下，如发生科场舞弊事，要另派试官，另出题考试，谓之"覆试（即复试）"。唐进士科复试共八次。其中最著名的一次是长庆元年（821）复试案，当年礼部侍郎钱徽知举，受人请托，所取权贵子弟皆无才艺，被人指控。穆宗命中书舍人王起、主客郎中知制诰白居易进行复试，结果十人落第，钱徽及曾事请托的李宗闵、杨汝士均遭贬谪。

唐代科举中的请托风气一直很盛，史载几起科场案不过是遭到揭露罢了。开元初，王邱以考功员外郎知举，"先是，考功举人，请托大行，取士颇滥，每年至数百人［包括进士、明经及诸科］。邱一切核其实材，登科者竟满百人。议者以为自则天以后凡数十年，无如邱者"（《旧唐书·王邱传》）。可见，请托舞弊大多未被揭露。到唐后期，除朝官请托外，还有宦官、藩镇干扰贡举。如代宗大历十年、十一年、十二年（775—777），常衮连续三年知举，"时中官刘忠翼权倾内外，泾原节度马璘又累著功勋，恩宠莫二，各有亲戚干贡举"（《旧唐书·常衮传》）。德宗以后，宦官专权局面形成，更是肆无忌惮地干扰贡举。

（四）仙榜标名出曙霞——放榜

刘禹锡《和王侍郎酬宣上人诗》曰："礼闱新榜动长安，九陌人人走马看。"在唐代长安，进士放榜是一件牵动人心的大事。昭宗乾宁二年（895），黄滔进士及第。怀着喜悦的心情，他写了一首《放榜日诗》，前四句是：

> 吾唐取士最堪夸，仙榜标名出曙霞。
> 白马嘶风三十辔，朱门秉烛一千家。

显然，这不仅是及第进士的喜事，也是长安城的盛事。

唐代进士放榜时间，一般在二月。伊璠《及第后寄梁烛处士》诗曰："十年辛苦一枝桂，二月艳阳千树花。"但也偶有在正月或三月的。岑参《送杜佐下第归陆浑别业》曰：

> 正月今欲半，陆浑花未开。
> 出关见春草，春色正东来。

则放榜竟在正月十五以前。

放榜地点，开元二十四年（736）以前，考功试时期，史无明文。据唐太宗曾在端门观看进士于榜下缀行而出，则似在端门附近。开元二十四年（736）以后改为礼部试，放榜地点固定在礼部南院东墙。在这里另筑一墙，高丈余，是为张榜墙。天欲明未明时分，即从礼部北院送榜到南院张挂。陈标《赠元和十三年登第进士》"春官南院粉墙东，地色初分月色红"，就具体点明了放榜的地点和时间。

进士榜头竖贴黄纸四张，大书"礼部贡院"四字。据《唐摭言》卷十五载，是以毡笔淡墨衮转书写，并说是"文皇顷以飞帛［白］书之"。唐太宗时礼部不管科举，故此说失实。《登科记考》卷二十八《别录上》引《南部新书》，说是礼部令史王昶于昏夜中酒酣挥染，笔不加墨，遂致一榜之中字迹两体，浓淡相间，看去只觉更好。于是成为惯例。宋代榜首亦用淡墨，姓名用浓墨。

榜上姓名，依名次书写。第一名为状元，习称"状头"，以下各依名次称呼。如贞元八年（792）陆贽知举，贾稜为状元，陈羽为第二人，欧阳詹为第三人，等等。凡榜上有名者，统谓及第、登第、擢第或登科。

除在礼部放榜，还要送榜帖到及第人家中。榜帖以黄花笺制成，长五寸许，阔半之，上书及第人姓名，下面是主司花押，外面套以大帖，有似今之信封，封面仍写及第人姓名，当时习称"金花帖子"。礼部张榜是宣布考试结果于世，及第人立即扬名天下。送榜帖是通知及第人，而及第人则以之附于家书中向亲人报喜。送榜帖者一人骑马，二人步行，腰间系铃，一路上铃声叮当，耸动观听。卢东表侍妾窦梁宾《喜卢郎及第》诗曰：

晓妆初罢眼初瞤，小玉惊人踏破裙。
手把红笺书一纸，上头名字有郎君！

短短数语，把家人接到金花帖子时的惊喜神情，鲜活地刻画了出来。

进士放榜后，还有中书门下即宰相详复一道手续。此制始于开元二十五年（737）。当时规定：进士放榜后，将所试杂文及策送宰相详复。穆宗长庆三年（823），知贡举王起奏称：先放榜，后详复，万一有所变动，易致远近误传。他建议先详复，后放榜。详复的目的，在于防止礼部舞弊。但在实行上，详复却为宰相及权贵干扰科举提供了方便，礼部则因宰相先行详复而更加大胆地舞弊。文宗大和八年（834），宰相李德裕提出：先详复的结果，宰相徇私，多有改换，舆论不满。而主司因得宰相支持，更无畏忌。这样一来，详复不但没有起到监督的作用，反而纵容和助长了舞弊。李德裕建议：慎择主司，仍严加监督，并恢复放榜以后详复的旧制。

放榜以后，及第进士们在状元带领下，齐至主司宅拜谢赏拔之恩。

三日后，又再次拜谢。"其日，主司方一一言及荐导之处。"（《唐摭言》卷三）如果有破格录取者，也要在此时说明。

接着是过堂，由主司带领，到中书省拜见宰相。状元代表及第人致词："今月日，礼部放榜，某等幸忝成名，获在相公陶铸之下，不任感惧。"（《唐摭言》卷三）然后及第人一一自报姓名完毕，主司长揖宰相，领众人退出。

过堂以后，及第进士要通过关试，由吏部员外郎主持，试判两道。既毕，谢恩。当日称"门生"，时谓"一日门生"。自此始归于吏部，等待铨选放官。

唐代还有人编《登科记》，按年登录进士及第人姓名及诗赋试题，也记载其他科目的及第人姓名。天宝十五载（756），张绅应试落第，将《登科记》置于头上，谓人曰："此千佛名经也！"《登科记》本皆私撰，宣宗时始由朝廷指定专官搜集整理成书，其后逐年编次。

唐代应进士试者，称"举进士"，及第后称"前进士"，与后世以应进士试者为"举人"，及第后为"进士"不同。又，同及第之人称"同年"，主司称"座主""恩门""恩地"。及第人互相尊称"先辈"。

唐代，进士及第后，尚有慈恩题名之俗。那是在曲江宴后，及第进士约集于慈恩寺塔，推其中擅长书法者题名于塔壁。据说慈恩题名始于中宗神龙时（705—707）。（《唐摭言》卷三）戴埴《鼠璞》谓：得唐时雁塔题名石刻，细阅之，僧道士庶皆有，非仅新进士也。又据鱼玄机所作《游崇真观南楼睹新及第题名处》一诗，则题名处亦不仅慈恩寺塔。盖于风景名胜处题名以志纪念，古今人情一也。进士登科，题名以志一时盛事，足以倾动世俗观瞻，故题名者虽众，唯进士题名为世所重，遂成掌故。又慈恩寺塔为长安第一登临胜地，故进士题名虽不仅慈恩，而唯慈恩独享盛名。

七 一切考诸试篇
——宋以后科举

唐穆宗长庆三年（823），中唐著名诗人刘禹锡五十二岁，在地方上做官。一个名叫张盬的年轻士子要去长安参加科举考试，特来拜谒刘禹锡，请刘向知贡举官推荐自己。刘与张盥父相识，张出生满三日时，其父设汤饼宴庆贺，刘是座上贵客。当时满座宾客都赞张是天生麒麟儿，必成大器。如今站在刘面前的张，已经成人，观其神情，"未语含悲辛"，"坎坷愁风尘"。刘不禁想起自己二十二岁时，在唐德宗贞元九年（793）应试的情景。那次幸而高中了，同时登科的有三十二人。转眼之间，三十年过去了，三十二人升沉各异，所幸朝中还有同年及第人当权。他写了一首《送张盥赴举》诗，嘱咐张："尔今持我诗，西见二重臣。"他希望："乞取斗升水，因之云汉津。"即在朝中重臣的帮助下，致身青云。在唐代，刘禹锡这样的做法，是政策允许的。此种由朝臣推荐应举人的做法，叫作"公荐"。故在唐代，科举考试成绩并非及第与否的唯一根据，这是唐代科举制尚不成熟的最重要表现。

科举制至宋臻于成熟，其主要表现，就在于排除了国家统一文化考试以外因素的干扰，以及扩大录取名额，并实行登第即入仕的制度。

乾德元年（963），宋太祖下诏，禁止朝臣向知贡举官推荐举人，违者严惩。自唐以来，每年朝廷任命知贡举官以后，朝臣可以向知贡举官推荐自己所了解的举人，这对于进士录取往往会产生重要影响。宋初加以改革，旨在消除科举中的舞弊现象。

开宝五年（972），礼部上奏录取合格进士及诸科二十八人，宋太祖召对于讲武殿，然后放榜。次年，翰林学士李昉知贡举，录取进士十一人中，武济川在宋太祖召对时语无伦次。武是李昉的同乡，有人揭露李昉知举徇私，于是宋太祖举行殿廷复试，结果录取进士二十六人，诸科一百零一人。从此，省试以后，殿试成为制度。宋太祖说："昔者，科名多为势家所取。朕亲临试，尽革其弊矣。"（《宋史·选举志》）故殿试的一个作用，在于排除权势对于科举的干扰。

宋太宗淳化三年（992），赴都城开封应试的贡举人达一万七千余人。此前，科举考试的试卷不糊名，故不断有应举人上诉考官不公。本年，苏易简为知贡举官，任命诏书一下，他连家都不回，径直去了贡院，杜门谢客，以绝请托，并且实行糊名评卷。从此，糊名评卷成为制度。具体做法：应举人入场后，按预先安排好的号位入座。考完以后，由内臣（宫臣）收卷，交付编排官。编排官裁下卷首应举人籍贯姓名，写上编号，然后交封弥官誊写校对正确，封上，加用御书院印。考官评卷定等以后，送复考官再评审定等，然后撤封，将编号与姓名相对。最后将录取人名次及试卷一齐上奏。此种糊名评卷制度，一直实行到清末废除科举。

但糊名法并不能完全杜绝弊病，因考官可以辨认考生的笔迹，考生亦可以与考官相约在试卷上做暗号。于是有誊录的出现。誊录又称易书，即将试卷用朱笔重抄一遍。

考官评阅的是朱卷。这样一来，考官评卷之积弊得以尽去。然而考官主观上公正评卷，并不能保证评卷的结果必定公正，于是又有双重定等第制度。沈括《梦溪笔谈》卷一记载：御试举人，由初考官评卷先定等第。所定等第弥封以后，送复考官再定等第。之后送详定官，发初考官所定等第，与复考官所定等第对照，二者相同，即定等第。如不同，则详定官评卷，或从初考官所定，或从复考官所定。详定官不得另定等第。宋仁宗嘉祐六年（1061），王安石为详定官，以为初考官、复考官所定状元皆未允当，于是另取一人为状元。此后，详定官得另定等第。像这样经由三位考官定等第，可以避免因考官主观好恶而有失公正。

唐科举之失，经宋代改革一一改正。欧阳修《论逐路取人札子》评论："窃以国家［本朝］取士之制，比于前世［唐五代］，最号至公。盖累圣［宋太祖以来诸帝］留心，讲求曲尽，以为王者无外，天下一家，故不问东西南北之人，尽聚诸路进士，混合为一，而唯才是择。又糊名、誊录而考［评］之，使主司莫知为何方之人，谁氏之子，不得有所憎爱薄厚于其间。……其无情［无私情］如造化，至公如权衡，祖宗以来不可易之制也。"

唐代有应举人预投省卷和行卷的做法，目的在于使考官了解应举人平日所学，以避免仅由一次考试定取舍可能造成的失误。宋初沿用，统称为"公卷"。但随即发生请人代作公卷的事。仁宗时，贾昌朝上奏："自唐以来，礼部采名誉，观素学，故预投公卷。今有封弥、誊录法，一切考诸试篇，则公卷可罢。"（《宋史·选举志》）仁宗采纳了这个建议。至此，国家统一文化考试以外的干扰因素，尽行废去，"一切考诸试篇"才成为现实。

宋代科举考试成绩分为五等：学识优长、词理精绝为第一；才思该通、文理周率为第二；文理俱通为第三；文理中平为第四；文理疏浅为第五。第一、二等赐及第，第三等赐出身，第四、五等赐同出身。进士及诸科皆如此。神宗时，罢诸科。此后，常举仅存进士一科。

开宝三年（970），宋太祖下诏，对于曾经十五次应举并且考试终场者，皆按所应进士或诸科考试，赐本科出身。此次赐予进士或诸科出身者共一百零六人。此谓"特奏名恩例"。其后，有宋一代，曾多次赐予屡举不第者以出身。例如太平兴国二年（977），宋太宗对于十举至十五举不第者一百二十人，皆赐进士出身。

太平兴国二年（977），宋太宗扩大科举录取名额，他认为："博求俊彦于科场中，非敢望拔十得五，止得一二，亦可为致治之具矣。"（《宋史·选举志》）当年正式录取进士一百零九人，诸科二百人，皆赐及第。又有十举至十五举不第者一百八十余人，皆赐进士或诸科出身。另有应"九经"考试不合格的七位老人，亦特赐同《三传》出身。总数达五百余人。此后，宋代科举录取名额一般都不少于五百人，多时可达一千人以上，如天圣五年（1027），宋仁宗赐进士诸科及第出身者共达一千零七十六人。

宋初，沿袭唐制，每年一贡举。太平兴国四年（979），因为征伐北汉，停贡举。其后，偶有隔一年或隔二年贡举的事。宋英宗治平三年（1066），诏令三年一贡举。从此直至清末，相沿不改。

唐代，科举出身特别是进士出身者虽地位贵显，但人数不多，在政府机构中所占比例不大。宋代，科举录取名额比唐增加数倍，并且登第即行入仕，故科举成为主要的和基本的入仕途径，科举官僚政治完全确立。

辽、金、元皆是少数民族以武力征服建立的政权。其中，辽、元于文治比较忽视，而朝廷用人，亦不同程度地歧视和压抑汉族士人，以此科举在国家生活中的地位降低。辽景宗保宁八年（976），辽国在南京（今北京）恢复礼部贡院，这是为准备实行科举而采取的措施。但直到十二年以后，辽圣宗统和六年（988），辽国才举行第一次科举考试，仅录取一人。从此直到开泰二年（1013），二十五年中，仅统和二十三年（1005）一次录取一百二十三人，其余各次录取名额均在十人以下。辽道宗咸雍六年（1070），录取进士一百三十八人，为辽国历史上录取名额最多的一年。辽代共开科五十三次，录取进士二千三百八十八人。

金承辽后，凡事欲轶辽世，故进士科目兼采唐、宋之法而增损之。故金代科举较辽及其后之元为盛。灭北宋之年（1127），金太宗下诏开科取士。金代科举分南榜和北榜，南榜选取原北宋境内文士，北榜选取原辽国境内文士。金世宗时（1161—1189），翰林直学士李晏说："国朝［金朝］设科，始分南北两选，北选词赋进士擢第一百五十人，经义五十人，南选百五十人，计三百五十人。"这是金代初行科举时的录取额。其后，"不过取六七十人"，以此政府机构编制常缺。金世宗于是诏令取消录取限额。此后录取额一般不少于五百人。金章宗承安二年（1197），录取数达九百二十五人。但这样又造成取士太滥之弊，于是规定录取额"不过六百人，少则听其阙"（《金史·选举志》）。

自元太祖成吉思汗至元世祖忽必烈，元统治者多忙于战事，无心举行科举，仅在1237年，元太宗窝阔台汗采纳耶律楚材建议，用考试方法从儒士中选拔了一批官吏。不过这不是正式的科举，并且也仅只一次。

元世祖在位期间（1260—1294），朝廷曾议论恢复科举取士法，并令许衡等议定科举之制，可是没有付诸实施。元仁宗皇庆二年（1313），朝廷下诏正式实行科举，每三年举行一次，蒙古人、色目人一榜（右榜），汉人、南人一榜（左榜），分别命题。同时规定经学用程朱传注。宋代理学与科举结合，始于此年。延祐二年（1315），元朝举行第一次科举考试，录取进士五十六人，此时距元朝统一中国已有三十七年，距成吉思汗建国则有一百一十年。此后，元朝并未坚持三年一次科举之制，而且还曾一度废罢。终元之世，仅举行科举考试十六次，录取进士一千一百三十九人。所以有元一代，中央和地方各级官员绝大多数皆不由科举出身。

到明朝，科举又盛。还在即帝位前一年，公元1367年，朱元璋即已下令开设文、武二科取士，宣谕有司劝导民间子弟勤勉学习，以待将来参加科举考试。洪武三年（1370），正式诏令举行科举考试，于是京师及行省皆各举行乡试，次年会试，录取进士一百二十名。明太祖在奉天殿举行殿试，以吴伯宗为第一名。午门外张挂黄榜公布，奉天殿宣谕，中书省赐宴，然后授予官职。由于国家初建，官多缺员，所以明太祖诏令三年内每年举行一次科举取士，三年后改为三年一次科举。但到洪武六年（1373），明太祖认为科举所取进士，多是青年，虽有文化知识，但办事能力大多较差，于是决定暂停科举。九年以后，洪武十五年（1382），才又恢复科举。此后直至明亡，一直是三年一次科举。

明制：科举考试专以"五经""四书"命题，"四书"以朱熹注为准，其文略仿宋经义，然代古人语气为之。体用排偶，谓之八股，通谓制义。此种文体，每篇由破题、承题、起讲、入手、起股、中股、后股、束股八部分组成。"破题"以两句点破题义，"承题"紧承破题义而阐明之，"起讲"为议论之始，"入手"为起讲后入手之处。此下

"起股"至"束股"四段为正式议论，每段各有两股排比对偶文字，合共八股。明清两代皆用八股取士。元朝虽然首次将理学与科举相结合，但元代很少科举取士。故到明清，理学才真正成为占统治地位的意识形态。

明代科举程序：三年大比，诸生在各省考试，为乡试，合格者为举人。次年，举人入京师考试，礼部主持，为会试。会试合格者，皇帝试于廷，为殿试，又称廷试。殿试合格者，分一、二、三甲以为名次。一甲三人，依序为状元、榜眼、探花，赐进士及第。二甲若干人，赐进士出身。三甲若干人，赐同进士出身。习惯上，又以乡试第一名为解元，会试第一名为会元，二、三甲第一名为传胪。子、午、卯、酉之年乡试，辰、戌、丑、未之年会试。乡试在八月，会试在二月，都是初九日为第一场，又三日为第二场，又三日为第三场。殿试在三月初一举行。乡试设主考官二人，同考官四人。会试设主考官二人，同考官八人。廷试以翰林或朝臣中文才优长者为读卷官，共阅对策，拟定名次，待皇帝裁决。

洪武十八年（1385），明太祖拔擢一甲进士丁显为翰林院修撰。进士入翰林即始此。永乐二年（1404），明成祖在二甲进士中选择文学优秀者杨相等五十人，书法优美者汤流等十人，俱为翰林院庶吉士。此后，进士授官一般是：状元授翰林院修撰，榜眼、探花授翰林院编修，二、三甲进士考选入翰林院者为庶吉士，以上皆为翰林官。其他或授给事、御史、主事、中书、行人、评事、太常、国子博士，或授府推官、知州、知县。

明初用人，科举与学校并重。其后，科举渐重而学校渐轻。不过因为科举必由学校，故科举愈重而学校盛况不衰。有明一代，科举及学校入仕者，皆为正途；此外皆为杂流。科举出身者，仕宦尤其通显。明成祖初年，内阁七人，翰林与非翰林参用，人数大致相当。翰林院纂修官，亦是进士与非进士参用。明英宗天顺二年（1458），李贤上奏，请专选进士为纂修官。从此，非进士不能入翰林，非翰林不能入内阁。而礼部尚书、侍郎及吏部右侍郎，非翰林不任。故在明世，科举出身者在官场中最易上达，而翰林之贵尤远过于前代。明代重要官员，基本上皆是科举出身。

清世祖顺治三年（1646）三月，录取傅以渐等人为进士。这是清朝第一次科举取士。四月，清政府诏令本年秋再行乡试，明年春再行会试。其后，仍为三年一次科举。

清承明制，以八股取士。三年大比，试诸生于直省，合格者为举人，是为乡试。次年试举人于京师，合格者为贡士，是为会试。皇帝亲策贡士于殿廷，分一、二、三甲录取，是为殿试。一甲三人，称状元、榜眼、探花，赐进士及第。二甲若干人，赐进士出身。三甲若干人，赐同进士出身。乡试第一名称解元，会试第一名称会元，二甲第一名称传胪。子、午、卯、酉年乡试，辰、戌、丑、未年会试。乡试八月举行，会试二月举行。初九日考第一场，十二日考第二场，十五日考第三场。殿试三月举行。乾隆时，改会试三月，殿试四月，后为永制。一甲状元授修撰，榜眼、探花授编修。二、三甲进士授庶吉士、主事、中书、行人、评事、博士、推官、知州、知县等官。清代进士录取名额，一般在一百数十名到三百数十名之间。雍正八年（1730），录取进士四百零六名，为清史上录取进士最多的一次。乾隆五十四年（1789），录取进士九十六名，为清史上录取进士最少的一次。

清代乡、会试皆三场试，首场试时文（八股文）七篇；二场试论、表各一篇，判五条；三场试策五道。乾隆二十二年（1757），增试五言八韵律诗。三场考试，最重要者为首场，故清科举之试八股文，有如唐进士科之试诗赋。

光绪二十四年（1898），湖广总督张之洞奏请改革科举考试。光绪二十七年（1901），乡、会试第一场改试中国政治史事论五篇，第二场改试各国政治艺学策五道，第三场改试"四书"义及"五经"义各一篇。此项改革，行至废科举止。

第二章　九重方侧席，四海仰文明
——科举与社会

充赋名今遂，安亲事不违。

甲科文比玉，归路锦为衣。

海运同鹍化，风帆若鸟飞。

知君到三径，松菊有光辉。

（独孤及《送虞秀才擢第归长沙》）

　　科举制以国家统一文化考试选官，与两汉之察举和魏晋南北朝之门选不同。这个新的选官制度，推动着统治阶级内部关系发生变化，人们的价值观念及社会关系亦发生变化，世情世局，政情政局，乃至学校和家庭，均受其影响。中国古代社会在唐以前和宋以后差别显著，科举制无疑起到了杠杆的作用。

一 赚得英雄尽白头
——科举与皇帝专制

晚唐诗人赵嘏，赋《长安秋望》诗，以"残星数点雁横塞，长笛一声人倚楼"两句，得杜牧激赏，呼为"赵倚楼"，以此驰名当世。（《唐才子传》卷七《赵嘏》）赵嘏在唐武宗会昌四年（844）登进士第，仕宦颇不如意。846年，宣宗即位，他是一位以爱重进士并雅好诗赋著称的君主。白居易死，宣宗赋《吊白居易》诗，末二句云："文章已满行人耳，一度思卿一怆然！"宣宗素知赵嘏诗名，问宰相："赵嘏诗人，曾与好官否？可取其诗进来。"这分明是要提拔赵嘏了。可是宣宗在读了赵嘏题咏秦始皇的诗句"徒知六国随斤斧，莫有群儒定是非"以后，很不高兴，于是赵瑕仍处于卑位。直到宣宗大中六年（852）赵嘏死时，还只是一个县尉。

赵嘏这两句诗，批评秦始皇不用儒士，故不能治平天下。科举制下，学与仕结合起来。在士人，是希望经由科举入仕以实现儒家的政治理想，此即治国应有"群儒定是非"之意。但专制帝王对科举、对儒学、对士人，只是利用，哪里容得"群儒定是非"呢？赵嘏的悲剧，反映了科举与皇帝专制之间复杂而微妙的关系。

从秦朝开始，中国古代社会建立起专制主义的中央集权制度。这个制度的本质特征为皇权至上，皇帝成为国家的象征。国家加强统治权力的努力，往往归结为加强皇权。科举制作为选拔统治人才的制度，也起到了加强皇帝专制权力的作用。实行察举或门选时，皇帝和朝廷都不具有完全的选官权力，科举制才使皇帝和朝廷获得了这种权力。

在科举制下，皇帝才在最大程度上掌握了士人的命运。据说唐太宗曾私幸端门，见新进士于榜下一个接一个走出，高兴地说："天下英雄入吾彀中矣！"（《唐摭言》卷一）唐代士人亦有诗曰："太宗皇帝真长策，赚得英雄尽白头。"显而易见，科举具有牢笼士人以巩固皇权的作用。

科举制改革的一个趋向，就是皇帝愈益直接地控制科举。唐朝载初元年（689）春，武则天亲试贡士于洛城殿，是为历史上殿试贡士之始。虽然这在唐代只是偶然现象，但联系到本年秋天武则天称帝的事实，则此举旨在笼络士人的政治意图是十分显然的。唐德宗曾亲试制科举人，以录取者为"朕之门生"（《唐语林》卷三）。此为历史上以科第人为天子门生之始。公元972年，宋太祖于讲武殿召对进士，从此殿试成为制度，进士皆为天子门生。朱弁《曲洧旧闻》卷一记载，宋仁宗在他御赐新进士的诗中写道："寒儒逢锦运，报国合［应］何如？"就反映了皇帝期盼进士官僚效忠君国的愿望。

不过，科举与皇帝专制的关系并不如此简单。一方面，皇帝专制的利益与国家政权的利益不能对立起来；另一方面，士人自有其政治抱负，亦有其自身利益。这两方面的情况，使得科举与皇帝专制的关系具有复杂而又丰富的内涵。

从皇帝专制的利益出发，独裁君主莫不希望臣下绝对服从，因而蓄意培养官员的奴性。为此，国家实行统一教育和统一考试的政策。贞观七年（633），唐政府颁行新定《五经》。《五经》为儒学经典，自汉武帝以来，就是中国古代社会治理国家的指导思想。唐太宗以《五经》文字颇多讹谬，以致异说纷纭，故命儒学大师颜师古考校文字，写成定本，颁行天下，作为士人学习的标准教材。继而，唐太宗又以汉魏以来解经者甚多歧说，特命孔颖达主持撰定《五经正义》。孔颖达于《周易》采王弼注，于《尚书》采孔安国传（注），于《诗经》采毛传、郑笺，于《礼记》采郑玄注，于《左传》采杜预注。这样，汉魏以来的经学成果得到总结。《五经正义》颁行天下，儒学内部各种异说止息。这是唐太宗为统一思想而采取的一项重大措施。其目的在于约束士人的思想，使之合于专制政治的轨范。后世君主尊崇理学，用意相同。南宋淳祐元年（1241），理宗下诏，以周敦颐、张载、程颢、程颐、朱熹从祀孔庙。诏书说：

> 朕惟孔子之道，自孟轲后不得其传。至我朝
> ［此谓北宋］周敦颐、张载、程颢、程颐，真见实
> 践，深探圣域，千载绝学，始有指归。中兴［此指
> 南宋建立］以来，又得朱熹精思明辨，表里混融，
> 使《大学》《论》《孟》《中庸》之书，本末洞
> 澈。孔子之道，益以大明于世。
>
> （《宋史·理宗纪》）

这是中国历史上皇帝第一次确认两宋理学为孔学真
传，并将朱熹所注"四书"提高到儒家经典的地位。到元
朝，规定在科举考试中，经学用程朱传注，此为理学与科举
结合之始。到明清，科举考试首重八股文，理学经过科举以
支配思想文化的局面形成。故自唐至清，专制皇权借科举以
约束士人的政策不变，而控制则益趋于严密和苛细。

统一教育之所以能够成功，是由于皇帝控制了仕途。
汉武帝罢黜百家，不是以暴力取缔诸子学说，而是不习儒
经者不得入仕。士人无论欲行道还是欲求禄，都非入仕不
可。这是士人的要害。汉武帝不以焚书坑士统一思想，而
以控制仕途统一思想，以利禄引诱士人到预设的圈套中
去，开了引天下英雄入吾彀中的先例。科举制的圈套更
大，也更严密。科举制以统一考试起着统一思想的导向作
用。在科举制下，国家举行统一的文化考试，驱使士人努
力学习和接受专制主义的政治思想和伦理原则。无论是帖

经式的记诵，还是应试诗赋的颂圣，又或是策论的阐扬治道，特别是八股文的拘守程朱传注，都是将士人的思想纳入皇帝专制的政治轨道。这种以控制仕途来控制士人思想的方法，相较察举和门选，能够更加有效地培养士人的忠君观念。唐以后的历代正史，都凿凿有据地说明：忠义之士中，多数为进士出身者。宋代科举出身之士大夫官僚，当"有事之秋"，"多慷慨报国"，"虽无救于败亡，要不可谓非养士之报也"（《廿二史札记》卷二十五）。

从国家求治的需要出发，应当培养和选拔人才。唐进士科重诗赋，是因为自孔子以来的儒家诗论，即认为诗有兴、观、群、怨的功用，可以"迩之事父，远之事君"（《论语·阳货》），与政事相关。制举对策，是重议政能力。这都是国家选才在科举考试上的表现。唐太宗所谓"英雄入吾彀中"："入彀"者，欲其一心忠君也；"英雄"者，欲其有才并且有为也。专制制度下，皇帝选官的理想标准，是奴性十足而又有才之人。可是，这两种属性很难统一在一个人身上。唐太宗曾因负责决策的中书门下官员唯唯诺诺而大不快，斥责他们说：如果只会按我的意图办事，何必选择人才呢！唐太宗是英主，懂得"君依于国"的道理，明白国家搞好了，君位才稳固。所以，当魏徵提出"愿陛下使臣为良臣，勿使臣为忠臣"时，他"深纳其言"（《旧唐书·魏徵传》）。有唐一代，科举考试要求议论时政，容许批评时政，唐科举因而比明清科举更有生气。

专制君主时代的士人，既有以修齐治平为人生理想的，也有钻营利禄的，更多的是为君为国又为自己的。在后一类中，多数人其实是将私利放在君国之上。至于皇帝，他从维护皇位的私利出发，往往不惜以利禄收买士人。王夫之一针见血地批评了皇帝殿试之私心：

　　终未见殿廷之得士优于南宫［礼部贡院］，徒以市恩遇于士。

他指出，这是皇帝"与大臣争延揽［人才］以笼络天下"（《读通鉴论》卷二十一《中宗八》）。可是，劝诱士人为求功名富贵而读书，而做官，能指望他们报国忠君吗？故在科举制下，一心牟利者越来越多，事情走到了皇帝愿望的反面。此类士人长于迎合，善于取巧。皇帝亦往往误以迎合为忠君，以取巧为能干。实则误国误君的即是此类人。玄宗朝奸臣李林甫，"媚事"玄宗左右，"迎合"玄宗意旨，"以固其宠"。他专权害政十九年，"养成天下之乱"，而玄宗不悟。（《资治通鉴》卷二百一十六）原因就在玄宗误以他的迎合为忠诚。五代时期，进士出身的冯道，不断地送旧迎新，历事后唐、后晋、后汉、后周四朝十君，其间还一度奉事契丹，在纷纷战乱中成为"长乐老"。晚年，他著《长乐老叙》，历述自己在四朝及契丹所得官爵，以为殊荣。当时的士人，基本上都是冯道一类，只是才能有限，时乖命塞，故莫不羡慕冯道。此君死去，"时人莫不称叹"（《新五代史·冯道传》）。正是在此种是非荣辱颠倒的风气下，冯道才产生了满足感和荣耀感。北宋理学兴起的一个原因，就是要转变此种士风。

　　然而，皇帝从家天下的私利出发，企图奴役士人，是一定会导致越来越多的士人将自己的身家利益看得高于一切的。科举制是皇帝所能有的驾驭士人的最强有力的手段，但在科举制下，士人对皇帝的忠心，也多半是不可靠的。所以，科举制对于加强皇帝专制的作用是有限的。

　　在皇权至尊的历史条件下，君主往往自矜而专断。君骄而专，则奸臣以谀佞相趋附，此所以古来颇多骄君与佞臣也。比如唐德宗，好胜人而耻闻过，眩聪明而恣强愎，故直臣不能容于朝，而奸臣得乘机以进。他只听赞成的话，只用顺从的人。卢杞以迎合取得信任后，即在实际上操纵了朝政，造成"忠说壅于上闻，朝野为之侧目"的局面。朝政既坏，人心瓦解，藩镇作乱，统治发生严重危机。在满朝指责卢杞的情况下，德宗才不得不罢黜卢杞。然而到了这种地步，他还说："众人论杞奸邪，朕何不知？"李勉回答："卢杞奸邪，天下人皆知；唯陛下不知，此所以为奸邪也。"（《旧唐书·卢杞传》）故专制之君主，欲以臣下顺从为加强皇权之计，却不知反为奸臣所欺蔽，国乱而不知，权移而不觉。这种情况，也不是科举制所能改变的。

康熙五十六年（1717），康熙帝预留遗诏，其中说：

> 昔人每云帝王当举大纲，不必兼综细务。朕谓不然，一事不慎，即贻四海之忧；一念不谨，即贻百年之患。朕从来莅事无论钜细，莫不慎之又慎。

> （《清史稿·圣祖纪》）

这是他总结执政经验，为后世子孙提供榜样。康熙帝是有大作为的英明帝王，其总揽一切的专制作风，备见于遗诏中。科举选才，本为求治。但专制帝王却以为求才与求治都是"朕躬"做主，儒士们不过供朕驱使罢了。当年赵翼批评焚书坑儒的秦始皇"莫有群儒定是非"，康熙帝虽然标榜尊孔崇儒，但在不许"群儒定是非"上，与秦始皇并无二致。秦朝固然短祚，清朝又哪里能够长存？这是专制帝制铸成的历史性悲剧，而为科举制所无力改变的。

至于志节之士，则有其理想上的追求；而中国古代政治，也有其理想的标准。这是中国古代国家辩护其存在的合理性的依据。中国古代，人们以尧、舜、禹、汤、文、武为"圣君"典范，这是按儒家政治理想塑造的"圣君"形象。这些"圣君"形象的实际意义在于：人们可以以此为标准批评当世君主，因而在一定程度上起到了约束君主并改善政治的作用。不少士人怀着"致君尧舜"的政治理想，希望将忠君与爱国爱民结合起来，既改善君主形象又改善国家政治。但这同时也就是对君主的约束，同无限的绝对的君权不一致。唐玄宗因为害怕韩休批评他，不得不减少游乐，这说明臣下以"圣君"政治理想要求君主，客观上也就是对于君权的限制。

明智的君主懂得国家治平君位才能长保的道理，于是自觉地约束自己。史载唐太宗曾谓臣下曰：

> 人君之患，不自外来，常由身［自身］出。夫欲盛则费广，费广则赋重，赋重则民愁，民愁则国危，国危则君丧矣。朕常以此思之，故不敢纵欲也。
>
> （《资治通鉴》卷一百九十二）

他就是在自我约束中，纳谏用贤，造就了千秋称颂的"贞观之治"。像这样君主与臣下在实现国家政治理想的目标下推诚合作，也就是所谓"君明臣良"，在历史上是极其罕见的。

一般的情况是，有抱负的士人往往因为君非尧舜而不得施展抱负。科举制选才的目的，就这样遭到了专制皇权的否定。这是一个不可解决的矛盾：皇权的稳固要求国家治平，这就需要贤士；而贤士希望致君尧舜，这就要求约束皇权。在专制时代，约束皇权的实现，只能寄希望于皇帝自己。但这通常是不可能的。于是，这个不可解决的矛盾既造成志士仁人理想破灭的悲剧，也造成皇冠不断落地的悲剧。士人在反复重演的悲剧中逐渐反省；皇帝专制制度则在不断的王朝覆灭中走向衰落。历史确乎是趋向进步的：士心并未因科举制的牢笼而窒死；皇帝专制亦并未因有科举制驾驭士人而长存。

二　共贺春司能鉴识
——科举与官僚政治

宋仁宗时，宰相杜衍自谓："衍本一措大尔，名位爵禄，冠冕服用，皆国家者。……一旦名位爵禄，国家夺之，却为一措大，又将何以自奉养耶？"（《五朝名臣言行录》卷七）"措大"者，穷书生也。杜衍以一介穷书生经由科举进入仕途，升至宰相高位。他在显达之时，清醒地看到自己随时可能罢职丢官，那时依然是一个"措大"。这种穷书生渴望科举及第，及第人渴望成为公卿大臣，而公卿大臣可能沦为"措大"，乃是科举官僚政治的一大特点。

君主专制主义的官僚政治，确立于秦朝。但在两汉魏晋南北朝，不但官僚政治与贵族政治并存，而且官僚政治日益贵族化，结果导致士族门阀政治。这对皇权的加强不利，对国家的统一有害，庶族士人遂发出"世胄蹑高位，英俊沉下僚"（左思《咏史》）的不平之鸣。科举制兴，官僚政治才彻底战胜了贵族政治，文官管理国家的制度才臻于完善。当普通文士庆幸自己摆脱了贵族政治的等级压迫之时，皇帝也兴高采烈地庆祝自己对于不够恭顺的贵族的胜利。皇权之至上是因为科举官僚制度才得以完全实现的。从这点上说，科举官僚政治与皇帝专制主义不但是不矛盾的，并且是相辅相成、相得益彰的。当一代英主唐太宗陶醉于"天下英雄入吾彀中"之时，中国古代的读书人，的的确确从此开始以急不可待地姿态竞相投入皇帝专制的牢笼中去。只有科举制度才创造了将全社会的读书人都驱向专制政治这个旋涡的历史奇迹。单是这个事实，就显示了科举制具有不容低估的历史负面作用。所以，科举制同官僚政治相结合，既使皇帝专制主义的官僚政治得以完善，又将皇帝独裁推向极端。

科举制从全社会范围内选拔官吏，扩大了皇帝专制统治的社会基础，政府机构显出开放的色彩，等级制度也不是凝固的，政治体制表现出融通性和灵活性。其结果，不但淡化了等级意识，也淡化了阶级意识。它在一定程度上成功地制造了在皇帝专制底下的社会公平的迷梦。这无疑是中国古代国家制度较有活力并且长期延续的一个重要原因。

借助于科举制而成熟的专制主义的官僚政治，具有哪些特征呢？

（一）国家机构全面专制化

科举制与官僚制的结合，使得士人的入仕，以及官吏在仕途上的命运，带有偶然性。如宋代官场中人，即常常感到自己是"逆旅人"，是"将行者"，当时流行的口头禅是："朝士〔朝官〕今日不知明日事！"（《宋稗类钞》卷四）官僚士大夫命运的不测和多变，削弱了官僚与皇帝的联系。大多数官僚在实际上是把一己之私利置于君国之上。官僚们在皇帝面前的恭顺，与其背着皇帝的横行，不但形成鲜明的对照，而且恰是互补的关系。在皇帝专制主义的官僚政治下，每一个官都是独裁者。皇帝是全国范围内的专制者，各个官僚在各自的职权范围内又都是大大小小的专制者。官僚在皇帝面前，下级在上级面前，都是不折不扣的奴仆；但官僚背着皇帝，下级背着上级，都是不折不扣的专制者。鲁迅在《南腔北调集·谚语》中说：

> 专制者的反面就是奴才，有权时无所不为，失势时即奴性十足。

专制国家的官僚，一般都具有此种二重人格。民谚说："山高皇帝远，猴子称大王。"其实，就是在天子脚下的京城，官僚在行使职权时，也俨然一副"大王"面目。这样，当皇帝独揽朝政于一身时，官僚也在自己辖区内大权独揽。所以，中国古代专制制度，不但绝非皇帝一人所能造成和维持，亦绝非仅只皇帝一家受益。它其实是由遍布于国中的大大小小的专制者所共同造成和维持，并共同受益。这是中国专制制度顽强生命力之所在，也是反专制的斗争特别艰难、特别惨烈、特别反复的原因。正如鲁迅在《南腔北调集·沙》中所形容的："他们都是自私自利的沙，可以肥己时就肥己，而且每一粒都是皇帝，可以称尊处就称尊。"虽然古代中国有"天无二日，土无二王"之说，但在实际上，却是土皇帝遍于国中。这就造成高度的皇帝集权与高度的官僚擅权共存并行的奇特局面。一方面是皇权至上，另一方面却是官僚们都能各行其是。上有政策下有对策，成为中国古代官僚政治的不治之症。在大一统的古代中国，政令恰恰是可以随意解释和任意执行的。历史上，大多数皇帝对于官僚们的舞文弄法都一筹莫展。这是中国古代专制政治不得不腐败的一个深刻原因。

（二）官僚机构冗滥

科举制以文化考试选官，造成读书人的数量越来越多，这使越来越多的读书人都追求科举入仕，这就构成巨大的压力，迫使政府不得不增加科举录取名额并提供越来越多的官职。这样，机构臃肿和官僚集团内部利益争夺，就成为中国古代官僚政治的固有属性。中晚唐时期，士人求仕的压力，已迫使政府增加科举及第名额并缩短待选时间。宋代及第人立即入仕并大大增加录取名额，很快导致了官吏冗滥问题。宋真宗咸平四年（1001），中央及地方各级机构共裁减冗官十九万余人。诚如赵翼在《廿二史札记》卷二十五中所说："所减者如此，未减者可知也。"
为了安置日益增多的官吏，宋朝政府机构的编制都无定
额。在中央，员外郎多至三百余人，郎中多至一百余人，
太常及国子博士多至数百人。在地方，节度使多至八十余
员，节度留后及州刺史达数千人。在军队，如川陕有驻军
六万八千四百四十九人，其中官员竟达一万一千零七人。

中国历史上冗官害政，以科举制臻于成熟的宋代为最
严重。宋仁宗嘉祐二年（1057），诏改每年一贡举为两年
一贡举。宋英宗治平三年（1066），再改为三年一贡举。
原因之一就是为了缓和冗官问题的压力。不过，终宋之
世，朝廷始终无力解决冗官问题。这个事实说明皇权并不
能有效地控制仕途，也表明皇权不得不屈从官僚士大夫谋
求富贵的利益。

古代中国虽有士、农、工、商"四民"之说，但士
人一般都鄙薄农、工、商而专趋仕途，故科场拥挤和官场
冗滥，为日益严重且无从解决之问题。官冗必庸，官冗多
贪。曾任相职，深谙吏道的杜佑，在他撰著的巨著《通
典》卷十八《选举六》中提出："俾士寡而农工商众，始
可以省吏员，始可以安黎庶矣。"士人众多和官场冗滥，
竟成为治国安民的一大障碍！唐元和六年（811），宰相李
吉甫奏请裁减冗官以澄清吏治，他说："官省则事省，事
省则人清。官烦［多］则事烦，事烦则人浊。清浊之由，
在官之烦省。"（《旧唐书·宪宗纪》）这是因为职权所

在，势利随之。故仕宦于志士为报国之一途，于庸人为牟利之巨薮。自古以来，谋官者中，甚多庸人而甚少志士，故仕途多竞奔之人，当路多贪残之官。竞奔则官场不得不滥，贪残则吏治不得不污。对于贪官，多一事则多一牟利之机会，故凡贪官，没有不弄权玩法、生事扰民的，此所以官愈多而吏治愈不可问也。此为中国古代官僚政治之痼弊，虽有英君贤相，亦至多只能缓解而已。

（三）循资排斥英贤

在官僚机构内部，权益分配上的矛盾，主要通过适当的黜陟加以调节。黜陟官吏是君主驾驭官僚机构的最重要的手段，也是国家机器正常运行的必要条件。由于它将国家的利益同官吏个人权益结合起来，原则上是按官吏的才能和政绩分配权益，因而成为官僚政治下组织工作的一个重要制度。

不过，实际上黜陟官吏是十分棘手的事。这是因为：官僚们莫不热衷于晋升，升职的要求形成压力。而对于大多数官僚，能力和政绩往往差别不大。主管黜陟的官员，甚至皇帝本人，既难免徇私之弊，又难免判断错误之失。黜陟不公之失，在官职有限尤其是高、中级官职有限，因而多数官僚的升官愿望得不到满足的客观情况下，必然造成官场舆情的怨愤。负责黜陟的官员，乃至皇帝本人，遂不得不谋求妥协。结果是以循资的办法来缓和冲突。唐高宗总章二年（669），"司列少常伯［吏部侍郎］裴行俭始设长名榜，引铨注法，复定州县升降为八等。其三京、五府、都护、都督府，悉有差次，量官资授之"（《新唐书·选举志》）。这是以增加官职等级和循资升级的办法，来满足官僚们升级的要求，并缓和官场的争斗。

唐玄宗初年励精图治，破格用人。但为时不久，仍复循资晋级。开元十八年（730）四月，宰相裴光庭兼吏部尚书，"奏用循资格，……无问能否，选满［待选期满］即注［注名任官］，限年蹑级［按年限升级］，毋得逾越。非负谴者，皆有升无降。其庸愚沉滞者皆喜，谓之'圣书'；而才俊之士无不怨叹"（《资治通鉴》卷二百一十三）。故在古代中国，用人不拘一格仅行于英主求治之短暂时期。一般情况下，为循资用人。循资用人既与尚贤奖能相矛盾，而历代都不乏批评循资之论，亦不乏矫革循资之举，但结果都不得不归于循资，亦不能不安于循资。这不能用少数人的恶意来解释。因为除了上面说过的专制国家政治体制本身存在的弊端，还由于无论何时何地，中才之人皆为多数，中等工作成绩亦为相当普遍之现象。这种客观情况，决定了循资用人有其合理性。再者，积累经验，为工作之需要；而承认劳绩，亦人情之所安。

所以，正确的做法，应是循资与破格相结合，即以循资为常规之办法，以破格为特殊之处理。唐代，贞观年间和开元年间，也只是对于少数英贤之士破格提拔，而对于多数官僚仍是循资渐进。故历史上循资之弊，乃在于排斥了破格用贤，而不在于循资之法不当行。造成循资排斥英才的原因：首先是由于官场中平庸之人占据优势，官场在实际上为平庸之人所把持。同时，官场中竞争升级之冲突，也使循资成为大多数人所能够接受的办法，成为调节官僚机构内部权益分配以缓和矛盾的最佳选择。而维持专制主义的官僚政治的前提之一为安常守故，因循而无所创革，故不但需要抑制社会上的竞争，也需要抑制官场中的竞争，而循资为抑制竞争之有效手段。故奋发有为之英才，往往为专制官僚机构所不容，不但在循资中会发生沉滞之叹，并且不乏为官僚机构所吞噬者。王安石《答司马谏议书》曰：

> 人［官场中人］习于苟且非一日，士大夫多以不恤国事、同俗自媚于众为善。上乃欲变此，而某不量敌之众寡，欲出力助上以抗之，则众何为而不汹汹然？

故政治改革家王安石在当日官场中，实处于孤立地位。历史上，英才多为悲剧人物者以此。再者，循资使官僚们获得稳定感和安全感，保护了官僚的惰性，故大多数官僚乐于接受。即使偶有英贤之士获得高位，为保障既得利益，也往往循资用人。

总之，在皇帝专制的国家制度下，由于官吏的任免和升降，根本上不是考虑社会的利益，而是考虑专制统治的利益，以及官僚机构内部利益的协调，这就不能不造成循资排斥破格的不合理的用人机制，不能不造成庸人排斥英贤的历史性悲剧。故专制政治一日不倒，循资排斥英贤的悲剧就必定要不断上演下去。

（四）官僚形成特殊利益集团

科举及第的偶然性，官僚们在仕途中升沉的偶然性，使官僚们迫切寻求保障自身利益的手段。《唐语林》卷三载："卢晋公为门下侍郎，过吏部选人官，谓同过给事中曰：'吾徒侥幸至多，此辈优一资半级，何足问也？'一皆注定，未曾退量。"这是负责任免及黜陟的官员，以自己得居高位为偶然之幸事，因而推己及人，对于境遇较差者给予优待。这个事实说明，官场中人，不管境遇如何千差万别，但在个人命运具有偶然性和多变性上，却是共同的。这就使他们情不自禁地要彼此认同、互相关照，从而自觉或不自觉地在实际上形成一个特殊的利益集团。这样，官场中人，虽存在争夺关系，却由于命运上的相同和保住既得利益的需要之一致，而趋向于官官相护。

史载广州都督裴伷先犯罪下狱，宰相张嘉贞建议施用杖刑，兵部尚书张说以"刑不上大夫"提出异议。事后，张说告诉张嘉贞："宰相者，时［时运］来即为，岂能长据？若贵臣尽可行杖，但恐吾等行将及之。此言非为伷先，乃为天下士君子也。"（《旧唐书·张嘉贞传》）张说的话，说明官僚们因为升沉荣辱没有定，因而需要彼此留情。对此，王夫之愤然指出："此与宋人'勿使人主手滑'之说同。"（《读通鉴论》卷二十二《玄宗十二》）故官官之相护，不但使官僚集团对于社会，成为一个具有特殊利益的集团，与社会民众相对立；而且对于皇权，它也是一个具有特殊利益的集团。难怪王夫之批评说：

> 规规然计及他日之见及，而制人主以不我辱，士大夫有门庭，而君不能有其喜怒，无怪乎暴君之益其猜忌，偏以其所不欲者加之也。

在王夫之看来，官僚集团之自私自利，足以造成君臣间互不信任。他痛切言之：

> 天下之公理，以私乱之，则公理夺矣。君臣之道丧，唐、宋之大臣自丧之也。于是而廷杖诏狱之祸，燎原而不可扑矣！

王夫之看出君臣之道的不正常，在于官僚集团的自私，很有见地。不过，他忽视了皇帝之家天下也是自私的。君臣道丧的根本原因，在于君与臣都是以私害公。皇帝以国为家，化全社会之公为一己之私。官僚则在自己职权范围内，部分地化公为私，损公利私。专制主义的职权等级结构，实质上是按权势大小分享民脂民膏。此外，他没有深层分析官僚们之自成特殊的利益集团，乃是专制官僚政治实际运行无可避免的结果。

正是由于这是专制政体体制上存在的问题，故有识之士的呼吁，不能唤醒官僚们为社稷苍生着想的良心；皇帝的廷杖和诏狱，也不能遏阻官僚们自成特殊的利益集团。重压下呻吟之百姓，至高无上之皇帝，对于官官相护之弊，皆熟视之而不能改变之。由于官官相护，官僚们肆无忌惮地徇私舞弊，这是中国古代专制政治根本上不能改善的一大原因。无数小说戏剧所描写的冤案，基本上都是由于官官相护而沉冤不白的。唐文宗大和二年（828），刘蕡在对策中陈诉民情：

> 贪臣聚敛以固宠，奸吏因缘而弄法。冤痛之声，
> 上达于九天，下流于九泉……君门万里而不得告诉。
>
> （《旧唐书·刘蕡传》）

奸吏贪官何以如此嚣张？民生疾苦何以痛哭无告？原因之一就在于官官相护使整个官僚机构成为贪官的保护者，从而导致官僚机构不免逐渐腐化。这里揭示了官僚特殊利益集团同全社会的对立。

刘蕡不知道专制帝制乃病根之所在，他痛心疾首代百姓发出了"君门万里而不得告诉"的呼声。这说明，在古

代中国，善良的人们对皇帝往往抱有幻想，"反贪官不反皇帝"是普遍现象。这个在历史上长期存在的问题，一方面是由于"君门万里"，人们不容易弄清楚"九重"中的天子与残民的官吏之间的关系。另一方面，官僚集团确实有着既和社会相对立，又和皇权不一致的特殊利益，这使得贪官奸吏既虐民，又欺君。

皇帝其实是常常被官僚们所包围、蒙蔽的。不要以为皇帝的"圣旨"可以通行无阻地得到贯彻。皇帝按专制制度所拥有的无限权力与其作为一个具体的个人的有限能力，是一个不可能解决的矛盾，后者使其在实际上不可能行使无限的权力而不得不依靠官僚集团。皇帝的主观愿望，是要使官僚集团成为自己意志的执行机构，成为自己权力的延伸。可是，官僚集团自有其特殊的利益，官僚们表面上顺从皇帝，但实际上自谋私利，使得皇帝其实不能得心应手地驾驭官僚机构。所谓"忠君"，乃是要求官僚们以自己的私服从皇帝的私。君与臣皆无公天下之心，彼此以私相待，君臣之道安得不丧？

刘蕡指出："陛下心有所未达，以下情塞而不能上通；行有所未孚，以上泽壅而不得下浹。"（《旧唐书·刘蕡传》）他把此种君主与百姓之间的隔阂，归咎于官僚们"无清惠之政，而有饕餮之害"；"无忠诚之节，而有奸欺之罪"（《旧唐书·刘蕡传》）。他看出了官僚集团横在皇帝与人民之间，以贪暴使"上泽"不得"下

侠"，以奸欺使"下情"不能"上通"。诚然，刘蕡只看
到官僚集团与皇帝不相一致的一面，因而是片面的。但这
一方面的情况值得重视，因为官僚政治之弊，与专制帝制
之弊，相结合而虐民更甚。

至于另一方面的事实，则是官僚专制原本以皇帝专
制为其前提，官僚在自己职权范围内乃是皇权的化身。所
以，官僚们虽然为了营私不免欺君误国，却都自觉不自觉
地维护皇帝专制制度。历史上改朝换代之际，大多数官僚
都纷纷改换门庭，"君"与"国"变了，专制制度不变，
官僚政治如故。故官僚政治与专制政治，至尊的皇帝与在
各自职权范围内称尊的官僚，乃是同生共荣的关系。而与
民主政治冰炭不容。那些"王之爪牙"深知，维护君主的
最高专制权力，与维护自身的受到等级制约的专制权力，
是相辅相成的关系。专制主义的官僚政治，杜绝了通向法
治和民主的道路。

三　满朝朱紫贵，尽是读书人
——科举官僚政治的贵族化倾向

唐代士人杨汝士，元和四年（809）登进士第，又应制
举博学宏词科及第，其后历任右补阙、职方郎中、中书舍
人、工部侍郎、吏部侍郎等清要职务，位至尚书。其诸子亦

皆登进士第,仕宦"皆至正卿"。到懿宗咸通年间(860—874),杨氏子孙在朝廷和方镇任要职者十余人,杨家成为奕世富贵的"昌族"。所居长安静恭里,"并列门戟"(《旧唐书·杨虞卿传附汝士》),俨然一派门阀气概。

前面说过,科举制终结了贵族政治,这是从科举制在中国古代政治制度史上的划阶段意义上立论的。可是,由于中国古代社会是一个等级社会,由于皇帝世袭特权和皇室贵族、功臣贵族的存在,使得官僚们一般都羡慕并追求贵族特权。史载:李义府"既贵之后,又自言本出赵郡,始与诸李叙昭穆"(《旧唐书·李义府传》)。又"张燕公好求山东婚姻,……及后与张氏为亲者,乃为甲门"(《唐国史补·卷上》)。这些,都是新兴官僚努力追求门阀化的表现。

科第入仕者追求贵族特权的努力,最终由国家政策加以承认和保障。前面提到的唐敬宗宝历元年(825)诏制,规定"名登科第,即免征徭",就说明自敬宗以来,进士官僚已成为享有部分贵族特权的新贵。

宋太宗至道二年(996),朝廷确定任子官制。按规定,高级官员不但子及孙可得官,并且近亲、异姓亲乃至门客、医士皆可得官。枢密使曹彬死,其亲族、门客得官者十余人。曾任宰相、节度使的李继隆死,其门下得官者二十余人。故在宋代,一人做大官,则子孙亲族均可得官。

宋仁宗天圣四年(1026),朝廷规定:郎中以上官员致仕（退休），赐一子官。天圣十年（1032），又规定：凡员外郎以上致仕者，以其子试秘书省校书郎。如无子，则降一等赐其嫡孙或弟侄一人授官。如果官员有请求致仕而尚未来得及任其子孙为官却忽然死亡者，朝廷仍赐其子孙以官。这虽然是为了鼓励官员致仕，但却把任子特权扩大到了中级官员。

宋初宰相范质，其侄范杲以门荫入仕，一年光景，就升到六品官。范杲还不满足，写信给范质，要求升更高的官阶。范质写了一首《诫儿侄八百字》的长诗寄给范杲，诗中说：

> 尔得六品阶，无乃太为优。
> 凡登进士第，四选升校雠。
> 历官十五考，叙阶与尔俦。
> 如何志未满，意欲凌云游。

"考"即考绩，一年一考绩。这里作了一个比较：由进士入仕，一般情况下，历十五年才能升到六品官阶。然而进士致身卿相以后，其子侄由门荫入仕，仅一年就超升至六品。连范质都觉得太过分了。他担心儿侄们因为躁进招来祸患，所以读了范杲的信，"省之再三叹，不觉泪盈眸"。他告诫子侄："尔曹当悯我，勿使增罪戾。闭门敛踪迹，缩首避名势。名势不久居，毕竟何足恃？物盛必有衰，有隆还有替！"因为此诗恳切周详，故"时人传诵以为劝诫"（《宋史·范质传》）。由范杲的遭遇和范质的诗，可以看出科举官僚制下，官僚士大夫命运的浮沉不定，以及进士官僚贵显以后所享有的贵族化特权。

这种进士新贵形成以后，不但通过门荫制度在一定程度上享有近似于贵族的世袭特权，而且实行排他的贵族主义。如大中七年（853），崔瑶知贡举，"以贵要自恃，不畏外议。榜出，率皆权豪子弟"（《登科记考》卷二十二）。又如宣宗时贡举，及第者"率多膏粱子弟，平进［平民登第］岁不及三数人"（《北里志序》）。当晚唐进士科最盛之时，恰恰是进士出身的新贵排抑寒士最烈之日。科举制与过去的选举制的主要区别，乃是在考试面前人人平等，即为读书人提供平等竞争的入仕机会。然而进士官僚的贵族化倾向，导致新贵们不惜破坏科举制的原则，公然舞弊，操纵贡举，以求世代显贵，形成新的特权阶层。虽然唐后期进士官僚贵族化的趋向，在宋代得到遏制并加以扭转，但宋代官僚所享有的恩荫特权以及官户免役的特权，说明宋代官僚仍然存在着贵族化倾向。

官僚贵族化的倾向，还在官僚集团内部关系上表现出来。《唐语林》卷四记载：

> 裴相为宣州观察［使］，朝谢后闲行曲江，荷花盛发，与省阁诸公同游。自慈恩至紫云楼下，见

五六人坐水次，裴与诸人憩于旁。中有黄衣〔人〕饮酒轩昂，笑语轻脱。裴稍不平，问曰："君所任何官？"对曰："诺，即不敢，新授宣州广德县令。"复问裴曰："押衙所任何职？"曰："诺，即不敢，新授宣州观察使。"于是〔先坐于水次者〕奔走而去。〔裴〕一席皆欢，闻者大笑。

广德县令以官自傲，固然可厌。但如果宣州观察使遇见的不是县令，而是宰相，则"奔走而去"者将是自己，而"一席皆欢"者将是别人。官场中的等级关系如此森严可畏，以致那位宣州辖下之广德县令不敢去广德任职，而请求吏部改任为罗江县令。此事在当时社会上广为传扬——

宣宗藩邸闻之，常与诸王为笑乐。及即位，裴为丞相，因书麻制回，谓左右曰："诺，即不敢，新授中书侍郎平章事。"

（《唐语林》卷四）

不难想见，裴当时该有多么得意。人们对于小官因不知情而在大官面前倨傲出丑，如此无情地加以嘲弄，固然表现了世人对于摆官架子的厌恶；但不嘲笑官吏摆架子于百姓之前，不嘲笑大官摆架子于小官之前，却嘲笑小官在不知情的情况下摆架子于大官之前，则分明承认官架子是有等级的。这说明官僚制取代贵族制以后，贵族主义的等级原则和等级观念，被官僚们当作宝贝继承下来了。正是官对于民的特权和官品等级特权，使科举官僚政治发生贵族化的倾向。

官僚贵族化的结果，导致官僚的特权意识，也导致了崇拜官僚权力的世俗心理。唐玄宗李隆基在担任潞州别驾时，有一次入朝京师。暮春时节，游昆明池，遇豪家少年数人。一少年提议："今日宜以门族官品自言。"李隆基高声自报："曾祖天子〔太宗〕，祖天子〔高宗〕，父相王，临淄王李某。"诸少年闻语"惊走"，"不敢复视"。（《唐语林》卷四）

那么是不是科举制没有冲击贵族主义呢？也不是。当秦汉时期官僚制代替贵族制时，就以官职的可变动性和非世袭性，同贵族制区别开来。然而，史载李广罢官家居时：

> 尝夜从一骑出，从人田间饮。还至霸陵亭，霸陵尉醉，呵止广。广骑曰："故李将军。"尉曰："今将军尚不得夜行，何乃故也！"止广宿亭下。居无何，匈奴入杀辽西太守……于是天子乃召拜广为右北平太守。广即请霸陵尉与俱，至军而斩之。
>
> （《史记·李将军列传》）

当李广罢职时，他对霸陵尉虽不满，却委屈容忍；而一旦得居高官，即以诛杀相报复。这件事，反映了官僚制下官吏职务的可变性和人际关系的可变性。而与这可变性形影不离的，是等级原则的不变性。这说明，贵族主义的等级原则和特权意识已经渗透到官僚体制的每一个细胞中。

魏晋南北朝时期的官僚制度，以九品中正制下的门选，以及士庶在官场上的清浊分途，造成入仕机会和仕途升迁上的不平等。科举制改变了这种情况。它以文化考试选官，确立了入仕机会平等的原则。虽然这个原则在唐代仅是部分地得到体现，但其划阶段的意义是重大的。到了宋代，这个原则基本上得到贯彻。然而，唐后期进士官僚仕宦通显的情况，在宋代进一步发展，以致官场上科第出身者与非科第出身者之间，穷通迥别。这种情形，有似于门阀政治下的清浊分途。此后，直到清末废科举，迄无改变。所以，科举制主要是在入仕原则上排除了贵族主义，而在官场中，却保持了贵族主义。

何以科举官僚政治会有贵族主义的灵魂？这是因为专制主义离不开贵族主义，否则皇权崇拜将冰化雪消。也是因为在科举官僚制下，贵族主义的等级观念和特权意识，获得了最佳存在形态。前一点不言自明，后一点则需加以讨论。

科举制下，读书做官，"四民"中的士，因而获得了高出于农、工、商的社会地位和优越意识，士人因此而与民众相分离，并且在精神上贵族化了。科举制为士人打开了由读书进入官场的大门，每一个士人都可望致身于青云之上。唐时，应进士举者，被世人称作"白衣公卿"或"一品白衫"。虽然，唐代应进士举者，每年平均在千人左右，而及第者平均在二十五人左右。"白衣"转变为"公卿"或"一品"者，在士人群中寥若晨星。但极小的可能性却因机遇上的偶然性，使得士人们莫不怀有侥幸心理，因而在梦想中各自编织辉煌的人生前景。欧阳詹《赋得秋河曙耿耿送郭秀才应举》诗云："前程心在青云里"，这是应举士人的普遍心态。这种情况，随着宋以后科举录取名额的增加，以及进士官僚在仕途上优越地位的提高，而愈益严重。穷书生冯京游学余杭，遭官吏凌辱，愤而赋诗曰："韩信栖迟项羽穷，手提长剑喝西风。可怜四海苍生眼，不识男儿未济中。"（《泊宅编》卷上）由此诗，可知冯京对自己的将来充满信心。这是因为有科举制为他提供入仕的机会。他后来果然由科举而做官，一直做到参知政事（副宰相）。于是此事传为佳话。但冯京愤慨的是庸吏不识暂时潦倒的英才。假若庸吏凌辱的是一个平庸的书生呢？假若冯京后来没有登第，没有显达呢？故此诗的精神，不是反对势利，而是感慨才士不遇，企盼一日折桂，直上青云。冯京的不凡气概，来源于他相信自己能够经由科举飞黄腾达，从而在这个势利社会中致身高位。他傲视的，不只是庸吏，而且有"天下苍生"。他感慨的，不是人情势利，而是势利的人们不能认识他这个未来的大人物。正是由于有了科举制，才使得冯京在处于贫士的地位时，就已经有了贵族的精神。由此可见，科举制虽然带来入仕机会的平等，却没有改变社会的等级制原则。

科举制与官僚制的结合，使科举制的平等原则与不平等的等级精神结合起来，科举制使士人获得了成为特权者的客观条件，士人因此追求特权，拥护特权。所以，科举制下，不但官场中人奉行贵族主义，而且尚未入仕的济济士人，也都怀着贵族意识，即所谓"致身青云"的心理。如果说，在贵族政治下，贵族主义仅限于贵族中人，那么在科举官僚政治下，贵族意识却普及到广大士群之中。

科举官僚制下，未入仕的士人同官僚之间，以及官场中大小官之间，一方面，按照等级制的原则，存在着上下尊卑关系；另一方面，却由于机遇的偶然性和命运的多变性，在具体的人与人之间，其上下尊卑关系是可变的。南宋时，章良能、章良朋兄弟家贫，就读于乡校。这个乡校与宰相沈该家相邻。隆冬时节，严寒逼人，章氏兄弟"衣不掩胫"。沈家子弟看了，讥讽说："此人会著及胫衣！"可是，章氏兄弟后来皆由科举而入仕，并且很快显达。沈家却由富贵转贫贱，竟至不保居室。而购买沈家住宅的，正是昔日的穷学生章良朋。（《癸辛杂识》别集卷上）沈、章之间的富贵贫贱关系变了，但社会上富贵贫贱的等级区别仍在。这种制度上不变的等级原则和具体人际关系上的可变现象，虽然是互相矛盾的，但是，后一种情况不但不抵消前一种情况，而且还是前一种情况得以长存的主要原因。为士与为官的不确定性，以及为小官与为大官的不确定性，使得为士者一般都追求为官，却不反官；为小官者一般都追求为大官，却不反大官。科举官僚制下的贵族主义，恰恰是借助于个人命运的可变性，而深入于官场，也深入于士群。

以傲骨著称的李白，豪迈地唱出："安能摧眉折腰事权贵！"（《梦游天姥吟留别》）这是因为在科举官僚政治的唐代社会，文章可以致身。李白满怀信心地宣称："我辈岂是蓬蒿人！"（《南陵别儿童入京》）正是后一种情况，使他能够不屈于权贵。这种傲骨，其实不具有反特权的意义。自唐至清的古代士人中，不少人都不同程度地具有此种傲骨。这是科举制带给古代士人的精神支持。但是，这种精神支持不是淡化而是强化了士人的为官意识。所以，科举制与专制主义的官僚制的结合，杜绝了古代中国政治通向民主化的道路，斩断了士人平民化的一切可能。

再者，科举制下，做官凭文章不凭出身，农、工、商之子弟亦可经由读书而做官，这样，"龙门变化人皆望"（《全唐诗话》卷六），不但是士人之常情，而且也是世俗之常情。《古今楹联拾趣》载：明代才士邱浚，少时家贫。某显贵蔑视他："谁谓犬能欺得虎！"邱傲然回应："焉知鱼不化为龙！""虎"欺"犬"，这是当时社会的等级原则；"鱼"化"龙"，这是科举制度带来的平等入仕机遇。虽然"鱼"之化"龙"甚为少见，但"鱼"渴望化"龙"，却使贫穷的读书人在处于"犬"的地位时能不怕"虎"。科举制与官僚等级制的结合，使科举制的平等入仕原则，与不平等的等级精神结合起来，也就是"鱼"化"龙"和"虎"欺"犬"结合起来，引一切为"鱼"为"犬"者到争取为"龙"为"虎"的路上去。"望子成龙"遂成为社会上人们的普遍心理。虽然成"龙"者极少，但渴望成"龙"的心理，却驱使士、农、工、商莫不希望自己的子弟成"龙"。所以，科举制所牢笼的，绝不仅仅是士人。正是由于科举制为平民百姓提供了改换门户的可能性，故科举制将古代中国的平民百姓引诱到争取做官特权的道路上去。于是，古之人无论为农、为工、为商，只要家境稍裕，即培养子弟读书做官。而一旦为官，即俨然一副高于农、工、商的特权者姿态。《儒林外史》中的范进，不过中了一个秀才，他的岳父胡屠户当即指点一番："你如今既中了相公，凡事要立起个体统来。……若是家门口这些做田的，扒粪的，不过是平头百姓，你若同他拱手作揖，平起平坐，这就是坏了学校规矩，连我脸上都无光了。"后来范进中了举人，胡屠户遂尊之为"贤婿老爷"，更以为脸上增光："我那里还杀猪！有我这贤婿，还怕后半世靠不着也怎的？"胡屠户的鄙俗固然可笑，但他反映的却是科举制下普遍的世俗心理。科举制无疑削弱了中国一般平民对于民主的追求。

科举制与官僚制相结合，特权意识污染了整个社会。古代农民起义军中，也是实行等级制度。梁山泊一百零八将，从第一位头领宋江到末一位头领段景住，座次井然，都各安其位。太平天国官制，等级层次之繁多，有甚于清王朝。鲁迅痛切地指出，中国历史上的改朝换代，都归结为争夺"金交椅"，而不是取消"金交椅"。换来换去的，只是坐"金交椅"的人，而"金交椅"的特权地位如故。科举制造成了这样的社会心理，即特权地位是可以争取的，因而特权制度是不必反对的。试读古代的小说戏剧，平民遭受官府压迫时，或者寄希望于自己科举及第改善境遇，或者寄希望于别的官特别是更大的官主持公道。无论是自我奋斗还是清官公断，都是科举官僚政治下可能出现的奇迹。但这样一来，也就缓和了人们变革等级特权制度的要求，销蚀了人们反对专制主义的官僚制度的斗争精神。

这是科举官僚政治带给中国社会的一个沉重的历史包袱。

四　宰相须用读书人
——科举与政情政局

宋太祖建隆四年（963），议改年号。太祖提出应择一个前代没有的年号，结果定为"乾德"。乾德三年（965），宋灭后蜀，后蜀宫女没入宋朝皇宫。有一天，太祖看见宫女所用铜镜的背面刻有"乾德四年"字样。他感到奇怪，就将这面铜镜拿给宰相们看。宰相们也都诧异，谁也说不出道理。翰林学士窦仪说："这一定是蜀地所产，当初前蜀王衍时曾用乾德年号。"太祖听了，感叹说："宰相须用读书人！"（《史纲评要》卷二十七）从此，有宋一代，皆重用儒臣。

这是一件偶然的事，但它的出现却是历史的必然性在起着作用。这是实行科举制必定要导致的结果。

科举制下，士人由读书而科举，而做官，走学而优则仕之路。这就在客观上将士人命运同国家命运联系起来，因而使士人具有了崇高的责任感和强烈的参与意识。明经出身的张嘉贞，上奏玄宗：

> 今志力方壮，是效命之秋。更三数年，即衰老无能为也。惟陛下早垂任使，死且不惮。
>
> （《旧唐书·张嘉贞传》）

此种报效国家的热忱，是科举制下多数士人的共同愿望。从王安石的"浩荡宫门白日开，君王高拱试群材"（《李璋下第》）的诗句中，可以看到，科举将士人苦学之寒窗与实现抱负的君门联系起来，吸引士人经由科举步入宫门。士人修齐治平的理想固然在于改善政治，而政情政局的正常，亦为士人实现抱负的必要条件。故在科举制下，一般说来，士人成为改善政情和稳定政局最积极的一支力量。由唐宋至明清，改革弊政的努力，拨乱反正的奋斗，基本上皆由有识之士人发起并主持。所以，在唐以后的历史上，士人因为科举制而在国家生活中起到了重要的作用。如唐后期，抑制宦官势力以维护皇权，抗衡割据势力以维护统一，指摘时弊以谋求改革，皆出自正直的士大夫官僚。他们的斗争，就挽救唐朝衰亡而言，终于没有成功，但短暂地改善政情和缓解危机的作用则是有的。特别是，这类斗争中有的社会影响异乎寻常之大。比如刘蕡对策，就震动了政坛和社会。又如韩愈谏迎佛骨，对于衰世迷茫之人心，固不啻当头之棒喝；而其开启北宋儒学复兴之功绩，意义尤其巨大。

唐人杜牧高度评价科举制对于国家政治的意义，谓"科举之设，圣祖神宗所以选贤才也"，"若以科第之徒浮华轻薄，不可任以为治，则国朝自房梁公以降，有大功，立大节，率多科第人也"。他列举房玄龄、郝处俊、来济、上官仪、李玄义、娄师德、张柬之、郭元振、魏知古、姚崇、宋璟、刘幽求、苏瓌、苏颋、张说、张九龄、张巡、杜黄裳、裴度十九位科第人的业绩，极为看重："凡此十九公，皆国家与之存亡安危治乱者也！"（《樊川文集》卷十二《上宣州高大夫》）《新唐书·选举志上》云："大抵众科之目，进士尤为贵，其得人亦最为盛焉。"杜牧和《新唐书》史臣，都认为科举为国选才，有助治之功。

正因为如此，故宦官及藩镇之横行只能是暂时的现象。人心之所向，即历史大势之所趋。宦官专权在唐朝衰亡中结束，藩镇割据则在五代十国纷争中盛极而衰。北宋统一国家的建立，标志着士大夫文官集团战胜了藩镇武夫集团。在宋代，科举出身的文官集团掌握了国家政权。自宋至清，除却少数特殊情况，一般都是进士文官当政。虽然有所谓"与吏治天下"之说，但这其实是"官"的牢骚，并没有改变官尊吏卑的等级秩序。两宋明清的政情和政局，士大夫官僚起着举足轻重的作用。

科举官僚制加强了皇权。皇权的加强有助于政局的稳定和国家的统一。唐宋以来，皇帝专制的加强和国家统一程度的提高，与科举制有关。

不过，皇帝独裁的加强，使中国古代政治根本上不可能得到改善。中国古代社会后期，由于统治集团内部斗争引起的政局动荡比前期减轻；而由于政治腐败引起的阶级对抗和民族冲突，却依然严重。实行科举制以来，中国古代王朝的治乱兴衰变化如故。这说明科举制对于政情政局的改善，意义是有限的。

唐代宗时，关于科举制引发过一次朝廷讨论，主要的批评意见是：

> 今试学者以帖字为精通，不穷旨义，岂能知迁怒、贰过之道乎？考文者以声病为是非，岂能知移风易俗化天下乎？……而取士试之小道，而不以远

大，是犹以蜗蚓之饵垂海，而望吞舟之鱼，不亦难
乎？所以食垂饵者皆小鱼，就科目者皆小艺。

（《新唐书·选举志上》）

这是说科举考试的内容，着眼于"小道""小艺"，
与修身及治国无关，所以不利于选拔真才、大才。一般说
来，科举考试内容确与国家政事没有密切关系，然而科举考
试又确为国家选拔了一批又一批人才。科举制的生命力，不
在于考试的内容，而在于考试取士本身。考试选官的制度，
使国家得以从最广大的范围内选拔人才。在科举制下，国家
机构获得了比过去更广泛、更丰富的人才来源。虽然考试内
容与政事关系不大，但应试人的才能和知识结构，却不限于
考试内容。故考试内容虽不可取，及第人中却仍有真才实学
者。即使是后来考最没有意义的八股文，科举制仍能选拔到
一些人才，其故盖在于此。

但科举考试的内容，不利于为国选贤，却实在是科
举制的致命弱点。唐人批评进士浮华，明清人批评进士迂
腐，都看到了科举考试内容影响了人才的选拔和培养。因
为考试内容对于读书人平日的学习，起着导向作用，从而
影响其知识的结构。不少士人缺乏仕宦应有的政治才能：
重诗赋时，大多华而不实；考八股时，大多迂腐无能。杜
牧以科举能选到若干英才来掩盖浮华之失，是不对的。杜
牧所列十九人中，唐前期有十七人，唐后期仅杜黄裳、裴

度二人。科举制在唐后期比唐前期有显著的发展，而科第人之建功立业都不及前期。这个事实说明，科举的发展并没有相应地改善政情。

宋人改革科举制，一个重点就是针对唐代科举浮华之弊，结果是确立了考试经义（大义）、诗赋和策论。这比唐制无疑有所进步。然而，科举制从一开始就是从属于并服务于专制制度的，明清时期科举制的发展，是皇帝利用科举和文字狱，实行极端的文化专制压迫政策，科举成了禁锢士人思想的强有力的工具。所以，在科举史上，考试内容之弊，越来越严重。清朝八股取士，科甲出身者，颇以昏聩取讥于世。《聊斋志异·郭安》载：郭安为李禄所杀，郭父告官，官竟判李禄为郭父之子。又载：一妇告其夫被杀，官竟判杀人犯为此妇之夫，还振振有词地说："人家好好夫妇，直令寡耶！即以汝配之，亦令汝妻守寡！"蒲松龄指出："此等明决，皆是甲榜所为，他途不能也。"盖进士出身者，虽甚糊涂，却十分自负。胡乱判案而又斩钉截铁者，多是此辈中人。科举之有妨政事，至此而极。科举之终于不得不废，其由来亦渐而久矣。

科举制对于国家政治的意义，主要为选贤以佐治。由于皇帝把一姓之专制利益看得高于一切，这就造成皇帝专制与社会治平需要的矛盾。这个矛盾的表现之一，就是约束思想、窒息人才的科举考试内容与科举选贤的目标相冲突。正如皇帝专制使中国古代社会根本上不可能长治久安一样，科举考试内容使科举制根本上不可能实现选贤的目的。科举制与官僚制的结合，使科举选贤的功能遭到进一步的损害。官僚政治固有的徇私舞弊，使科场成为舞弊之场，使科第人入仕以后大多难免不为舞弊之官。

天册万岁二年（696），武则天在制举策问中提出："何方可以静流竞之来？何法可以杜讹谬之入？"（《登科记考》卷四）显然，应科举者多为奔竞之徒，而有司录取亦多讹谬。这样两个妨碍科举选贤的问题，困扰着以知人善任著称的武则天。这两个问题，是科举制与官僚制结合的必然结果，因而根本上不可能得到解决。科场的后面是官场，官场中的种种特权诱惑着科场内外的士人。士人热衷于经过科举以进入享受特权的官僚阶层，则流竞安能止息？士人之钻营及第，与有司之以知举牟利相结合，则讹谬之录取自难避免。

还在永隆二年（681），唐高宗就已发现：

> 试官又加颜面，或容假手，更相属请，莫惮纠绳。由是侥幸路开，文儒渐废，兴廉举孝，因此失人；简贤任能，无方可致。
>
> （《登科记考》卷二）

晚唐时，进士词科极盛。然而举世公认有文名者，却颇多屡举不第。《登科记考》卷二十三咸通十四年（873）

载："大中、咸通之后，每岁试礼部者千余人。其间有名
声如何植、李玫、皇甫松、李孺犀、梁望、毛浔、具麻、
来鹄、贾随以文章称。温庭筠、郑渎、何涓、周铃、宋
耘、沈驾、周系以词翰显。贾岛、平曾、李洞、刘得仁、
喻坦之、张乔、剧燕、许琳、陈觉以律诗传。张维、皇甫
川、郭郐、刘廷辉以古风著。虽然，皆不中科。"故在唐
世，科举舞弊和科举遗才问题，既为举世所公认，复为举
世所同慨。

　　科举舞弊和遗才问题不仅终唐之世不得解决，后世
亦不得解决。五代后晋时，崔棁知贡举。有一个名叫孔英
的应举人，品行恶劣，丑闻昭著。宰相桑维翰对崔棁说：
"孔英来矣。"意谓像孔英这样劣行昭彰的人居然应举来
了。谁知崔棁误以为是桑维翰暗示他关照孔英，于是孔
英得以登第。（《廿二史札记》卷二十五）这自然是一
个误会，但却表明朝廷权贵能够干扰科举，而考官能够徇
私舞弊。又北宋时，王钦若知贡举，举人任懿托与王钦若
有密切交往的惠秦和尚送上白金二百五十两。其时王钦若
已入贡院，惠秦乃将赂金送与王妻李氏。李氏派遣仆人入
贡院，她在仆人手臂上写了任懿的名字和赂金的数目。任
懿因此登第。（《廿二史札记》卷二十五）难怪王夫之感
叹曰："贡举者，议论之丛也！""贡举之于天下，群人
士而趋之者也。""士习不端，成千余年之恶俗，伊可叹
也！"（《读通鉴论》卷二十六《穆宗二》）因为贡举成

了舞弊之丛，故为众口所议。其所以然，乃因士人争趋于举场，百计营谋，故弊端丛生。

自唐以来，即棘围贡院，且加以门卫搜索。自宋以来，即实行糊名考试，并誊录考卷。而历代于科场舞弊案，处罚甚重，愈往后愈重。清世祖顺治十四年（1657），顺天乡试考官李振邺、张我朴接受科臣陆贻吉、博士蔡元禧、进士项绍芳贿赂，以田耙、郭作霖两人中举。给事中任克溥奏劾，审问属实，诏令将舞弊之两名考官、行贿之三名朝官以及两名举人，立斩于市，家产没收，父母兄弟妻子戍边。继而，江南省（辖区为今江苏、安徽两省）乡试主考万猷、钱开宗等舞弊事被揭发。次年，顺治帝亲自复试两闱举人，顺天府有一百八十二名合格，准予参加会试；江南省有九十八名合格，准为举人。顺天举人二十余名流放尚阳堡。江南两主考问斩，十八房考官除一人已死，其余全部绞死。牵涉之举人流放宁古塔，其父母、兄弟、妻子皆同去。此外，河南、山西、山东考官亦皆因违例受罚。（《清史稿·选举志》）这是清代第一次科场案。自实行科举以来，历代皆有科场舞弊案件，而以清朝处置最为严酷。此后，清朝开始乡试复试，举人须经复试合格，方可参加会试。

但严刑和复试并不能杜绝科场舞弊事。康熙五十年（1711），江南士子吴泌、程光奎贿赂副主考官赵晋中举。二人不学无术，榜出，舆论哗然，有数百人抬财神入学宫，称科场不公。结果，赵晋及同考官王曰俞、方名诛死，正考官左必蕃以失察罪撤职。其后，直到晚清，仍不时有科场舞弊事揭发出来，而"贿通关节，未经败露"者，"例尤不一"。（《清史稿·选举志》）

科场舞弊之所以不能杜绝，原因既在于科场成为名利之场，追逐者自然不择手段；又在于官场左右着科场，未有官场不净、科场能清者也。

科场舞弊的直接后果是科举遗才，而科举遗才造成朝廷人才匮乏。乾宁元年（894）二月，唐昭宗决定拜郑綮为相，"闻者大惊"。中书堂吏往告郑綮，郑綮不相信："诸君大误，使天下更无人，未至郑綮！"堂吏说："特出圣意。"郑綮说："果如是，奈人笑何！"既而贺客盈门，郑綮搔首叹息："歇后郑五作宰相，时事可知矣！"（《资治通鉴》卷二百五十九）郑綮排行第五，爱说歇后语，故有"歇后郑五"之称。这里"天下"无人应改为"朝廷"无人。盖科举之弊，使天下虽有人，而朝廷不能有人也。朝廷无人，时事可知，唐朝科举选才的结果就是如此。无怪乎史臣论曰：

呜呼！李氏之失驭也，宇渗之气纷如，仁义之徒殆尽。……嚣浮士子，阘茸鲰儒，昧管〔仲〕、葛〔诸葛亮〕济时之才，无王〔导〕、谢〔安〕扶颠之业。邀功射利，陷族丧邦。……妖徒若此，亡国宜然。

（《旧唐书》卷一百七十九）

《旧唐书》卷一百七十九所载韦昭度、崔昭纬、郑綮、刘崇望、徐彦若、陆扆、柳璨，皆进士出身，亦皆仕至宰相。其中，郑綮虽无相才，却有自知之明，故虽无建树，亦未祸国。此外诸人，皆奸邪乱政，害国残民，确为"亡国"之"妖徒"。所以，科举并未能从根本上改善专制主义官僚政治，反而是专制主义官僚政治使科举日趋腐败。

即使科举选到了若干贤才，这些人投入污浊的官场以后，大多不免或早或迟同流合污。如唐后期地方官勒索百姓以敛财，十分之二三贡献朝廷，十分之七八入于私囊。朝廷喜其进奉，反加升奖。韦皋、李兼、杜亚、刘赞、王纬、李锜等节度使，皆因进奉而恩宠有加。常州刺史裴肃，以进奉升任浙东观察史。此例一开，诸州刺史竞相仿效。宣州判官严绥，以进奉内迁为刑部员外郎，诸州判官又竞相仿效。（《旧唐书·食货志》）这还是官吏以进奉邀朝廷之宠。至于下级以贿赂邀上司之宠，就更加严重了。王夫之说："唐多才臣，而清贞者不少概见。""如陆贽、杜黄裳、裴度，立言立功，赫奕垂于没世，而宁静淡泊，固非其志行之所及也。"（《读通鉴论》卷二十二《玄宗三》）名臣尚少廉洁者，则官场之赃污可知。

玄宗朝曾大力整顿吏治，故政情较佳。然而开元、天宝年间，广府节度清白者，仅宋璟、裴伷先、李朝隐、卢奂四人而已。（《旧唐书·卢怀慎附卢奂传》）唐世如此，历朝亦无不如此。清代康熙之世，天下号称治平。据沈起炜《中国历史大事年表》载：康熙四十一年（1702），御史王度昭弹劾户部尚书李振裕勒取属员礼物，康熙谓：收礼系常事。彭鹏、李光地、赵申乔皆清官，岂能一物不受？竟不予追究。康熙四十三年（1704），他还指出："清官，或分内不取而巧取别项，或本地不取而取偿他省。更有督抚……每岁暗中助银，助彼掠取清名。"故专制时代所谓"清官"，大多只是相对地较少贪污而已，或者竟是善于作伪之人。《聊斋志异·梦狼》载一贪残之知县语云："上台喜，便是好官；爱百姓，何术能令上台喜也？"作者愤慨言之："天下之官虎而吏狼者，比比也。"在专制主义的官僚制下，官吏的命运取决于上司的爱憎，故官吏往往剥下以媚上，遂成官虎吏狼之惨毒社会。同书《一员官》又载："时有陋规，凡贪墨者，亏空犯赃罪，上官辄庇之，以赃分摊属僚，无敢梗者。"摊赃以保贪官，实因为无官不贪。故贪吏之在官场，犹鱼之在水，无往而不顺遂。蒲松龄揭露："颠越货多，则'卓异'声起！"（《聊斋志异·潞令》）故才士不取于科场，廉吏不容于官场，直士不容于朝廷，历代皆然！

　　总之，科举制同官僚制结合，使官僚制得以发展，却不能使官僚制从根本上得到改善。反过来，官僚政治却使科举发生蜕变，其本应具有的选贤助治功能，以及入仕机会平等的原则，不但在实际上从未得到充分实现，而且越往后弊端越多。早在科举初行之唐代，有识者就已指责科举其实难于举贤，因而科举之发展无救于唐之衰亡。而在科举施行千年以后的清代，蒲松龄抨击科场之弊，在于"英雄失志"，而"陋劣幸进"。（《聊斋志异·于去恶》）吴敬梓则谴责科举适足以引导读书人走向堕落。这就是大约一千三百年的科举史所昭示的科举与政情政局的实质关系。科举与君主专制政治，终于不免同归于灭亡的历史命运。

五　唯有春风不世情
——科举与世情世风

唐初人薛元超以门荫入仕，高宗朝官至中书令（宰相），他曾说："吾不才，富贵过人。平生有三恨：始不以进士擢第；不娶五姓女；不得修国史。"（《唐语林·企羡》）"五姓"，谓当世第一等士族高门清河崔氏、范阳卢氏、荥阳郑氏、太原王氏、赵郡李氏五家。薛元超位极人臣，却因为仕宦不由进士登科起家，婚媾没有联姻最高门第，而引为平生恨事。就其看重门第而言，与魏晋南北朝相同；就其看重进士科第而言，则与其时相异。

晚唐时期的唐宣宗，"爱羡进士"，曾于宫中自题："乡贡进士李道龙"，道出他对进士的尚慕之心。他每对朝臣，必问："登第否？"如果对方是进士登科入仕的，必大喜，接着便问所试诗赋的题目和考官的姓名。如遇人物优秀而不登第的，必为之久久叹惜。（《唐语林·企羡》）宣宗的行事，反映了世风之重进士。这也是与魏晋南北朝相异的。

但宣宗尊重士族，崇尚传统士族之以礼法持家。他最钟爱万寿公主，公主出嫁以后，宣宗经常教诲她："无轻待夫，无干预时事。"（《唐语林·德行》）以此宣宗时期，"戚属缩然，如山东衣冠之法"（《唐语林·德行》）。这说明直到唐末，士族门第及其礼法门风仍然为世尊仰。这又是与魏晋南北朝相同的。

薛元超和唐宣宗的行事，说明唐代的世情与世风既有旧时代重阀阅的旧传统，又有新时代重进士的新风尚。这新风尚，是科举制带来的。

科举改变了"世胄蹑高位，英俊沉下僚"的旧世局，开始了文章致身的新世局，从而导致士人命运的根本性变化，社会关系及价值观念因而随之变化，唐代世情与世风亦因而有别于魏晋南北朝。

就社会关系来说，士庶关系在唐代与在魏晋南北朝就很不一样。在魏晋南北朝，士庶隔若天壤，在仕途上严格区别开来。而在唐代，在科举制下，士庶都经由科举入仕。过去士庶在仕途上的清浊之别被打破了，士庶在举场和官场上都走到了一起。随着时间的推移，士庶由接近逐渐走向合流。

就价值观念来说，魏晋南北朝最重门第，不少寒士在获得高位重权以后，仍不能厕身士流，并且在士族面前感到自卑。在唐代，情况发生变化。唐太宗诏高士廉等修撰《氏族志》，明确指出：山东士族"世代衰微，全无冠盖"，"我不解人间何为重之"？他宣称："我今特定族姓者，欲崇重今朝冠冕。"（《唐会要》卷三十六《氏族》）显然，他是有意识地运用政治权力转变旧的社会观念和社会风气。后来唐高宗、武则天诏修《姓氏录》，"以仕唐官至五品者皆升士流"（《新唐书·李义府传》），则是沿着同一方向发展了太宗的事业。这样，载入《氏族志》或《姓氏录》的士族，即得到国家承认的士族，已不是原来意义上的士族了，其中杂有许多庶族出身者。这种以官品定门第的做法，开始了由重门第向重官品的历史性转变。

不过，这种强行糅合士庶的做法，乃是重门第与重官品相结合，是二者并重，不但在前进中表现了妥协，而且士族还羞于与以军功入五品升谱者为伍，目为"勋格"（《新唐书·高俭传》），从而使钦定的士族阶层中存在着深深的裂痕。只是由于有了科举制，才使士庶走上同一条入仕道路，逐渐接近以至合流。故科举制实为改变士庶关系的最强有力的杠杆，它从全社会的范围将士庶驱向一途。一年一度的科举，不断地将全社会羡慕的目光引向及第人，从而逐渐造成社会价值观念自然的而非勉强的转变。

魏晋南北朝时期，士族固由高门而仕高品，然亦由高品维持高门。门第与官品既是互相一致的，又是互相依倚的。在唐代，出现科举入仕通显的新局面，庶族固由科举致身高位而提高门第，士族亦须借科举入仕以维持门第。所谓"科第之设，草泽望之起家，簪绂望之继世。孤寒失之，其族馁矣；世禄失之，其族绝矣"（《唐摭言》卷九）。"簪绂望之继世"者，可举李载家族为例。此君"燕代豪杰。常臂鹰携妓以猎，旁若无人。方伯为之前席，终不肯任［仕？］"。"载生栖筠，为御史大夫。"（《唐国史补》）李栖筠于天宝七载（748）登进士第，后来仕至御史大夫。其子李吉甫，宪宗时两次为相。吉甫之子李德裕，文宗时和武宗时两次为相。（《登科记考》卷七）当李载时，犹可借门第自高；当李栖筠时，却已不能不经由科举入仕以维系门第。这个高门所以历久不衰，实由于栖筠以下三世仕宦通显，这是士族借科举和仕宦维持门第的一个显例。

"草泽望之起家"，可举前面说过的杨汝士一家为例。杨汝士进士入仕，本人和子孙皆仕宦至高位，其家因此成为"昌族"。这是庶族借科举和仕宦成为新贵的一个显例。这样一来，"上品无寒门"的旧传统被打破了，

"贱不必不贵"（《学易集》卷六《马氏园亭记》）的新世局出现了。所以，在唐代，科举既起着维持原有高门的作用，又起着造成新的高门的作用。士族贵族官僚化和进士官僚贵族化，成为唐代士庶合流的主要表现形式。旧贵和新贵不但在科举场和官场走到了一起，而且在身份和精神上也互相接近、渐趋一致。

有一种颇为流行的意见，以为士族终因唐末农民起义的打击和五代十国的战乱，而退出了历史舞台："唐末五代之乱，衣冠旧族多离去乡里，或爵命中绝，而世系无所考。"（《续资治通鉴长编》卷一百三十）宋人的这类议论尚多。宋以来至今，论者一般都是这样认识士族的结局。可是，西晋末年永嘉之乱以来，国家分裂近三个世纪，战乱破坏之程度绝不亚于唐末五代。东晋末年孙恩起义和南朝梁末侯景之乱，杀戮士族之多，远过于唐末李振怂恿朱温之杀"清流"。何以士族在魏晋南北朝久经战乱而仍能存在呢？甚至还造成胡族贵族士族化呢？这说明士族之存在与否，乃在有无适宜之社会土壤。有适宜之土壤，则永嘉南迁之侨姓士族，虽离去乡里，而位望仍能超越根深叶茂之吴姓士族。而在北方少数民族政权下之关东士族，其社会位望为当权之虏姓士族所不及。可见，乱离之世局虽可打击士族，却不足以消灭士族。

士族是在社会情况逐渐变化的历史条件下，开始衰落于南北朝，至隋唐而进一步衰落。但在这一衰落的过程

中，士族却紧抓着科举制之由考试入仕的机会经科举致身
高位以维持高门。士族贵族因而逐渐官僚化。庶族文士经
科举显达以后，则竭力攫取特权，逐渐贵族化，成为新
贵。科举造成的具有贵族精神的官僚阶层中，旧贵和新贵
在身份上和精神上都打成了一片。故士与庶在唐代，通过
科举制而融合了，形成"你中有我，我中有你"的局面。
《新唐书·宰相世系表·序》云：

> 唐为国久，传世多，而诸臣亦各修其家法，
> 务以门族相高。其材子贤孙不殒其世德，或父子相
> 继居相位，或累数世而屡显，或终唐之世不绝。呜
> 呼，其亦盛矣！

唐世宰相三百六十九人，出身于士族者一百二十五
人。可见士、庶出身之宰相，皆重视门第，追求"累数世
而屡显"，以维持旧贵门第，或形成新贵门第。然无论旧
贵、新贵，皆主要借科举以致身。此乃唐之阀阅异于魏晋
南北朝之处。而富贵累世不绝，则是唐代官僚贵族化的重
要表现。

唐后期以来，社会对于科举弊端和官僚特权的批评，
以及宋代加强皇权和稳定社会的政治需要，导致宋朝政
府对科举制进行了一系列重要改革，完善了这个制度。
其主要精神，即是基本上实现了考试面前人人平等的原

则，扭转了操纵科举以形成新的门阀的倒退趋向，基本上清除了唐代士庶合流中保留的许多贵族制度残余。尽管宋人王明清有谓："唐朝崔、卢、李、郑及城南韦、杜二家，蝉联珪组，世为显著，至本朝绝无闻人"（《挥麈前录》卷二），诚属事实，然宋代闻人，一般皆不能相继成为士族，是更重要的事实。程颐即提到：宋代，"朝廷无世臣"，"无百年之家"（《河南程氏遗书·人关语录》）。又有谓："李唐一门十相良多。至闻喜裴氏、赵郡李氏，一家皆十七人秉钧轴，何其盛也！本朝〔北宋〕父子继相，韩、吕之后未闻。"（《泊宅编》卷一）"韩"指韩琦，历相仁宗、英宗、神宗三帝。其子韩忠彦，徽宗时为相。"吕"指吕蒙正，太宗时为相。其侄吕夷简，仁宗时为相。夷简之子吕公著，哲宗时为相。北宋一百六十余年中，继世为相者仅此二家。南宋一朝，则仅史浩及其子史弥远、其孙史嵩之三世为相，一家而已。

在这样的社会条件下，新贵固然不能成为门阀，即有旧贵在人世沧桑中幸存下来，亦必不久归于衰落。张载描述宋代世局时说："今日万钟，明日弃之；今日富贵，明日饥饿……"（《近思录》卷七）故士族之退出历史舞台，不但在于旧的门阀的没落，尤在新的门阀的不能产生。所谓时移世易，才是根本原因。所以，士族乃是在唐代科举制下士庶合流中逐渐消失的，而士庶合流则是在宋代科举改革中逐渐蜕尽其士族残余，从而建立起面目一新的非门阀政治的官僚体制的。士族和士庶关系的历史结局在此，唐宋社会变革的真谛亦在此。

科举制下，士人命运具有颇大的可变性。一般说来，在贵族政治和商品经济不发达的社会条件下，人们的命运相对变化小些；而在科举官僚政治和商品经济比较发达的社会条件下，人们的命运相对多变，这就造成唐以后社会上颇多变态发迹的新世局。我国古代小说，唐以前多写神灵怪异，唐以后多写世态人情。这是因为在科举制和商品经济发展的历史条件下，人的命运固然多变；而在贫富贵贱的变易中，世情之浇薄尤其令人寒心。故从唐宋以来，人情世态逐渐成为小说家关注和描写的重心。盖一切人皆在命运之转轮中和在世情之冷暖中深受煎熬之苦也。

上古卜筮，所关心者为整体（氏族、部族、国家、社会）之命运。春秋以来，渐重个人及家庭之命运。然在隋以前，多以为命定；唐以后，则多讲因果。此固与佛教传播积久之影响有关，然主因当在于土地制度之变为以私有制为主和选官制度之变为科举取士，个人及家庭之命运因而多变，故宿命论衰而因果论盛。比较起来，因果论重视人的主观行为的意义，反映了一种较为积极的人生态度。这与经过寒窗苦读而一举成名的社会现实是相一致的。

天宝初，出身寒微的元载应道举科入仕，肃宗、代宗时为相十余年。权势之煊赫，安史之乱以来，未有其比。当其盛时，"室宇宏丽，冠绝当时。又于近郊起亭榭，所

至之处，帷帐什器，皆于宿设，储不改供。城南膏腴别
墅，连疆接畛，凡数十所。婢仆曳罗绮一百余人。恣为不
法，侈僭无度"。及得罪，元载于禁中杖杀，其妻在京兆
府笞死，其三子皆赐死，其女没入掖庭。（《旧唐书·元
载传》）像这样由寒微而豪华、由鼎盛而绝灭的现象，在
科举官僚政治下并不罕见。韩愈在《圬者王承福传》中，
记述王承福的亲身见闻说：

> 嘻，吾操镘以入富贵家有年矣。有一至者焉，
> 又往过之，则为墟矣。有再至、叁至者焉，而往
> 过之，则为墟矣。问之其邻，或曰："噫，刑戮
> 也。"或曰："身既死，而其子孙不能有也。"或
> 曰："死而归之官也。"

故自唐后期以来，社会上出现了瞬息荣枯的新世局。
诚如晚唐诗人罗邺在《牡丹》诗中所感叹的："买栽池馆
恐无地，看到子孙能几家。"宋以后，此种瞬息荣枯的世
态更令人触目惊心。宋初人郭进，富贵显荣，曾筑宏壮的
新居，落成之日，张筵庆贺。安排座位时，他将儿子们的
座位置于建筑工匠之下。众宾客惊问：令郎怎么竟坐工匠
之下？郭进以手指着工匠们说：这是建造房宅的人。又以
手指着儿子们说：这是出卖房宅的人。然后对着宾客们
说：卖房人当然应该坐在建房人之下！（《宋稗类钞》卷

三《雅量》）不料，郭进的话后来竟应验了。他死后，这所巨宅果为他人所有。这不是因为郭进有先见之明，而是世事如此，郭进明白自家难于例外。元末明初的刘基，这样描写世道沧桑：

> 碎瓦颓垣，昔日之歌楼舞馆也；荒榛断梗，昔日之琼蕤玉树也；露蛩风蝉，昔日之凤笙龙笛也；鬼燐萤火，昔日之金缸华烛也；秋荼春荠，昔日之象白驼峰也；丹枫白荻，昔日之蜀锦齐纨也。
>
> （《司马季主论卜》）

这也就是清代小说《红楼梦》中《好了歌注》所说的："陋室空堂，当年笏满床；衰草枯杨，曾为歌舞场！"

当元载得势时，求进者"盈门"，"不结子弟，则谒主书"。待到失势败落，"行路无嗟惜者"。（《旧唐书·元载传》）行路称快，固由于元载恶贯满盈，但往日"盈门"之求进者何在呢？这些人对于元载的态度，不取决于元载是否作恶，而取决于元载是否有权。

王安石执政时，"学者得出其门，自以为荣"；后来朝廷取消新法，"于是学者皆变所学"，"又讳称公门人"。王安石死，张芸叟赋挽词曰："今日江湖从学者，人人讳道是门生。"再后来哲宗亲政，复行新法，学者又"复称公门人"。有无名氏改张芸叟挽词末句曰："人人却道是门生。"(《渑水燕谈》)这些反复无常的"门生",不是太势利、太厚颜吗？《儒林外史》第三回描写范进中举以后，"果然有许多人来奉承他：有送田产的，有送店房的，还有那些破落户，两口子来投身为仆图荫庇的。到两三个月，范进家奴仆、丫鬟都有了，钱、米是不消说了"。又，同书第四十四回叙写："此时五河县发了一个姓彭的人家，中了几个进士，选了两个翰林。五河县人眼界小，便阖县人同去奉承他。""问五河县有甚么山川风景，是有个彭乡绅。问五河县有甚么出产稀奇之物，是有个彭乡绅。问五河县那个有品望〔声望〕，是奉承彭乡绅。问那个有德行，是奉承彭乡绅。问那个有才情，是专会奉承彭乡绅！"在科举制实行一千余年之后的清朝前期，社会风气竟至于如此恶浊！所谓"年年点检人间事，唯有春风不世情"（罗邺《赏春》），是不满世情的愤激语，也是看透世情的了悟语。

六　玉经磨琢多成器
——科举与学校教育

唐朝诗人李华，晚年作《寄赵七侍御》诗曰：

昔日萧邵友，四人才成童。

属词慕孔门，入仕希上公。

赵七侍御，名骅，萧即萧颖士，邵即邵轸。李华、赵骅、萧颖士、邵轸四人，开元间在长安太学同窗读书，情谊甚笃。当时四人皆少年，抱负不凡，皆以公卿高位自期。后来四人皆登进士第，文名甚著，然皆蹭蹬仕途，浮沉下僚。当李华赋此诗时，萧、邵已逝。回忆当初太学生活，意气风发，恍如隔世。

当李华他们肄业于太学之时，正值唐朝国学盛期。其时，进士不由国学出身者，深以为耻。（《唐摭言》）名臣如郭元振、崔湜、范履冰等，皆由太学登科。

唐代学校之设，始于武德元年（618）。唐高祖于本年五月甲子即位，当月壬申，也就是即位后第八天，即下诏于京师设置国子学、太学、四门学，有学生共三百余员，并令郡县置学。然其时天下纷争，故实际只在京师置学。至于地方学校，则系武德七年（624）天下基本平定之时方才实际举办。这一年二月，高祖诏令诸州选送识性开敏之吏民子弟入京，按各自条件配入京师诸学校学习，同时令州县及乡里置学。

唐朝中央设国子监主管学校工作。国子监初名国子学，贞观元年（627）改称监。其后，又曾一度改名司成监、成均监。高宗龙朔二年（662），东都始置国子监。从此，唐有东、西二监。在长安的国子监习称西监，在东都的国子监习称东监。

国子监统管京师六学，即国子学、太学、四门学、律学、书学、算学。前三学于武德元年（618）设置。贞观二年（628），始置书、算学。贞观六年（632），始置律学。前三学培养统治人才，后三学培养业务人才。

国子学学生三百人，为三品以上官员子孙，以及从二品以上官员曾孙。太学学生五百人，为五品以上官员子孙，以及三品以上官员曾孙。四门学学生一千三百人。其中，五百人为七品以上官员子孙，八百人为俊异之庶人子弟。律学学生五十人，书、算学学生各三十人，皆以八品以下官员之子及庶人之通其学者为之。（《新唐书·选举志》）

地方学校：京都学，学生八十人。上州学，学生六十人。中州学，学生五十人。下州学，学生四十人。京县学，学生五十人。上县学，学生四十人。中县学及中下县学，学生皆三十五人。下县学，学生二十人。

上述各学学生员额，乃唐初定制。实际情况则出入颇大。当学校盛时，不止此数。如太宗贞观二年（628），京师增筑学舍一千二百间，诸学生员达三千二百六十人。武则天光宅元年（684），陈子昂上疏批评曰："学堂荒秽，略无人踪。"（《登科记考》卷三）此由武则天佞佛黜儒所致，为暂时之政治现象。至于唐后期，则学校衰落不振。宪宗元和二年（807），东、西两监学生总共定员为六百五十人。其中，西监管下为五百五十人，东监管下为一百人。

国子监设祭酒、司业、丞及主簿。京师诸学设博士、助教。州县学设博士。京师六学学生，由尚书省选补。州县学生，由州县长官选补。州县学生优秀者，选送入四门学；四门学学生优秀者，选送入太学；太学学生优秀者，选送入国子学。

国子学、太学、四门学，皆习儒经。以颜师古校定、孔颖达注疏之《五经正义》为教本。学习《孝经》《论语》，期限为一年。学习《尚书》《公羊传》《穀梁传》各一年半。学习《易》《诗》《周礼》《仪礼》各二年。学习《礼记》《左传》各三年。此外，尚需学习书法，日写一幅。还要学习作时务策。博士、助教分经讲授。未学完一经者，不得学他经。

学生入学年龄，为十四岁以上，十九岁以下。律学生则为十八岁以上，二十五岁以下。学生初入学，具束脩之礼，致敬于师。国子学及太学学生，人各绢三匹。四门学学生，人各绢二匹。律、书、算学及州县学学生，人各绢一匹。另外还有酒肉。学生的礼物，五分之三归博士，五分之二归助教。博士、助教的教学工作，每年考核一次。

学校每年放假两次：五月放田假，九月放授衣假。平时，每旬放假一天。假前考试读经和讲经，不及格者有罚。每年年底，当年所学要考试，分上、中、下三等成绩。三次考下等成绩，以及在律学满六年，在其他学校满九年，因成绩不好不能举送参加科举考试者，作退学处理。此外，学生违反校规，不遵师训者，亦令退学。学生在校期间，由政府供给食宿。

此外还有皇家学校。武德元年（618），于秘书外省立小学，令皇族及功臣子弟入学。武德四年（621），于门下省置修文馆，后改称弘文馆。高宗显庆元年（656），于东宫置崇贤馆，后改称崇文馆。弘文馆学生三十人，崇文馆学生二十人，皆皇亲国戚及宰相显贵子弟。玄宗开元二十六年（738）正月丁丑制："闻近来弘文、崇文学生，缘是贵胄子孙，多有不专经业，便与及第。深谓不然。自今已［以］后，宜一依令式考试。"（《登科记考》卷八）这里所谓"及第"，是指学校考试合格。显然，学校对于这些贵胄子弟，并不能有效地进行教育和管理，其学习徒具虚名。玄宗下诏以后，情况并未好转。天宝十四载（755），朝廷规定：两馆学生"宜依国子监学生例帖试"（《登科记考》卷九）。可是，德宗贞元六年（790）九月敕称：两馆学生"试艺又皆假人。……自今已［以］后，所司宜据式文考试，定其升黜。如有假贷［代］，并准法处分"（《登科记考》卷十二）。显然，玄宗朝的命令，并未执行。到文宗大和七年（833），皇帝下敕说：两馆生"今后并依式，试经"，并须进行复试，强调"不得辄许替代"。（《登科记考》卷二十一）可见，终唐之世，对于两馆学生的考核，始终不能按规定进行。这是因为主管官员或是畏惧权贵，或是趋附势利，故不能约束此类贵胄也。

从理论上说，唐代学校的任务为兴教化、育人才。但在实际上，则成为官僚之养成所。学校为科举服务。学校的全部工作，归结为向尚书省输送参加科举考试的考生。律、书、算学为明法、明字、明算输送考生。国子学、太学、四门学及州县学则为进士、明经两科输送考生。学生在校，亦分明经、进士两类进行学习。

总之，唐代各类学校等级不同，学生来源不同，体现等级制原则。然而学习优秀者，可由下一级学校升入上一级学校，可见区别并不绝对，界限是可以突破的。各类学校皆习儒经，有统一的教材，为的是统一思想，培养符合国家需要的人才。学校有严格的管理及考核制度，并规定各类课程修业年限，以督促学生。朝廷以科举考试检验学校培养的人才，造成科举支配学校教育的局面。学校与科举的关系，是学校为科举服务，受科举制约。

不过，在唐代，学校虽服务于科举，其盛衰却与科举不相一致。科举在唐代不断发展，至后期尤盛。学校则在前期兴盛，后期衰落。其故何在？

唐代科举制的发展，并非各科均衡发展。比如秀才科仅行于唐初，而明经科在唐后期地位下降。故唐代科举制的发展，实为进士科的发展。进士科三场考试，决定取舍在诗赋一场。学校学习，则以儒经为主。博士、助教，皆经学之士，大多不擅文学，故学校课程设置与教师状况，皆与进士科考试要求有距离。这自然不利于生徒在进士科考试中的竞争。进士词科盛于玄宗朝，学校转衰亦始于玄宗朝。这表明学校之经学教育与进士科之文学要求不相适应。玄宗为救学校之衰，采取了两项措施：一是在国子监设置广文馆，专习进士业。二是敕令天下贡举人皆须先补国子学学生或州学学生。由于朝野皆重文学，两项措施皆成虚文。杜甫《醉时歌》感叹："广文先生官独冷"，"广文先生饭不足"！而乡贡先补官学学生，也不久作罢。

　　唐世学校之衰，还由于科举录取额太少。开元十七年（729）三月，国子祭酒杨玚上言："自数年以来，省司定限，天下明经、进士及第，每年不过百人，两监惟得一二十人。若常以此数而取，臣恐三千学徒虚费官廪，两监博士滥糜天禄。""监司课试，十已退其八九；考功及第，十又不收其一二。若长以为限，恐儒风渐坠！"（《新唐书·杨玚传》）既然科举及第者中，两监学生只占十分之一二，乡贡就要占十分之八九。而在两监学生中，经监司考试合格，举送参加科举考试的，仅为学生总数的十分之一二。他们中间，在科举考试中被录取的，又还不到十分之一二。这说明两监学生中，科举及第人尚不到百分之一二。至于州县学生，则实际上未有科举及第者。天宝十二载（753），又停止州县学向四门学举送俊士。学校为科举而设，学生为科举而入学，学校在科场上如此缺乏竞争能力，则学生之离散，学校之衰落，也就是不可避免的了。

唐代，仕宦多途。杨玚愤愤不平地说："臣窃见流外入仕，诸色出身，每岁尚二千余人。方于明经、进士多十余倍。则是服勤道业之士不及胥吏之得仕也！"（《文献通考》卷二十九）这个问题，还在武则天时期，就已经有人提出来了。圣历二年（699），韦嗣立上奏于武则天："随班少经术之士，摄职多庸琐之才！"这自然不利于学校教育的发展。他建议："广开庠序，大敦学校。……王公已下子弟，不容别求仕进，皆入国学。"他认为，如此一来，"则四海之内，靡然向风矣"（《登科记考》卷四）。韦嗣立的意见，是要把学校作为培养官吏的唯一场所，但这是行不通的。因为这与达官显贵的利益相冲突，而国家工作的多种需要，也不是专习儒经的学校所能满足的。故不但在唐代，就是在宋以后，尽管科举入仕者大增，政府中仍有不少非科举出身的官吏。入仕多途这种情况，造成唐代以及唐以后学校教育的发展相当有限。

前面提到过的杨玚上奏玄宗的话，讲到科举及第人中，生徒只占十分之一二，而乡贡高达十分之八九。相比之下，学校的情况显得十分凄凉。学校教育既然在很大程度上不能达到入仕的目的，那么学校在社会上地位下降以至衰落，也就成为必然之势。

何以生徒竞争不过乡贡呢？这是因为自东汉末年以

来，历魏晋南北朝，由于国家分裂、政局动荡，国学衰而家学盛。士族一般都以文化传家，主要是经学传家。而自魏晋以来，士风渐重文学，故无论士庶，士人大抵以文学相高。这是家学的一个优势。学校虽为科举而设，但学校的课程和师资却与进士词科的要求相悖。政府在原则上是提倡经学的，而学校的制度也难以改变。学校教育的僵化，使其越来越不能适应科场上的竞争。至于家学，则能灵活调适以符合科举的要求。这是家学的又一个优势。这个优势，恰恰是官学的致命弱点。此外，唐后期中央集权削弱，国家财政困难，故依靠国家拨款维持之学校日衰。

总之，入仕多途，家学发达，乡贡地位上升，以及国势之盛衰变化，造成了对学校教育的外部冲击。而学校教育不能适应进士词科的要求，为学校衰落的内因，亦即主因。所以，有唐一代，前期学校虽盛，却已呈转衰之势；后期则急遽衰落。朝廷多次下诏振兴学校，振兴儒风，皆成空文。故在唐后期，学校仅为国家提倡教化及经学之点缀而已。

科举在发展，学校在衰落，这是唐代科举不成熟的一个表现。宋以后科举改革的一个内容，就是将考试以诗赋为主改为以经义为主，也就是把科举考试与学校教育结合起来。

宋亦如唐，国子监主管学校教育。京师设置国子学、太学、四门学。宋仁宗庆历四年（1044），诏令天下州县皆立学校。宋神宗熙宁元年（1068），朝廷增置太学外舍。熙宁四年（1071），立太学三舍法：外舍生员七百人，内舍生员二百人，上舍生员一百人，共一千人。元丰二年（1079），将太学生舍增加到八十斋，每斋三十人，共两千四百人。其中，外舍生员二千人，内舍生员三百人，上舍生员一百人。建立考试升舍法：外舍生每月一私试（讲官出题考试），每年一公试（学校考试），第一等、第二等成绩补内舍生。内舍生两年一舍试（学校考试），优、平二等成绩补上舍生。上舍生分三等：上等生取旨授官，中等生须经殿试，下等生须经省试。三舍法将学校教育同科举入仕结合起来，二者相辅相成，共存共荣。

宋徽宗崇宁元年（1102），规定县学生考试合格升州学，州学生考试合格升太学。这样，州县学与京师国学衔接起来，从而与科举入仕衔接起来。

为保证学校教育质量，宋哲宗绍圣元年（1094），朝廷规定：京内外学官，非制科、进士、太学上舍生出身者，皆予罢免。

宋徽宗崇宁二年（1103），朝廷诏令建置医学，次年，又建置书学、画学、算学。书学、算学前代已有，医学、画学为新置。徽宗大观四年（1110），将医学并入太医局，算学并入太史局，书学并入翰林书艺局，画学并入翰林图画局。徽宗政和五年（1115），诏令天下诸州县皆置医学。书、画、医、算四学的设置，有利于艺术和科技的发展。

宋代，政府对于僻远地区少数民族的文化教育问题，也有所关注。见于记载的有：宋神宗熙宁八年（1075），知河州（治所在今甘肃临夏东北部）鲜于师中奏请设置蕃学，以教育蕃酋子弟。朝廷诏准，每年拨钱一千缗办学，并赐学田十顷，同时增解进士二人。这是用办学和在科举上特别优待的办法，来鼓励少数民族子弟学习文化。

又，南宋孝宗淳熙八年（1181），朝廷诏令在郴州宜章县（今属湖南）和桂阳郡临武县（今属湖南）设置县学，以教育峒民子弟。

辽、金、元时期，金国政权比较重视学校教育。金海陵王天德三年（1151），金国设立国子监，有经义、词赋学生一百人，以宗室、外戚及三品以上官员子孙十五岁以上者入学。另有小学生一百人，十五岁以下者入学。金世宗时（1161—1189），设置太学，学生四百人。又在地方上建立府学十七处，学生达一千人。金章宗时（1189—1208），增设地方学校，有府学二十四处，学生九百零五人；节镇学三十九处，学生六百一十五人；防御州学二十一处，学生二百三十五人；总数一千七百五十五人。金国学校，除学习儒家经典，还学习历史。有关历史的书目有：《史记》《汉书》《后汉书》《三国志》《晋书》《宋书》《南齐书》《梁书》《陈书》《魏书》《北齐书》《周书》《隋书》《旧唐书》《新唐书》《旧五代史》《新五代史》，共十七种。

明代学校较宋代又有发展。还在明朝建立以前，1359年，朱元璋令王宗显创办宁越府学，此为朱元璋建立地方学校之始。1365年，朱元璋建置国子学，不久改为国子监。1368年，朱元璋建立明朝，次年即诏令全国各府、州、县建立学校。国学诸生，通称监生。国子监设祭酒、司业、监丞、博士、助教、学正、学录、典籍、掌馔、典簿等官。国学设六堂进行教学：率性堂、修道堂、诚心堂、正义堂、崇志堂、广业堂。府学设教授一人，训导四人。州学设学正1人，训导三人。县学设教谕一人，训导二人。府学生员四十人，州学三十人，县学二十人。学校学习五经、四书、《大明律》和《御制大诰》。明代制度，科举必由学校，而学校学生可经过科举入仕，亦可直接由学校进入仕途。府州县学诸生，升入国学者，方可入仕，否则不能入仕。明太祖时（1368—1398），政府官员出身于学校者最多。例如洪武二十六年（1393），明太祖拔擢国子监生刘政、龙镡等六十四人为行省布政、按察两使，以及参政、参议、副使、佥事等官。其后，出身于进士者渐多，而出身于学校者渐少。终明之世，读书人入仕，科举之外，即为学校。

清代学校，沿袭明制。京师有国学，地方有府州县学。学官之设置，国学之分六堂教学，国学生员之可经由科举入仕，亦可直接入仕，皆同明代。另外，清朝还设置八旗官学、宗学和觉罗学，分授八旗子弟、宗室子弟和觉罗子弟。

清代地方府州县学，通常以进士或举人充任教官。府学教授以进士任职，州学学正、县学教谕以举人任职。生员有定额，需经考试录取入学。士人未入学前称童生，经县、府、院考试合格，即入学为生员，俗称秀才。在额的为廪膳生员，政府供给廪食。额外的为增广生员及附学生员。增生亦有定额。初入学者皆为附生。生员在学时考试，有岁试和科试二种。岁试优等可补增补廪，劣等可停廪、降等。科试一、二等及三等前数名选送参加乡试。乡试中举，或贡入国子学，即出学。

明清时期，对地方府州县学的考核，皆以考试成绩特别是乡试中举率为准。《明史》卷六十九《选举一》载：洪武二十六年（1393），定学官考课法，"专以科举为殿最。九年任满，核其中式举人，府九人、州六人、县三人者为最。……举人少者为平等。……举人至少及全无者为殿"。从此直至清废科举，一直如此，故官学教学重考轻教，学生重考轻学。以至于一切官学，舍举业外无他学术，逐科名外无他追求。孙鼎臣批评："上之所以教，下之所以学，惟科举之文而已。道德性命之理，古今治乱之体，朝廷礼乐之制，兵刑、财赋、河渠、边塞之利病，皆以为无与于己，而漠不关心。"（《论治》，见《经世文续编》卷六十六《礼政六·贡举》）总之，以利禄为导向的科举既然不能免于腐败，则以科举为导向的官学教育也就必然要走向败坏人才的末路。

官学以外，尚有私学。中国古代历史上，自孔子创办私学以来，私学教育就一直存在。科举时代的官学，入学须经选拔性考试。明清时期，考入地方府州县学即为秀才，为科举功名之初步。故官学不承担普及文化教育的责任。承担普及文化教育责任并向官学及科举输送人才的，是民间私学教育。《唐会要》卷三十五《学校》载，唐玄宗开元二十六年（738）诏："古者乡有序，党有塾，将以宏长儒教，诱进学徒，化人成俗，率由于是。其天下州县，每乡之内，各里置一学，仍择师资，令其教授。"此种乡里所置之学，即是民间私学，有乡学、村学、小学等称谓。宋代相沿，私学更盛。

民间兴办私学，普遍是为了教育孩子知书识理。学业优秀者，则经由科举入仕。《东坡志林》卷二载苏轼自谓："吾八岁入小学……稍长，学日益［进益］，遂第［中第］进士制策。"事实是，自唐至清，所有科举入仕的人，没有一个不是从民间私学接受童蒙教育的。民间私学因此讲求如何将读书明理与科举及第结合起来。元代儒师程端礼拟订《程氏家塾读书分年日程》（简称《日程》），《序》称："今父兄之爱其子弟，非不知教。要其有成，十不能二三。此岂特子弟与其师之过？为父兄者，自无一定可久之见，曾未读书明理，遽使之学文。为师者，虽明知其未可，亦欲以文墨自见，不免于阿意曲徇，失序失本，欲速不达，不特文不足以言文，而书无一种精熟。坐失岁月，悔则已老。"程端礼所谓读书"有成"，就是入学子弟既能读书明理又能科举及第。他认为子弟读书不能有成的原因，是教学"失序失本"。失本，不知读书明理为本。失序，急于学写文章以应科举考试。结果，读书不能精熟，道理不能明白，文章如何能写好？他的《日程》所规定的教学内容，与科举考试的要求完全一致。而其教学计划，则先"务本"，即读书明理，然后学文。按照这个《日程》，一个人从八岁入学，到二十四岁，经十六年时间循序渐进学习，就能参加科举考试了。

明清时期，有私学和义学。明洪武八年（1375），诏令各地建立社学，民间幼童十五岁以下入学，延师教授。清代，每乡置社学一所，择文义通晓、行谊谨厚者为社师。平民子弟十二岁以上者入学。

社学是政府明令兴办的，经费和师资由民间社会自行解决。义学则仅由政府提倡，民间自办。据《清实录·圣祖实录》卷二百一十八载，康熙五十四年二月己丑（1715年3月27日），诏谕直隶巡抚："朕思移风易俗，莫过读书。况畿辅之地，乃王化所先。宜于穷乡僻野，皆立义学，延师教读，以勉励孝弟，可望成人矣。"显然，就教化社会而言，民间私学的作用大于官学。

又自宋以来，有书院之设。宋真宗大中祥符二年

（1009），应天府（治今河南商丘）人曹诚创建应天府书院。书院之名，始见于唐代。唐玄宗开元六年（718），设置丽正修书院，后来改称集贤殿书院，负责征集遗书、校勘经籍、辨明典章，以备顾问应对。唐德宗贞元年间（785—805），李渤隐居读书于庐山白鹿洞。南唐时，政府就其遗址建立学馆，以授生徒，号为庐山国学。至宋，改称白鹿洞书院，为藏书与讲学之所。宋世书院颇多，创办者或为官府，或为私人。其中，白鹿洞书院、石鼓（一说为嵩阳）书院、应天府书院、岳麓书院尤负盛名，称四大书院。岳麓书院为湖南大学的前身，是世界上历史最悠久的"千年学府"。

书院与官学不同，它关注的是学术而非科举。它也与乡校、社学、义学不同，不致力于文化教育普及工作。它以学术研讨的形式，传承和发展学术文化。宋明之世，著名的书院多能与科举保持距离。如朱熹在主持白鹿洞书院时，即曾勉励学者效法颜回之安贫乐道，蔑视科举功名。他拟订的《白鹿洞书院学规》宣称，"古昔圣贤所以教人为学之意，莫非使之讲明义理，以修其身，然后推己及人。非徒欲其务记览，为词章，以钓声名，取利禄而已也"。他提出"五教"：父子有亲，君臣有义，夫妇有别，长幼有序，朋友有信。说是"学者学此而已"。又提出为学之序：博学之，审问之，慎思之，明辨之，笃行之。他以"言忠信，行笃敬，惩忿窒欲，迁善改过"为修

139

身之要，以"正其义不谋其利，明其道不计其功"为处事之要，以"己所不欲，勿施于人；行有不得，反求诸己"为接物之要。显然，他办书院，最重修身成为圣贤之教。他是以书院为弘扬理学的道场。

书院所在，多为山林名胜之地，不少学者在其间讲学和从事研究。学派以书院为据点，著名书院往往是一个学派研究和传播的基地。书院教学，采取自学、讨论、讲授相结合的方式。书院学术自由，具有开放性质，允许不同学派共同讲学，提倡学术争辩和交流。著名学者往往在几个书院轮流讲学，听讲者也可流动。书院的出现和盛行，对于推动学术思想的活跃，起了有益的作用。

在中国古代书院史上，宋代书院于学术进步贡献甚大。例如理学家朱熹与心学家陆九渊的"鹅湖之会"。南宋孝宗淳熙二年（1175），学者吕祖谦从调和朱、陆使之"会归于一"出发，邀请朱、陆到江西铅山县鹅湖寺交流学术。三天辩论，仍未达成共识。陆自谓"简易工夫终久大"，即从自心上下工夫，是先立乎其大者。批评朱"支离事业竟浮沉"，即向外格物致知是不得要领的"支离事业"，非为学之妙道。朱在三年之后重申，"旧学商量加邃密，新知培养转深沉"。仍然坚持以研讨"旧学"之邃密，培养"新知"之深沉为治学之正道。他委婉批评陆："却愁说到无言处，不信人间有古今。"这是说陆之所谓"简易工夫"，只怕会落到禅学"无言"之教，一切皆空。到这地步，贯通古今的圣贤之道在哪里呢？

不过，朱、陆虽然持论各异，却能互相尊重。后来，朱熹主持白鹿洞书院，特请陆来书院讲学，陆讲《论语》"君子喻于义小人喻于利"章，指斥当世读圣贤书者心中只有个人名利，"今人只读书便是利。如取解后，又要得官。得官后，又要改（升）官。自少至老，自顶至踵，无非为利"！《宋史·陆九渊传》记载："听者至有泣下。"朱熹亦"以为切中学者隐微深痼之病"。此事可见书院学风的活泼与自由。

不过，在科举官僚制度的大环境里，书院这种标举学术独立精神的学风是很难长期坚持的。愈到后来，书院愈趋同于官学。陆九渊谓："学者之志，不可不辨也。科举取士久矣，名儒巨公，皆由此出。今为士者，固不能免此。"（《陆九渊集》卷二十三）这是在士群热心科举的风气下，不得不做出的妥协，即承认学者不妨追求功名。书院主持人苦心孤诣抵制科举侵蚀书院的努力，愈往后愈难以为继。汤成烈指出："昔之书院，为名贤讲学之地。……今也不然，不问品学，但以处京秩之居忧，及甲科之归林者，每月一课，一文一诗，批校竣事，即索修脯。未尝进一士与之讲贯。……其主讲之得名者，大抵揣摩风气，决取科举名已耳。是书院之于学校，犹之以水济火也，庸有愈乎？"（《学术篇上》，《皇朝经世文续编》卷六十五）这是说书院不再是有道德学问的贤士讲学之地。占据讲席的，是那些还乡的进士官僚。讲授的内容，与科举考试的要求相同。主讲人的声望，取决于是否有助于科考及第。这样的书院，精神与官学毫无二致。自清乾隆以来，书院基本上沦为科举的附庸。

书院存在至清末。废科举后，书院改为学校。

七　红裙争看绿衣郎
——科举与婚姻家庭

科举制下婚姻家庭关系出现新变化：士族门第重要，但进士官僚身价更高。唐世第一高门清河崔氏诸房中，以小房为最贵。崔程出自清河小房。宰相杜审权听说崔程诸女容貌和德行皆好，特致书崔程为其子杜让能请婚。崔程起初以门第不侔，辞谢不肯。他对人说："崔氏之门，若有一杜郎，其何堪矣！"后来因为杜审权"坚请不已"，崔程不得已，乃将一侄女嫁与杜让能。其后杜让能由进士入仕，官至宰相，崔程侄女身为宰相夫人，备享富贵。（《唐语林》卷四《企羡》）至于崔程的几位亲女儿，虽然都嫁了高门女婿，但因仕宦无高位，故其诸女远不及其侄女荣耀。

古代士人于个人之命运，所最关心者为婚与宦二事。魏晋南北朝门阀制度下，士与庶在婚、宦上皆严格区别开来。唐代科举制下，价值观念既由尚贵胄逐渐转为尚冠盖，则婚姻观念与家庭关系亦随之逐渐变化。到宋代，贵人物相当的婚姻代替了贵门户相当的婚姻。唐世处于婚姻家庭关系的转变期，故呈现出复杂多变的特点。

史谓："自隋唐而上，官有簿状，家有谱系。官之选举必由于簿状，家之婚姻必由于谱系。"而"自五季（代）以来，取士不问家世，婚姻不问阀阅"（郑樵《通志》卷二十五《氏族略·序》）。此论为治史者所习知。就其区别唐以前和宋以后的社会而言，诚为卓识，然亦有失。一是"自隋唐而上"之说失于笼统。隋唐尤其是唐代社会，在婚、宦二事上已与魏晋南北朝有着明显区别。魏晋南北朝在婚、宦上之士庶悬隔，变为唐代在婚、宦上之士庶合流。二是忽视了唐代为中古向近古转变之社会，唐宋时期的社会变革，实发生并发展于唐代，至宋代而变革之局面完成。论者震惊于宋代之新世局，遂倡为唐宋之际变革之说。然此变革非仅存在于唐宋之际。唐代科举制下士庶在举场和官场上之合流，以及在婚姻上由单纯重门第向逐渐重人物转变，都是中古社会向近古社会转变的重要内容。故唐宋之际社会变革说，实不如唐宋社会变革说符合历史实际。而研究唐代社会，是研究这个中国古代史上继春秋战国社会变革以后又一个划阶段变革的重点。郑樵之说，使人们的目光囿于五代北宋。三是所谓"婚姻不问阀阅"，并非"自五季（代）以来"忽然如此。它有一个渐变的过程，这个过程发生在唐代。

唐朝前期，婚姻犹重阀阅。武德元年（618），高祖谓内史令窦威：“昔周朝［北周］有八柱国之贵，吾与公家，咸登此职。今我已为天子，公为内史令，本同末异，无乃不可乎？”窦威说：“臣家昔在汉朝，再为外戚，至于后魏，三处外家。今陛下龙兴，复出皇后。”高祖笑曰：“比见关东人崔、卢为婚，犹自矜伐，公世为帝戚，不亦贵乎？”（《唐会要》卷三十六《氏族》）李渊与窦威津津乐道的就是李、窦两家今虽君臣有别（末异），然而家世昔曾相当（本同），故彼此皆以联姻为荣。史载：窦氏自高祖朝至玄宗朝，“再为外戚，一品三人，三品已上三十余人。尚主者八人，女为王妃六人。唐世贵盛，莫与为比”（《旧唐书·窦威传》）。又，“苗夫人，其父太师也，其舅张河东也，其夫［张］延赏也，其子弘靖也，其子婿韦太尉也。近代衣冠妇人之贵，无如此者”（《唐国史补》）。此为唐后期事。可见，有唐一代，世情始终重视联姻于贵门。

然而，前面说过的唐初人薛元超，却以未登进士第和未娶山东五姓女并为人生之恨事，从而显示了唐代社会与魏晋南北朝既相联系又相区别的特点。如权德舆之婿独孤郁，进士出身，“历掌内职纶诏，有美名”。宪宗感叹：“我女婿不如德舆女婿！”（《唐国史补》）这又说明，当时以择婿得才士为贵。据陈寅恪《元白诗笺证稿》第四章《艳诗及悼亡诗》考证：中唐的元稹，本来热恋才貌兼美之双文，却因其出身下层，故忍于负情，另结姻缘于韦氏高门。他的做法，同时诗人白居易、李绅、杨巨源等皆未非议。这是因为仕宦重进士和婚姻重高门为唐世之时尚。由于唐朝后期出现进士官僚贵族化的趋势，故婚姻重阀阅迄于唐末犹存。

但历史的演变趋向是：经过科举而致显宦的意义，越来越甚于缔姻高门的意义。前面所述崔程嫁侄女一事，说明仕宦穷通对于门第的意义多么重大。崔程诸女所适之高门女婿，仕宦不得意，门楣暗淡，表明了联姻高门的意义下降。而崔程侄女所嫁之杜让能，进士登第，仕至宰相，夫荣妻贵，从而显示了嫁女于高门不如嫁女于进士官僚的历史新动向。故唐代为社会风气的转变期，亦为婚姻观念的转变期。元稹趋势而薄情，故双文蒙受不幸。崔程守旧，故其亲女不幸而侄女幸。元稹和崔程皆为欲借婚姻谋利之人。当新、旧社会风气并存之世，元稹善于投机故上达，崔程囿于陈见故贻害亲女。结果虽然不同，而人品皆一样卑卑不足道。

唐代婚姻家庭关系上新、旧风气和新、旧观念并存的现象，在唐传奇《会真记》《霍小玉传》和《李娃传》中，得到了真实而生动的反映。《会真记》中，张生于莺莺始乱终弃，却被时人许为善补过者。这是因为作者元稹即书中的张生，他取得科第后缔姻韦氏高门，得到了与之交往的文士们的谅解。这反映了婚姻重阀阅的旧风气和旧观念。《霍小玉传》中，李益遗弃小玉，缔姻卢氏高门，却遭到谴责。说明为重门第而负情，开始受到批判，表现出新风气和新观念。《李娃传》中，名妓李娃帮助荥阳公子读书成名，二人终为夫妇。这是科举带来的新的婚姻家庭观念，其要义为：（1）通过科举打破门第对于婚姻的阻隔。（2）郎才女貌的择偶标准。（3）助夫成名的贤妻典型。《李娃传》反映了新的历史趋向，成为后世风行的才子佳人小说、戏剧的开端。只要金榜题名，便可以轻易地扫除任何障碍，令才子佳人们皆大欢喜。所以，唐世虽是新旧风气并存，但演进的轨迹是：科第渐重于门第，郎才女貌渐重于门当户对。

唐时新科进士宴游曲江之日，人们竞相观看，"长安几于半空"，"公卿家率以其日拣选东床"（《唐摭言》卷三《散序》）。此种公卿高门与进士联姻的新风尚，显然迥异于魏晋南北朝士庶不婚的旧风尚。

至宋，"婚姻不问阀阅"成为风气。司马光主张：

> 凡议婚姻，当先察其婿与妇之性行及家法何如，勿苟慕其富贵。
>
> 婿苟贤矣，今虽贫贱，安知异时不富贵乎？苟为不肖，今虽富盛，安知异时不贫贱乎？
>
> （《书仪》卷三《婚仪上》）

146

在科举官僚政治完全排除士族门阀政治的宋代，贵贱贫富因人的贤不肖而发生变化，故婚姻重人物而不重阀阅。其时进士尊贵，人物贤不肖之别，就看是否进士及第。以此之故，宋人求婚，以得新科进士为贵。在唐代，公卿家要等到新进士们宴游之日方才择婿；到宋代，公卿家提前在进士张榜之日择婿。宋时，进士放榜那一天，公卿有女待嫁者，凌晨即驾车前往"金明池上路"，这是新进士往赴琼林宴必经之路。新进士们经过时，各家争相选人。当日得中东床之选者，往往十之八九。（《古今合璧事类备要》卷三十七）王安石诗："却忆金明池上路，红裙争看绿衣郎。"（《苕溪渔隐丛话》前集卷二十四）这是王安石回首及第之年的盛事。唐宋及第进士皆穿绿袍，故世号"绿衣郎"。红裙女争看绿衣郎，这样的旖旎风光，怕是所有曾经进士及第的人，都会终生难忘吧。

由于科举能使寒士"一举成名"，故不但已中进士者身价百倍，而且被认为可望登科的寒士亦为人们所看重。宋初宰相李沆，认定王曾不但必定及第，并且必定官至宰辅，于是断然以女嫁之。（《石林燕语》卷九）果然，王曾当年就状元及第，后来又官至宰相。又如北宋中期人杜衍，少时贫困，以帮人抄写勉强糊口。有富豪相里氏认定杜衍他日必定贵显，于是择为女婿。其后杜衍应进士科考试，以第四名登科。（《宋朝事实类苑》卷十《名臣事迹·杜祁公》）科举使许多"田舍郎"身份的士人，有希望登上"天子堂"做官，这就为人间的婚姻家庭关系添上了戏剧性的内容和彩虹般的色彩。

南宋时，士人郑烩仰慕宰相陈俊卿的女儿，思念颇苦。他的姐姐告诫他："莫要闲思量。汝但专精学业，若及第得官，便可做他家女婿矣。"郑烩从此一心向学，终于一举登第，称心如意地娶了朝思暮想的陈女。（《夷坚志》卷二《郑主簿梦》）这真是如宋真宗劝学诗所说的："娶妻莫恨无良媒，书中自有颜如玉！"

郎才女貌的婚姻，要由科举来促成，说明风气和观念虽然有异于士族门阀社会，而人情世态之势利则不变。故在多数情况下，衡量郎才的标准，是能否科举及第。所以重才实为重官。

《全唐诗话》卷二载，"杨志坚者，嗜学而贫，妻厌之"，提出离婚。杨以诗送妻：

平生志业在琴诗，头上如今有二丝。
渔夫尚知溪谷暗，山妻不信出身迟。
荆钗任意撩新鬓，明镜从他画别眉。
今日便同行路客，相逢即是下山时。

杨志坚虽然"嗜学"，但因为没有科举入仕，便为妻子厌弃。在杨妻眼里，杨显然不是可爱的才郎。这是一出科举制下贫士的家庭悲剧。但也有相反的情形。如关图之妹聪慧好学，关图常谓妹才足可进士及第。后来关图嫁妹与常修。"关氏乃与修读书，习二十余年，才学优博，越绝流辈。"（《登科记考》卷二十三）常修于咸通六年（865）进士及第。著名诗人罗隐，本年下第东归，留诗别修云："唯惭鲍叔深知我，他日蒲帆百尺风。"可见常修德才，为人所重。这是一个有才学的贤妻，帮助丈夫成为真正的才郎。又如，杜羔下第，将至家，其妻刘氏寄诗与他：

> 良人的的有奇才，何事年年被放回？
> 如今妾面羞君面，君若来时近夜来。
>
> （《全唐诗话》卷六）

杜羔得诗，羞见妻子，当即返回长安。后来杜羔登第，刘氏又寄诗曰：

> 长安此去无多地，郁郁葱葱佳气浮。
> 良人得意正年少，今夜醉眠何处楼？
>
> （《全唐诗话》卷六）

前一首诗，是妻子激劝丈夫，苦学取功名。后一首诗，是丈夫登科以后，妻子怕他变心。

实际上，士人登第即变心的事并不少见。北宋时，开封有一位杨姓女与一书生相爱，二人"密约"，待书生中进士后结婚。谁知书生登科后，竟长久不通音信。杨女"思慕成疾"。及至听说书生另结姻缘，她久病之身经不起打击，竟在悲痛中死去。临终书绝命词曰："黄叶无风自落，彩云不雨空归。"（《能改斋漫录》卷十六）看来，这是一位多情的才女，不幸遇上了一位负心人。

类似的事情太多了，以致宋世社会上出现了"王魁负桂英"的故事。书生王魁，与桂英相爱，二人相约结为夫妇，并在海神庙立下誓言："吾与桂英，誓不相负。若生离异，神当殛之！"可是王魁中状元后，却另娶崔姓女子。桂英闻讯，悲愤已极，自刎而死。（《侍儿小名录拾遗》引《摭遗》）这个故事后来编为戏曲，增加了桂英死后报仇，"活捉王魁"的情节。这是人心不忍，为不幸的女子鸣不平，抒怨愤，并且惩戒负心的读书人。到明代，又有冯梦龙写了《金玉奴棒打薄情郎》的故事：书生莫稽，饥寒交迫，濒于死地，得金玉奴父女相救，后来二人结为夫妇。金玉奴助夫勤学，莫稽赴举登科。但莫稽发迹以后，为别图佳配，竟置金玉奴于死地。金玉奴幸遇一达官救助，后来"棒打"莫稽，教训了负心人。很明显，这故事是有感于科举制下士人的发迹变态而作，寓意仍然在于惩戒。结尾的喜色，是作者也是民众善良愿望的折射。

《西厢记》里，老夫人逼令张生赴京考状元，于是有长亭送别。莺莺悲叹："蜗角虚名，蝇头微利，拆鸳鸯在两下里！"她嘱咐张生："此一行得官不得官，疾便回来！"临别又郑重叮咛："你休忧文齐福不齐，我只怕你停妻再娶妻。""此一节君须记，若见了那异乡花草，再休似此处栖迟！"长亭送别的气氛是惨淡的，莺莺的心情，十分凄伤，十分沉重。看来，科举给婚姻家庭关系蒙上了浓重的阴影，夫妻感情不但被损害了，并且被扭曲了，男女双方都感受到压力。

不成名是悲剧，成名也未必就不是悲剧！科举带给婚姻家庭的影响，本质上是悲剧性的。

由于宋以后科举的魔力越来越大，故科场上的得失成为士人家庭悲喜剧的轴心。清代小说《儿女英雄传》第三十五回，描写安公子中举后一家人的表现，先看安公子——

他自从听得"大爷高中了"一句话，怔了半天，一个人儿站在屋里旮旯儿里，脸是漆青，手是冰凉，心是乱跳，两泪直流的在那里哭呢！

再看安公子的父母——

安老爷看了［报单］，乐得先说了一句"谢天地！不料我安学海今日竟会盼到我的儿子中了！"

手里拿着那张报单，回头就往屋里跑。这个当儿，太太早同着两个媳妇也赶出当院子来了。太太手里还拿着根烟袋。老爷见太太赶出来，便凑到太太面前道："太太，你看这小子，他中也罢了，亏得怎么还会中的这样高！太太，你且看这报单！"太太乐得双手来接，那双手却摸着根烟袋，一个忘了神，便递给老爷。妙在老爷也乐得忘了神，便拿着那根烟袋，指着报单上的字，一长一短，念给太太听。

至于安公子的舅太太——

……从西耳房一路叨叨着就来了，口里只嚷道："那儿这么巧事！这么件大喜的喜信儿来了，偏偏儿的我这个当儿要上茅厕！才撒了泡溺，听见，忙的我事也没完，提上裤子，在那凉水盆里汕了汕手就跑了来了。我快见我们姑太太。"

而安公子的岳母——

……听得人讲究魁星是管念书赶考的人中不中的。他［她］为女婿，初一、十五必来望着［魁星］楼磕个头。……今日在舅太太屋里听得姑爷果然中了，便如飞从西过道儿里，一直奔到这里来。……闭着两只眼睛，冲着魁星把脑袋在那楼板上碰的山响，嘴里可念得是"阿弥陀佛"和"救苦救难观世音菩萨"。

一张中举的报单，竟把安家个个都弄得疯魔了！

然而万千士人中，及第者能有几何？故科举带给士人及其家庭的，悲愁甚多而喜乐甚少。就是幸而中第者，当其未中之先，本人及家人之渴盼、惶惑及惊恐，如安公子岳母之祈祷于魁星者，喜耶？悲耶？至于已中之后，其得意忘形之态，实亦可叹可悯。故科举实煎熬着士人及其家人的心。在长久的煎熬中，他们的感情和人格被扭曲了。这才出现《儿女英雄传》作者以喜不自胜的心情描绘的安公子中举的喜剧场面，以及《儒林外史》的作者以沉痛的心情描绘的范进中举的喜剧场面。

科举不但支配着士人及其家庭的命运，不但支配着士人夫妻关系，而且支配着士人家庭一切成员之间甚至亲友之间的关系。《聊斋志异》中的《镜听》讲了这么一个故事：

　　益都郑氏兄弟，皆文学士。大郑早知名，父母尝过爱之，又因子并及其妇；二郑落拓，不甚为父母所欢，遂恶次妇。……次妇每谓二郑："等男子耳，何遂不能为妻子争气！"遂摈弗与同宿。于是二郑感愤，勤心锐思，亦遂知名。……闱后［科考后］，兄弟皆归。时暑气犹盛，两妇在厨下炊饭饷耕，其热正苦。忽有报骑登门，报大郑捷。母入厨唤大妇曰："大男中式矣！汝可凉凉去。"次妇恧恻，泣且炊。俄又有报二郑捷者，次妇力掷饼杖而起，曰："侬也凉凉去！"

很简短的故事，很传神的写照。士人在功名上的成败，不仅影响到父母与儿子之间的关系，还影响到公婆与媳妇之间的关系。观二郑妇为激励丈夫，竟至不许同宿，以及二郑登第，掷杖而起，科举带给士人家庭的恩怨与悲欢，实足令人扼腕长叹！

又，同书《胡四娘》写胡银台"有三子四女，皆襁中论亲于大家"。唯少女四娘，庶出，母又早死，招赘佣司笔札之程孝思。夫妇在家庭中地位最低，常遭揶揄，虽婢仆亦嘲笑之。胡公死，处境愈不堪。四娘劝勉丈夫："曩久居，所不被呵逐者，徒以有老父在。今万分不可矣！倘能吐气，庶回时尚有家耳。"后来程孝思苦学及第入仕，往日欺负四娘者，皆竞相笑脸逢迎，"申贺者，捉坐者，寒暄者，喧杂满屋。耳有听，听四娘；目有视，视四娘；口有道，道四娘也"。炎凉之态，起于兄弟姊妹之间。梓园评曰："若四娘之事，举世皆然。"盖科举之设，驱人于势利之途。势利在心，则人际之间，自不能有诚意、善意和爱意。故在科举官僚制度下的婚姻家庭关系，虽表现颇多歧异，亦颇多变态，其实都是悲剧。盖人心与人生，俱不堪折磨也。

第三章　前程心在青云里
——科举与士林风气

年来惊喜两心知，高处同攀次第枝。

人倚绣屏闲赏夜，马嘶花径醉归时。

声名本自文章得，藩阃曾劳笔砚随。

家去恩门四千里，只应从此梦旌旗。

（赵嘏《送同年郑祥先辈归汉南》）

　　科举制下的古代社会情况既如上章所述，则生活于此种社会环境之古代士人，在世风的推移下，在世情的浸染下，其精神风貌自不能不受到影响。积久成习，唐以后之士林风气，遂有所区别于前代。

一 忧国忧民，匡时济世
——从政之风（上）

自春秋时期士阶层出现以来，士人即热心于从政。孔子提出"学而优则仕"，在历史上第一次明确地把从政以行道作为士人学习的目的。《左传》所载曹刿所谓"肉食者鄙，未能远谋"的话，就表现了寒士参政的自信心和自豪感，透露了世卿政治没落的消息。《史记·魏世家》载：魏文侯之子子击，路遇文侯之师田子方，子击引车避路，"下车谒见"，不料田子方竟不为礼。子击悻悻问道："富贵者骄人乎？且贫贱者骄人乎？"田子方答："亦贫贱者骄人耳！夫诸侯而骄人则失其国，大夫而骄人则失其家。贫贱者，行不合，言不用，则去之楚、越，若脱躧然。奈何其同之哉！"子击原以为自己身为诸侯之子，处大富大贵之位，正该骄人，故不满田子方以一介贫士竟"不为礼"。他听了田子方的话，虽然不高兴，却也无可如何。当时魏文侯礼贤下士，跟孔子弟子子夏学经艺，待高人段干木以客礼。魏国因此人才济济，称雄天下。

春秋战国时期，王侯卿相敬贤礼士者甚多，齐威王筑稷下学宫而学士荟萃，燕昭王筑黄金台而英才效力，都是著名的事例。不少士人活跃于政坛和学界，其言行影响到国家盛衰。那个时代士人的思想和业绩，以其蓬勃的生气和夺目的光彩，在中国古代文化史和政治史上，写下了辉煌灿烂的篇章，一直受到后世士人的景仰和赞叹。然而在两汉察举制下，贵族政治逐渐抬头。到了魏晋门选，一般寒门士人从政，不但困难重重，而且难于跻身要职。科举在理论上和政策上为士人提供了平等的从政机会，士林中因而掀起从政的热潮。科举在中国实行了约一千三百年，在此期间，士人从政之风长盛不衰。

士人从政具有行道即实现政治抱负和求禄即谋生的双重目的。"致君尧舜上，再使风俗淳"为行道的最高理想，为此就必须"立据要路津"（杜甫《奉赠韦左丞丈二十二韵》），即居于可以大展宏图的地位。一次武则天召见张嘉贞，垂帘与语。张嘉贞请求："以臣草莱而得入谒九重，是千载一遇也。咫尺之间，如隔云雾，竟不睹日月，恐君臣之道有所未尽。"张嘉贞珍惜面见最高统治者的机会，希望君臣之间尽可能多地交流思想，以期得到了解和重用。武则天不但没有责怪他，而且"遽令卷帘，与语大悦"（《旧唐书·张嘉贞传》）。这应该是武则天能得多数士人为之效力的主要原因。张嘉贞所谓"君臣之道"，就是指君能尽臣之才，臣能效命于国。后来，他在玄宗时上奏，请求玄宗在他尚未衰老之时，及时委以重任。当时玄宗励精图治，根据张嘉贞自武则天以来所表现的政治才能，破格提升他做了宰相。

杜甫尽管一生潦倒，却至死不忘君国。一次上奏玄宗云："有臣如此，陛下其忍弃之？"（《唐才子传》卷二）此种积极从政之精神，使自先秦以来士林中热心从政并关切国事的传统，得到进一步的发扬，出现了一批又一批以天下为己任的士人。范仲淹"先天下之忧而忧，后天下之乐而乐"（《岳阳楼记》）的名言，表达了此类士人的人生理想。

唐宋明清时期，一批又一批正直士人由科举入仕以后，或乘时立功，或临危受命，成为政治舞台上光彩夺目的人物。

唐人颜真卿，开元进士。天宝末，为平原太守。安禄山举兵范阳，河北诸郡官吏或降或逃，独真卿与其从兄常山太守颜杲卿起义兵，开辟敌后战场，折叛军之凶锋，振天下之人心。潼关失守以后，河北义军孤立无援，为叛军击败。真卿渡黄河，西行至凤翔见唐肃宗，任宪部（刑部）尚书，继而升御史大夫。他正直敢言，为专权宦官李辅国所忌，多次被贬到地方上做官。代宗时，进封鲁郡公。当时元载专权，规定百官上疏论事，须经宰相同意。真卿上疏，极言其非，言辞忠愤激切，人皆争相传颂。德宗即位以后，改任太子太师。奸相卢杞乱政，特别嫉恨真卿。淮西节度使李希烈叛乱，卢杞奏请派真卿奉使宣谕淮西，意在借李希烈之刀杀害真卿。真卿至淮西，李希烈诱之以利（宰相高位），胁之以死，皆不为所动，大义凛然说道：

> 君等闻颜杲卿无？是吾兄也。禄山反，首举义
> 兵。及被害，诟骂不绝于口。吾今年向八十，官至太
> 师，守吾兄之节，死而后已。岂受汝辈诱胁耶！
>
> （《旧唐书·颜真卿传》）

真卿被囚一年半余，虽百般诱逼，终不屈服，遂被缢
杀。真卿一生，正色立朝，刚直不阿，见危敢受命，临难
不苟免，当世及后世皆重其品格气节，尊称"颜鲁公"而
不名。（《旧唐书·颜真卿传》）颜真卿还是唐代最大的
书法家，他融篆隶之法于行、楷，笔力遒劲，而又不失婉
丽。颜体方严正大，一改王（羲之）书娟媚之态。东晋以
来，王书风靡数百年。颜体出，"晋韵"（王书）失。宋
世苏、黄、米、蔡，皆师法真卿。

宋人寇准，由进士及第入仕，居官以直谏著称。宋太
宗曾说：我得寇准，犹唐太宗之得魏徵。宋真宗景德元年
（1004），寇准拜相。当时辽国以倾国之师南侵，消息传
到京城，举朝惊骇，有劝真宗去金陵的，也有劝真宗去成
都的。寇准以为：逃走避祸，人心瓦解，国家不保。他力
排众议，坚请真宗亲征御敌。真宗来到澶州前线，又有人
临敌胆怯，重新提出逃往金陵的建议。寇准告诉真宗：现
今的形势，陛下只可进尺，不可退寸。进则士气百倍，退

则万众溃散，辽军追击，要去金陵也不可能。于是真宗渡过黄河，登上澶州北城门楼（黄河从澶州穿过，分澶州为南北城）。宋军望见御盖，感奋鼓舞，高呼"万岁"，声闻数十里。辽军深入宋境，进不能取胜，又有后顾之忧，遂遣使请和。真宗本来畏敌，表示不惜以百万巨资换取和议。寇准本意，不但不许以财货，而且要辽国归还幽、云之地。无奈真宗急于妥协，臣僚中又有人诽谤寇准借君自重。寇准只得告诫宋使曹利用说：虽然皇帝愿以百万求和，但如果超过三十万，我就斩你的头！结果达成和议：双方结为兄弟之国，宋朝每年输辽国银十万两，绢二十万匹。澶渊之盟达成后，局势转危为安。从此，宋、辽间多年无战事。（《宋史·寇准传》）

明人于谦，永乐十九年（1421）进士及第。明宣宗时，他巡抚河南、山西，轻骑简从，延访父老，询问时政利弊，遇有当兴当革之事，立即奏请施行。他特别关心民间疾苦，平时储粮备荒，遇灾及时救助。曾有山东、陕西流民二十余万就食河南，他都安置妥当，不使失所。河南水患最重，他厚筑堤防，计里置亭，设置亭长负责修缮河堤。又到处种树凿井，榆柳夹路，中原生态环境明显改善。正统十四年（1449），瓦剌举兵入侵，宦官王振劝明英宗亲征，驻土木堡（今河北怀来东部）。瓦剌攻破土木堡，俘英宗，进逼北京。朝中文武皆震惧不知所为，徐有贞倡言南迁，人心更加惶恐。当此危急关头，于谦受任兵部尚书，果断采取有力措施：

——以宋朝南渡的历史教训驳斥南迁之议，确定坚守北京的方针。

——奏请皇太后立郕王朱祁钰为皇帝，改变了英宗被俘以后国家没有元首的混乱局面。

——奏请景帝下诏征各地勤王军赴京。加固城防，修缮器械，坚壁清野，周密布置京师防务。

——宣布宦官王振乱政祸国之罪，诛杀王振党徒，宣泄了民愤，伸张了正义。

于谦从容镇静，经划有序，毅然以社稷安危为己任。当瓦剌兵临北京城下时，于谦亲自率师御敌于九门之外。他下达军令：临阵之时，将不顾军先退者，斩其将；军不顾将先退者，后队斩前队。于是将士皆抱必死之心，作拼死之战。北京居民亦登屋投砖石击敌助战，呼号之声，震动天地。瓦剌攻城受挫，又恐勤王援军截断归路，于是退兵。其后，于谦毫不松懈，积极加强北京和北边的防务，并严厉拒绝瓦剌以英宗为要挟索取巨额财富的企图。瓦剌这才不得不请和并送回英宗。

然而宦官仇恨于谦，徐有贞等腐败官僚亦嫉恨于谦。于谦为人正直刚严、疾恶如仇，故朝中奸人庸人，皆视之为眼中钉。景泰八年（1457），景帝病危，英宗复辟，当即下于谦入狱，旋即处死。于谦一生，任巡抚十九年，任兵部尚书八年，政绩和勋绩均为当时第一。特别是北京保卫战，转变国家危局，避免了宋世南迁的覆辙，尤其彪炳史册。他忧国忧民，绝不谋求私利。虽功业卓著，却屡辞封赏，自奉俭薄。于谦被杀，朝廷籍没其家，抄家之时，竟是空无所有，仅得皇帝所赐蟒袍及剑器。（《明史·于谦传》）于谦曾赋《石灰吟》云：

> 千锤万凿出深山，烈火焚烧若等闲。
> 粉身碎骨全不怕，要留清白在人间！

他留在历史上的，确实是清白的人品和英雄的业绩。

清人魏源，道光进士，历任东台知县、高邮知州。从小好学深思，曾研习王守仁心学，继而问学于今文经学大师刘逢禄。当危机深重之世，他提倡经世致用之学。1825年，应江苏布政使贺长龄之请，编辑《皇朝经世文编》。又先后为两江总督陶澍、林则徐等筹议漕运、水利、盐政等。鸦片战争爆发后，林则徐推荐他入两江总督裕谦幕府，参加浙东抗英战争。《南京条约》签订，魏源愤而撰成《圣武纪》一书，历述清朝开国至道光年间的征战历史，以激励朝廷振军讲武，强国御侮。他接受林则徐嘱托，辑成《海国图志》一百卷，较系统地介绍了南洋、欧美各国的历史地理知识。魏源的活动，是近代中国思想文化界面向世界的开始。

与魏源同时的林则徐、龚自珍，亦皆习儒之士，亦皆由进士入仕。三人皆在中国古代社会向近代社会转变之初，继承传统文化的忧患意识和经世致用、变法图强的思想，并"睁开眼睛看世界"，成为近代中国最早的先觉者。

这些青史留名的人物，都是由科举入仕，一展宏图，匡时济世，拔济生民，深为后人景仰、爱戴。他们强烈的从政报国意识也传给近代知识分子。

二　只求身到凤凰池
——从政之风（下）

自春秋以来，士人从政，一般是为了行道，也为了求禄。但在实行中，二者常有矛盾。宋仁宗时，范仲淹执政，决心罢免一批不称职的地方官吏。富弼劝他手下留情，说：你一笔勾销一个官，知不知道会有一家哭啊！范仲淹回答：一家哭是不幸，一路百姓都哭是更大的不幸！（《藏书》卷五十一《范仲淹》）范仲淹和富弼争论的焦点，就是官员应把从政为国摆在第一位还是把从政谋身家利益摆在第一位。富弼是一位从政为国者，人品和政绩都好。他的话，反映了在实际行事上，处理好从政行道与求禄的关系并不容易。

韩愈《后廿九日复上宰相书》云：

　　古之士，三月不仕则相吊，故出疆必载质。然所以重于自进者，以其于周不可，则去之鲁；于鲁不可，则去之齐；于齐不可，则去之宋、之郑、之秦、之楚也。今天下一君，四海一国，舍乎此则夷狄矣，去父母之邦矣。故士之行道者，不得于朝，则山林而已矣。山林者，士之所独善自养，而不忧天下者之所能安也。如有忧天下之心，则不能矣。故愈每自进而不知愧焉。

　　这一段话，淋漓尽致地说清了唐代士人从政的热切，以及求仕的困惑与苦涩。所谓"三月不仕则相吊"，不但悲不能行道，而且悲立身无计。先秦之士人如此，唐代及宋以后之士人亦莫不如此。韩愈比较了先秦士人和秦以后士人的处境，以为先秦列国纷争，士可择君；秦以后天下一君，唯君择士，而士不能择君。士人如不被用，唯有退隐一路。然心忧天下，岂能安于山林？又岂能离开父母之邦，去异国求富贵？在韩愈痛切陈辞的后面，分明跳动着一颗志士仁人为国和报国的赤心。至于韩愈"自进而不知愧"，非不知愧也，而是一种崇高的使命感使他求进不已。

　　然而，这正是士人悲剧之所在！在专制主义的官僚制度下，士人在根本上是不能把握自己命运的。他们处于被使用者的卑屈地位，故无论用世之情如何豪迈，报国之心如何激扬，都终于不免于辕下局促之态。

为什么古代史上，即使是超群之士，亦不免于奴仆气和庸人味呢？原因就在这里。

韩愈与富、范，皆士人中之杰出者。至于多数士人，则从政主要是为了求禄。杜甫诗云："君看随阳雁，各有稻粱谋"（《同诸公登慈恩寺塔》），又："顾惟蝼蚁辈，但自求其穴"（《自京赴奉先县咏怀五百字》），就批评了以从政为手段、以致富为目的的庸士。

然而庸士的产生有其社会原因。韩愈即指出："中世士大夫，以官为家，罢则无所于归。"（《送杨少尹序》）世卿制的贵族政治变为官僚政治以后，士人处于以禄养家的经济地位，君主亦以利禄诱使士人为其效劳。士人从政，直接的表现是为君主所用、所养。此种君臣关系，决定了士人不能有国家主人的地位，亦难以有国家主人的意识。杜甫诗有云："圣人筐篚恩，实欲邦国活。臣如忽至理，君岂弃此物。"（《自京赴奉先县咏怀五百字》）这是说君主赐绢帛与臣下，是要臣下尽力于治理国家。臣下如果忽视了这个"至理"，岂不是白白浪费了财物！可是，忽此"至理"的官吏，如蝼蚁一样忙于经营自己安乐窝的官吏，却充斥于各级政府之中。这是因为君主窃国为家，他掌握的大量财富，就是依靠虎狼一样的官吏们，借助于国家机器的暴力手段，从人民那里劫夺而来的。正如杜甫所揭露的：

形庭所分帛，本自寒女出。

鞭挞其夫家，聚敛贡城阙。

（《自京赴奉先县咏怀五百字》）

当官吏为君主鞭挞人民榨取财富之时，他自然也要顺便以权谋私，剥民以自肥。这是专制主义官僚政治不可救药的痼疾。虽然科举为士人从政提供了比过去更加充足的机会，虽然从唐代开始，特别是宋代以后，进士官僚控制了从中央到地方的主要权力，但国家政治却日见其腐败。主要原因就在于多数官僚以求禄求富为从政的目的。

韩愈在《送李愿归盘谷序》中，描绘了士人中所谓"大丈夫"一类的形象：

利泽施于人，名声昭于时，坐于庙朝，进退百官，而佐天子出令。其在外，则树旗旄，罗弓矢，武夫前呵，从者塞途。供给之人，各执其物，夹道而疾驰。喜有赏，怒有刑。才畯满前，道古今而誉盛德，入耳而不烦。曲眉丰颊，清声而便体，秀外而惠［慧］中，飘轻裾，翳长袖，粉白黛绿者，列屋而闲居，妒宠而负恃，争妍而取怜。大丈夫之遇知于天子，用力于当世者之所为也。

毋庸讳言，在古代，许多士人所向往的，就是成为此

168

类人物。可是，如此威福自用，能够"利泽施于人"吗？实际上，士人从政即享威福，势必损害从政以行道即施展抱负以兼济天下这个儒家标举的人生理想。

韩愈在同一文中，还描绘了另一类士人的形象："伺候于公卿之门，奔走于形势之途，足将进而趑趄，口将言而嗫嚅，处污秽而不羞，触刑辟而诛戮，侥幸于万一，老死而后止者，其于为人，贤不肖何如也！"韩愈以为这一类士人不同于上一类士人。这是只看到了表面现象。实际上，这两类士人的区别，只在于有幸有不幸罢了。

科举为士人提供了做官求禄的平等竞争的机会，士人遂以学而仕为人生之正途，做官成为士人谋生之最佳选择。代宗时期，朝廷曾就是否废罢进士科进行过讨论。结果因为"进士〔科〕行来已久，遽废之，恐失人业"（《旧唐书·杨绾传》），故仍予以维持。这个事实表明：维护科举制的动机，已经不是什么择人从政以行道，而是士人求职的压力。科举做官之于士人，已是一种谋生的必要。

唐德宗时，因为冗官害政，宰相张延赏在德宗同意下实行精简机构。结果是"道路怨叹，日闻于上"。"太子少保韦伦及常参官等，各抗疏以减员招怨，并请复之。"（《旧唐书·张延赏传》）德宗在整个官僚集团的压力下，不得不下诏："近闻授官皆已随牒之任，扶老携幼，尽室而行。俸禄未请，归还无所。衣冠之敝，流寓何依？其先敕所减官员，并宜仍旧。"（《旧唐书·德宗纪》）

这次减省官吏之所以失败，就是因为官吏谋生的需要对朝廷形成颇大的压力。此事说明，士人做官以求禄谋生的利益，已成为古代国家政治的一个沉重负担。这对于士人从政以行道的理想，无疑是一个讽刺。

文宗时，刘蕡上书说："居上无清惠之政，而有饕餮之害。……故人〔民〕之于上也，畏之如豺狼，恶之如仇敌。……官乱人〔民〕贫，盗贼并起，土崩之势，忧在旦夕！"（《旧唐书·刘蕡传》）这里，刘蕡惊心动魄地描绘了官与民对立带来的统治危机。士人做官求富的结果，是把自己放在了社会的对立面上、人民的对立面上。所谓"治国平天下"的抱负哪里去了？科举官僚制下士人命运的可悲和可耻，实无过于此。

从唐代开始，由进士入仕者易于获致高位。唐后期，宰相多为进士出身者。至宋，如司马光所说："国家用人之法，非进士及第者不得美官。"（《渑水燕谈录》卷四《才识》）状元胡旦宣称："仕宦不作宰相，乃虚生也！"（《温国文正司马公文集》卷三十《贡院乞逐路取人状》）刘昌言《上吕相公》曰："一举首登龙虎榜，十年身到凤凰池！"不少士人一旦榜上有名，两眼便盯着凤凰池（中书省即宰相府）。士人把"凤凰池"看得重了，势必把行道甚至品节看得轻了。所谓"士大夫多被富贵诱坏"（《宋稗类钞》卷二《躁进》），是科举官僚政治下的普遍现象。故在已经从政者中，大多数人其实是

"只为一身，不为天下"的。（《三朝名臣言行录》卷
一百六十一《丞相魏国韩忠献公》）宋神宗时，邓绾以善
于吹拍升官，遭到人们笑骂，他满不在乎地说："笑骂由
他笑骂，好官还我为之。"（《史纲评要》卷三十《宋
纪》）宋徽宗时，进士王黼以佞幸居相位，"多畜［蓄］
子女玉帛自奉"，"竭天下财力以供费"。为了保住富
贵，他身为三公，却在皇帝面前"亲为俳优鄙贱之役，以
献笑取悦"（《宋史·王黼传》）。

明朝后期，宦官专权。士大夫求进者，皆趋走权阉
门庭。从明武宗时大学士焦芳自称宦官刘瑾"门下"，助
刘瑾"浊乱海内"开始，进士官僚争为阉党以谋富贵者越
来越多，也越来越无耻。明熹宗时，魏忠贤势焰张天。官
僚为其羽翼爪牙者，有"五虎""五彪""十狗""十孩
儿""四十孙"之号，自内阁、六部至四方总督、巡抚，
遍置死党。浙江巡抚潘汝桢请建魏阉生祠于西湖，熹宗下
诏赐名"普德祠"。各地官员争相效尤，魏阉生祠遍及天
下。都城数十里间，生祠相望。上林一苑，竟有生祠四
所。每一祠之费，多者数十万，少者数万，剥民财，侵公
帑，伐树木无算。开封建祠，拆毁民居二千余间，创宫殿
九楹，仪制有如帝王。有官员奉迎魏忠贤像入祠，竟行五
拜三叩首之礼。颂词竟有"尧天舜德，至圣至神"之语。
国子监生陆万龄，竟以魏阉比孔子，请建祠于国学，每年
奉祀。后来崇祯帝惩治逆党，颁诏宣布以交结宦官得罪的

官僚就有二百零三人。列名于《明史·阉党传》中者，除田尔耕、许显纯二人，全是进士出身的官僚。明史作者在《阉党传序》中感慨之：

> 明代阉官之祸酷矣，然非诸党人附丽之，羽翼之，张其势而助之攻，虐焰不若是其烈也。……痛乎哉，患得患失之鄙夫，其流毒诚无所穷极也！

科举官僚政治以利禄诱导士人，患得患失之鄙夫充斥于士林，并经过科举入仕充斥于朝廷。梁启超谓：

> 八股取士锢塞人才之弊，李鸿章、张之洞何尝不知之，何尝不痛心疾首而恶之。张之洞且尝与余言，言废八股为变法第一事矣，而不闻其上折请废之者，盖恐触数百翰林、数千进士、数万举人、数十万秀才、数百万童生之怒，惧其合力以谤己而排挤己也。

> （《戊戌政变记》）

故士人以科举入仕为最可宝爱之金饭碗，使士人陷于作茧自缚的可悲境地，成为历史进步的障碍。至此，附属于专制政治及官僚政治的科举已经成为社会的赘疣，而它也就理所当然和势所必然地被废除了。

三 特立敢言人所难
——议政之风

书生议政，有时会对国家盛衰成败发生重要影响。唐后期著名政论家陆贽当国家形势危急之时，与唐德宗论政并为其起草罪己诏书，在当时就起了使局势转危为安的大作用。

唐德宗建中二年（781），成德节度使李宝臣死，其子李惟岳继任，请朝廷承认。这是河北藩镇公然要求确立世袭权，德宗不许。魏博节度使田悦代请，也遭拒绝。于是，魏博田悦、成德李惟岳、淄青李正己（正己数月后死，其子李纳继任）、山南东道梁崇义四镇联合举兵叛乱。这是公元763年平定安史之乱以来第一次大规模藩镇作乱。建中三年（782）初，唐军击败叛军，梁崇义败死，李惟岳为其部将王武俊所杀。王武俊、田悦、李纳联合范阳节度使朱滔，继续对抗朝廷。朱滔称大翼王，王武俊称赵王，田悦称魏王，李纳称齐王。朱滔为盟主，称"孤"，王、田、李称"寡人"。他们又勾结淮西节度使李希烈，劝其称帝。叛乱由河北扩大到河南。

当战争扩大时，朝廷已在措置上发生错误：一是由于用兵平叛，军费开支浩大，财政不支，于是强行借富商钱，括僦柜（典当）质钱，凡蓄积钱帛粟麦者，均四分借一，又收间架税、除陌钱，又征竹木茶漆等税，一时民间骚然。二是唐德宗调禁军和关中诸镇兵出关平乱，京师空虚。建中四年（783）冬，泾原兵奉调东征，路过长安时叛变，唐德宗逃奔奉天。泾原兵立朱泚为帝，围攻奉天。形势变得十分复杂和危急。到此地步，平定河北、淮西藩镇叛乱的战争，实际上已经力不从心。解决朱泚这个心腹之患，成为最迫切的问题。

当此之时，翰林学士陆贽向德宗建言：

> 臣谓当今急务，在于审察群情。若群情之所甚欲者，陛下先行之；所甚恶者，陛下先去之。欲恶与天下[人]同而天下[人]不归[心]者，自古及今，未之有也。夫理[治]乱之本，系乎人心。况乎当变故动摇之时，在危疑向背之际，人[民]之所归则植[立]，人[民]之所去则倾[危]。陛下安可不审察群情，同其欲恶，使亿兆归趣[趋]，以靖邦家乎？

他建议唐德宗"痛自引过"，以安反侧，以感人心。兴元元年（784）正月初一，唐德宗在奉天宣布由陆贽起草的罪己大赦诏书。诏称：

小子［德宗自称］……长于深宫之中，暗于经
国之务，积习易溺［沉湎］，居安忘危。不知稼穑
之艰难，不恤征戍之劳苦。……力役不息，田莱多
荒。暴令峻于诛求，疲民空于杼轴［织机］，转死
沟壑，离去乡间，邑里丘墟，人烟断绝。天谴于上
而朕不寤，人怨于下而朕不知。……上累于祖宗，
下负于蒸庶［百姓］。……将弘远图，必布新令。

（《资治通鉴》卷二百二十九）

新令内容：一是赦免河北、淮西藩镇；二是取消若干
苛捐杂税，如除陌钱、间架税等。唐德宗向天下人罪己悔
过并革除一些弊政，争取了人心和军心。赦免河北、淮西
藩镇，孤立了朱泚。结果，王、田、李皆去王号，上表谢
罪。朱泚亦不久败亡。故兴元罪己诏书是由于局势发生意
外变化，朝廷在极艰危的处境中，变被动为主动的一种努
力。朝廷因此摆脱困境，局势因此逐渐好转。陆贽起草的
这篇诏书，委曲尽理，恳切动人，史称："赦下，四方人
心大悦"，"虽武夫悍卒，无不挥涕感激"。

自孔孟以来，中国古代士人就有着议政的传统。科举
制意在选拔政治人才，唐代科举要考时务策，宋以后科举
考试亦有试策一场，士人议政之风因此而更盛。一批又一
批优秀的政论人才和国务人才亦因此应运而生。

武德四年（621）十月，秦王李世民见天下渐趋平

定，乃在府中开设文学馆，延请著名文士杜如晦、房玄龄、虞世南等为学士，分班轮值。秦王公余之暇，即至馆中与诸学士论文并论政。武德九年（626）八月，李世民做了皇帝。九月，他在弘文殿侧设置弘文馆，精选天下文士虞世南、褚亮、姚思廉等为学士，常引入内殿，讲论史事并商议政事。此后，唐代君主一般都重用学士。肃宗以后，翰林学士参与枢机。德宗以后，不少宰相即由翰林学士出身。学士皆擅长政论，实为皇帝身边的智囊团。君主这样用人，无疑会推动文士的议政之风。

唐代科举试策，君主每每询及时政。如光宅二年（685）策进士问："欲使吏洁冰霜，俗忘贪鄙，家给人足，礼备乐和，庠序交兴，农桑竞劝。善师期于不阵，上将先于伐谋。未待干戈，遽清金庭之祲，无劳转运，长销玉塞之尘。利国安边，伫闻良算。"（《登科记考》卷三）这是要应考人就内外大政提出建议。这样的考试，自然也会促进文士的议政之风。

唐代科场上的政论，自以刘蕡对策最为著名。但除此之外，尚有若干有见地的政论。如垂拱四年（688）张说对策，针对策问："适时之务何先？经国之图何取？"他在批评政令数改和官吏苛刻的时弊之后，提出："画一成歌，此适时之务也；慎贤而用，此经国之图也。"（《登科记考》卷三）汉时曹参为相，谨守萧何制定的法令，民心因以安定。百姓歌之曰："萧何为法，顜若画一；曹参代之，守而勿失。载其清净，民以宁一。"（《史记·曹相国世家》）张说以稳定政策和慎择贤才为拯弊之要策，不失为有益于国务的政论。

元和元年（806），宪宗策问：

> 自祸阶漏壤，兵宿中原，生人困竭，耗其大半。农战非古，衣食罕储，念兹疲氓，未遂富庶。督耕殖之业，而人无恋本之心，峻榷酤之科，而下有重敛之困。举何方而可以复其盛？用何道而可以济其艰？
>
> （《登科记考》卷十六）

这是问自安史之乱以来，何以国困民艰？元稹在对策中，这样分析时弊：

> 吏理无考课之明，卒伍废简稽之实，百货极淫巧之工，列肆尽兼并之贾。加以依浮图者，无去华绝俗之贞，而有抗役逃刑之宠；假戎服者，无超乘挽强之勇，而有横击诟吏之骄。是以十天下之人九为游食。
>
> 惰游之户转增，而耕桑之赋愈重。
>
> 耕桑之赋重，则恋本之心薄；惰游之户众，则富庶之道乖。此必然之理也。
>
> （《登科记考》卷十六）

在元稹看来，做官的不受考核和监督，当兵的不受纪律约束，充斥市场的是富贵人享用的奢侈品，而且巨商以操纵市场牟取大利。甚至出家人也不守清规，而军人竟然凌侮官吏。唯有农人辛勤，却因负担过重，不免贫困。既然为官为兵为商为僧皆享逸乐，这不是驱使天下人弃本业（农业）而为游食吗？"富庶之道乖"五字，为时弊之症结所在。他建议：

> 明考课之法，减冗食之徒，绝雕虫不急之工，罢商贾兼并之业，洁浮图之行，峻简稽之书，薄农桑之征，兴耕战之术，则惰游之户尽归，而恋本之心固矣。

这是说：使为官为兵为商为僧者，皆守职尽责而不能轻易获利，使为农者改善生计和处境。这里，元稹接触到了国民收入的分配问题。如果分配不利于创造财富的劳动者，生产力就会受破坏。如果官吏以贪残致富，商人以投机致富，则不但国竭民困，而且世风亦败坏不可收拾。应该说，这是科举史上颇为精彩的一篇政论。

至于在朝廷上，政论之佳妙者，相较于科场就更多些。唐初的魏徵，以直谏亦以政论知名。当唐太宗治国取得成功，群臣竞请封禅之时，魏徵指出：

> 陛下功则高矣，而民未怀惠；德虽厚矣，而

泽未滂流；诸夏虽安，未足以给事；远夷慕义，无
以供其求。……臣未能远譬，且借喻于人。今有人
十年长患，疗治且愈，此人应皮骨仅存，便欲使负
米一石，日行百里，必不可得。隋氏之乱，非止十
年。陛下为之良医，疾苦虽已必安，未甚充实。

（《旧唐书·魏徵传》）

封禅为古代帝王夸示成功之大典，因而也是臣下颂圣
献媚之机会。当时唐太宗自以为有功有德，内安而外服，
理当封禅。在这种情况下，劝谏显然很难。然而魏徵分析
时局，有理有据。既肯定唐太宗治国的成绩，又指出国家
和社会存在的困难。他以久病初愈说明贞观国情，可谓卓
见，亦是巧于设喻。是以《旧唐书》史臣赞叹："臣尝阅
《魏公故事》，与文皇［唐太宗］讨论政术，往复应对，
凡数十万言。其匡过弼违，能近取譬，博约连类，皆前代
诤臣之不至者。"

又比如卢怀慎，当中宗之时，曾三次上疏指摘时弊。
其一，谓官吏皆争相升官，为此不顾廉耻，政风败坏，
实由于此。其二，谓官吏太多，俸禄之费，每年达亿万
之巨，国库因之空竭，民生因之凋敝。其三，谓官吏多
违法乱纪，公然贪赃。即使败露，往往调任了事，而贪暴
如故。他主张裁减冗官，整顿吏治。凡政绩无闻者，皆当
免职；凡贪暴为非者，皆当惩处。政府中不可有庸才，尤

不可容贪吏。他认为："若不循此道，……则赏罚无章，沮劝安寄？浮竞之风转扇，廉耻之行渐隤。"（《旧唐书·卢怀慎传》）历来论吏道之弊，实罕有如此深切者。

在唐代政论人才中，初唐魏徵、中唐陆贽、晚唐李德裕，业绩最为辉煌。魏徵事已见前述。陆贽有《陆宣公奏议》传世。他在唐德宗避难奉天期间的政论，对于扭转危局起了重要作用。贞元十年（794），他上疏请均节财赋，指陈施行两税法以来的种种弊端：

——两税量出为人，取之无度，用之无节，放纵统治者的贪欲和奢侈。

——计赀定税，拥有珍货者易于隐匿，有利于富人而不利于穷人。

——税限迫促。蚕未成茧，即征绢帛；谷未成熟，即征租粟。官吏滥施威福，农民或低价卖物，或高利借贷。商人、高利贷者得利而农民受害。

——两税计钱。初行两税时，一匹绢值三千二三百文。后来钱贵物贱，一匹绢仅值一千五六百文。税额不变，而农民负担增加一倍。

——两税可以折征杂物，官吏本应随土所宜征收。然而官商勾结，官征当地所无，百姓不得不低价卖其所有，而高价买其所无。百姓买、卖都吃亏，商人卖、买都获利。

——朝廷以增加税收考核官吏，官吏以刻剥百姓来显示政绩。官吏因之升官，百姓不免破产。

陆贽强调：政府必须节省开支，而商人得利、农民受害之弊必须改正。他还揭露说："私家收租殆有亩至一石者，是二十倍于官税也。"他认为："夫土地王者之所有，耕稼农夫之所为，而兼并之徒，居然受利！"（《资治通鉴》卷二百三十四）在一千二百年前，陆贽即谴责地主剥削不合理，不能不令人惊叹！他这篇分析唐后期社会经济问题的奏疏，忧国忧民之情溢于言表，而行文简洁明快，说理直切透彻。王夫之称赞陆贽政论曰："推之使远，引之使近，达之以其情，导之以其绪，曲折以尽其波澜，而径捷以御之坦道，扩其所忧，畅其所郁，排宕之以尽其变，翕合之以归于一"，而能"于今允协"，"于事皆征"。（《读通鉴论》卷二十四《德宗十四》）唐自安史之乱以来，朝政日趋腐败。广泛而深刻地论述时弊，无人能比陆贽。他多次批评皇帝之失，政事之弊，吏治之污。而于百姓疾苦，言之痛切。其文直而能婉，详而能显，指事则洞见时弊，说理则直悟人心，达意无所不尽，陈情曲折深切。故虽刚愎自用如唐德宗，亦有时感服。而后世学政论者，莫不精研其奏议。

李德裕政论，有《会昌一品集》《献替录》等传世。其最著者，为分析平泽潞一事。会昌三年（843）四月，泽潞节度使刘从谏死，其侄刘稹在军人拥立下自为留后，欲效河朔三镇世袭节度使。当时朝议主张妥协，唯有李德裕力主平叛。他指陈利害曰："泽潞国家内地，不同河朔。……若不加讨伐，何以号令四方？若因循授之，则藩镇相效，自兹威令去矣！"他论证平叛方略云："刘稹所恃者，河朔三镇耳。但得魏、镇不与稹同，破之必矣。"（《旧唐书·李德裕传》）由于指明了平叛的必要和成功的希望，这才能独排众议，坚定唐武宗用兵的决心。接着，李德裕为朝廷草诏赐河朔方镇，大略谓："泽潞一镇，与卿事体不同。勿为子孙之谋，欲存辅车之势。但能显立功效，自然福及后昆。"（《资治通鉴》卷二百四十七）他巧妙地将河朔藩镇与刘稹区别开来，以安其心。又直揭河朔藩镇的私心："存辅车之势"以"为子孙之谋"，即企图保存刘稹以利河朔长久割据。从而打消河朔藩镇的异念，使其不敢抗命。又安排河朔藩镇参加平叛，以"显立功效"。结果，河朔得诏，"悚息听命"。此种政论，直切简明，在混乱的局势中，廓清了迷雾。兵尚未出，而胜利已经在望。故武宗委任不疑，而平泽潞之役亦完全按计划顺利进行。

政论的要求，是理切而辞直。这需要有才略、有胆识。有才略不易，有胆识尤难。唐代文士议政之风虽盛，但好的政论却不多见。从客观上说，专制帝王天威不测，直言议政风险太大。从主观上说，多数士人学以求禄，议政也是为了求禄，故不免曲学阿世。故在科场和朝堂，议政一般都是迎合圣旨。唐太宗以善于纳谏著称，但在太宗之世，诤臣却屈指可数。贞观十八年（644）四月，太宗谓朝臣："人臣顺旨者多，犯颜则少。今朕欲自闻其失，诸公其直言无隐！"朝臣皆曰："陛下无失。"同年八月，太宗又谓朝臣："人苦不自知其过，卿可为朕明言之。"朝臣们回奏："陛下武功文德，臣等将顺之不暇，又何过之可言！"（《资治通鉴》卷一百九十七）其时已是太宗晚年，政情明显褪色，朝臣们在太宗求谏之时，却乘机奉承。故所谓议政，在多数情况下，不过是议帝王之圣明，颂帝王之功德。

世人讥称为"苏摸棱"的苏味道，"以文辞知名"，进士及第后仕途顺利。"善敷奏，……然而前后居相位数载，竟不能有所发明，但脂韦其间，苟度取容而已"。这样看来，苏味道议政，毫无主张，只是随顺取容罢了。然而他却以"善敷奏"即善议政著称。所谓"善"，当然是帝王和同僚们的评价。这是他做大官的诀窍。他曾向人解释："处事不欲决断明白，若有错误，必贻咎谴，但摸棱以持两端可矣。"（《旧唐书·苏味道传》）

故有真知灼见的政论，只能出于直士笔下。唐代宗时，太常博士柳伉上疏，请斩擅宠专权的宦官程元振以谢天下。疏中所列程元振罪恶和国家面临的危机，皆是尽人所知的事。著名的刘蕡对策，士林感动，读者垂泣。然而所说的，也还是人人心中所欲言而不敢言的话。所以，好的政论，乃是代天下人讲话，代天下人抒愤，代天下人伸张正义。北宋的司马光深知议政的甘苦，所言深中肯紧：对于专职议政的谏官，最要紧的是"专利国家而不为身谋"，不但不可以"汲汲于利"，而且不可以"汲汲于名"。（《谏院题名纪》）只有不存私心，议政才能直切，才能于国于民有益。宋之李纲，明之杨继盛、徐贞明、吕坤，皆议论时政而救敝扶危者。

李纲字伯纪，邵武（今属福建）人，以进士及第入仕。宋徽宗宣和七年（1125）年底，金军第一次南侵。当时举朝惶恐，欲弃开封南逃，独李纲建议徽宗禅位，坚守东京。他认为："今日之计，当整饬军马，固结民心，相与坚守，以待勤王之师。"他临危受命，以一介书生，出任东京留守，主持战守大计，成功地保卫了东京城。当宋钦宗决定出巨额金帛，并割让太原（治所在今山西太原）、中山（治所在今河北定州）、河间（治所在今河北河间）三镇以求和时，他指出："所需金帛，竭天下且不足，况都城乎？三镇，国之屏蔽，割之何以立国？"他建议待援军四集之时，与之议和，则金人不敢轻中国，而和议可以持久。钦宗不听。后因援军渐增，金人不得不退兵。金兵暂去之后，钦宗君臣竟以苟安为得计，毫不以边事为意。李纲深以为忧，仍积极筹划防务。钦宗君臣为排除议和的阻力，将李纲排斥出京，结果造成靖康亡国之祸。

南宋高宗因李纲声望甚著，故召还任相。李纲上奏高宗，提出抗金建国十议。他强调：

中国之御四裔，能守而后可战，能战而后可和，而靖康之末皆失之。今欲战则不足，欲和则不可。莫若先自治，专以守为策，俟吾政事修，士气振，然后可议大举。

他又奏请：

修军政，变士风，裕邦财，宽民力，改弊法，省冗官，诚号令以感人心，信赏罚以作士气，择帅臣以任方面，选监司、郡守以奉行新政。……政事已修，然后可以问罪金人。

他认为当务之急，是保卫河北、河东，以保卫中原。他指出：河北、河东地区，多数州郡尚在宋朝手中，而当地军民抗金之志甚坚。经李纲推荐，以张所为河北招抚使，傅亮为河东经制副使，联络忠义民兵。宗泽任东京留守，积极备战。李纲劝高宗暂驻襄（州治在今湖北襄阳）、邓（州治在今河南邓县东南部）。待河北、河东布置就绪，即还东京。可是，高宗决计放弃中原，一心做南逃的准备，故免去张所、傅亮的职务，废罢招抚、经制两司，继而又罢免李纲的相职。不久金兵南下，高宗望风而逃，中原土地尽失。《宋史·李纲传》说："以李纲之贤，使得毕力殚虑于靖康、建炎间，……二帝［徽、钦］

何至于北行？而宋岂至为南渡之偏安哉？"故知当日形势，中原并非必不可保。南渡偏安之局，乃昏懦君主不用李纲其人并不用其政论所致。

杨继盛，字仲芳，别号椒山，容城（今属河北）人。由进士入仕，官至兵部员外郎。嘉靖三十二年（1553），他上疏弹劾奸相严嵩，疏中列举严嵩十罪：

——专权，以致"天下知有嵩，不知有陛下"；

——窃权，以致群官"畏嵩甚于畏陛下"；

——攘夺治功；

——任其子严世藩乱政，以致京师有"大丞相、小丞相"之谣；

——假冒军功；

——勾结逆臣；

——贻误军机；

——诬害正直；

——政以贿成；

——败坏风俗。

又论严嵩五奸：

——结交皇帝侍从，"是陛下之左右皆贼嵩之间谍也"；

——以亲信主管通政司，"是陛下之喉舌乃贼嵩之鹰犬也"；

——与厂卫官僚联姻，"是陛下之爪牙皆贼嵩之瓜葛也"；

——笼络科道官员，"是陛下之耳目皆贼嵩之奴隶也"；

——"各部堂司大半皆其羽翼，是陛下之臣工皆贼嵩之心膂也"。

他强调说：当今大患，外则鞑靼，内则严嵩。然欲除外患，必先除内贼，故请诛严嵩以拯救百万苍生于涂炭。疏上，明世宗大怒，立即将杨继盛下狱。杨在狱中近三年，刑伤之处肌肤腐烂，痛不可忍，仍意气自若。临死赋绝命诗曰："浩气还太虚，丹心照千古。生平未报恩，留作忠魂补。"（《明史·杨继盛传》）其诗及其奏疏，皆传诵人口。

当明世宗宠任严嵩，政事大坏期间，如杨继盛之指斥时弊，痛诋奸相者，见于《明史》的，就有数十人。他们中间，或遭监禁，最轻的也遭贬斥，然而无一人屈服。《明史》作者不禁感叹："何直臣多欤！""然主威愈震，而士气不衰，批鳞碎首者接踵而不可遏！"（《明史》卷二百九十）他们的政论虽不被采用，他们的直节却彪炳于史册。至今读其奏议，犹觉凛然正气洋溢于纸墨间。

徐贞明，字孺东，贵溪（今属江西）人，明穆宗隆庆五年（1571）进士。明神宗万历三年（1575），任工科给事中，上书指陈国家面临的经济及社会问题：

神京（北京）雄据上游，兵食宜取之畿甸（河北地区）。今皆仰给东南，岂西北古称富强地，不足以实廪而练卒乎？夫赋税所出，括民脂膏，而车船夫役之费，常以数石致一石，东南之力竭矣！又河流多变，运道多梗，窃有隐忧。闻陕西、河南故渠废堰，在在有之。山东诸泉，引之率可成田。而畿辅诸郡，或支河所经，或涧泉自出，皆足以资灌溉。北人未习水利，惟苦水害。不知水害未除，正由水利未兴也。盖水聚之则为害，散之则为利。今顺天、真定、河间诸郡（皆属今河北），桑麻之区，半为沮洳（沼泽），由上流十五（条）河之水惟泄于猫儿一湾，欲其不泛滥而雍（壅）塞，势不能也。今诚于上流疏渠浚沟，引之灌田，以杀（减）水势；下流多开支河，以泄横流。其淀（湖泊）之最下者，留以潴（蓄）水；稍高者，皆如南（江南）人筑圩（堤）之制。则水利兴，水患亦除矣。至于永平、滦州抵沧州、庆云（皆属今河北），地（遍地）皆萑苇，土实膏腴。元（代）虞集欲于京东滨海地区筑塘捍水成稻田。若仿（效）集意，招徕南人，俾之耕艺，北起辽海，南滨青、齐（今环渤海湾地区），皆良田也……俟有成绩，次及河南、山东、陕西。庶东南转漕可减，西北储蓄常充，国计永无绌矣。

中国历史上，自宋以来，北方经济衰退，中央政权及北部边防所需，依赖东南供给，劳费甚巨，南方人民负担沉重，国计艰窘。贞明以唐以前北方富庶的历史事实，说明振兴北方经济足以供给首都及北部边防需要。他分析北方经济衰退由于水害严重，而水害严重由于水利不兴。他建议先在北京所在之河北地区大兴水利，既除水害，又造良田。然后推及河南、山东、山西以至于陕西，如此则华北地区变为一片沃壤。故贞明此论，旨在扭转北方经济衰败之局，从根本上解决京师及北方边防供应问题，同时改善南方民生，造成全中国经济之富庶繁荣。在中国古代经济史上，堪称宏文伟议。当时华北地区多水，兴修水利即可改善经济状况。万历十三年（1585），贞明以尚宝司少卿督治京畿水田，仅一年，即造良田三万九千亩，收效显著。他遍历诸河，穷原竟委，将大行疏浚。可是，宦官、贵戚霸占闲田为私业者，以国家兴办水利会妨害一己私利，于是造作流言，诽谤贞明的计划为"必不可行"。神宗惑于谤议，竟于1586年下令停止。《明史·徐贞明传》评论："贞明识敏才练，慨然有经世志。京东水田实百世利，事初兴而即为浮议所挠，论者惜之。"这是中国历史上改善北方经济条件及生态环境的一次重大努力，也是挽救中国古代社会经济衰敝的一次重大努力。然而失败了！岂止当时"论者惜之"，后世读史者亦当"惜之"！

吕坤，字叔简，宁陵（今属河南）人，万历二年（1574）进士。历任襄垣知县、户部主事、山东参政、山西按察使、陕西右布政使、右佥都御史等职，仕至刑部左侍郎。万历二十五年（1597）五月，吕坤上疏论"国家安危"事。他警告神宗："今天下之势，乱象已形……天下之人，乱心已萌！"他陈诉民生疾苦："自万历十年（1582）以来，无岁不灾，催科（征税）如故……陛下赤子（百姓）冻骨无兼衣，饥肠不再食……君门万里，孰能仰（上）诉？"他指责朝廷奢靡，以致"国家之财用耗竭"。他揭露：防卫京师之三大营"马半羸敝，人半老弱"；而抵御外寇"九边之兵……怯于临戎"。他谴责宦官为矿监、税使劫夺民财，"以压卵之威，行竭泽之计"！他提醒神宗：拒谏必定导致君主"一人孤立于万乘之上"！他痛切指陈："臣观陛下……曾无夙夜忧勤之意，惟孜孜以患贫为事。不知天下之财，止有此数，君欲富则天下贫，天下贫而君岂（能）独富？今民生憔悴极矣，乃采办（珍品）日增，诛求（征税）益广，敛万姓之怨于一身，结九重之仇于四海。臣窃痛之！"他坦陈："今禁城之内，不乐有君。天下之人，不乐有生。"他自陈："臣老且衰，恐不得复见太平。吁天叩地，斋宿七日，敬献忧危之诚！"他希望："陛下密行臣言，翻然若出圣心警悟者，则人心自悦，天意自回。"最后，他忧心忡忡告诫神宗："苟不然者，陛下他日虽悔，将何及耶！"吕坤当"天下之人不乐有生"之日，上疏为民请命，亦为挽救明朝国家倾危献策。字里行间，一片爱民之情，一腔忠君之忧。可惜神宗不听，明之亡于是不可避免。《明史·神宗本纪》评曰："明之亡，实亡于神宗！"明亡之后，读吕坤政论，谁不掩卷长叹！

士人议政，不仅见于朝堂之上，亦且见于讲学及著述之中。以讲学论政造成极大影响者，有明之东林。以著述论政垂名天下后世者，有明清之际的黄宗羲。

明神宗万历二十二年（1594），吏部郎中顾宪成罢职回到故乡无锡。这里旧有东林书院，为宋代理学家杨时（龟山）讲学处。顾宪成与其弟顾允成，得常州知府欧阳东凤与无锡知县林宰之助，重建东林书院，与志同道合者高攀龙等讲学其中，世称泾阳先生。他提出：

> 官辇毂，志不在君父；官封疆，志不在民生；居水边林下，志不在世道，君子无取焉。

又撰对联曰：

> 风声，雨声，读书声，声声入耳；家事，国事，天下事，事事关心。

是以书院之中，往往讽议朝政，臧否人物。士大夫有不满时政者，皆退处林野，闻风响附，学舍至不能容。朝官中政见相同者，亦遥相应和。一时名声大振。后遭魏忠贤禁毁和迫害，而东林之名益著。（《明史·顾宪成传》）

　　黄宗羲，字太冲，号南雷，浙江余姚人，世称梨洲先生。其父黄尊素，东林名士，遭宦官迫害惨死狱中。他十九岁入都讼冤，以铁锥毙伤仇人，为父昭雪。曾领导复社反宦官的斗争。清兵南下，他招募义军抵抗，在鲁王政权中任职左副都御史。明亡后隐居，屡拒清廷征召。从1653年开始，致力于著述。从此直到1695年去世，四十余年中，著书六十余种，一千四百余卷。主要著作有《明夷待访录》《宋元学案》《明儒学案》《南雷文定》等。他自幼勤学，经史子集，无所不览，尤精史学。著书期间，屡遭迫害，濒于十死。其生活亦极艰苦，曾有"屋崩粮绝"之日。然而他数十年如一日，伏案写作，尽废"庆吊吉凶之礼"。所凭之几，双肘压痕，隐约可见。他如此勤苦，乃因痛感当日天崩地解之大悲惨局，总结明亡的教训，重新审视秦汉以来的历史和文化，以为天下后世之昭鉴。他在五十四岁时完成的《明夷待访录》，为中国历史上政论之巨著。《原君》篇倡言"天下为主，君为客"，谴责秦以来之"君为主，天下为客"。他揭露为君者"以天下之利尽归于己，以天下之害尽归于人"。"以我之大私为天下之大公……视天下为莫大之产业，传之子孙，受享无穷"。"是以其未得之也，屠毒天下之肝脑，离散天下之子女，以博我一人之产业，曾不惨然。""其既得之也，敲剥天下之骨髓，离散天下之子女，以奉我一人之淫乐，视为当然。"他的结论是："凡天下之无地而得安宁者，为君也。""然则为天下之大害者，君而已矣！"
《原臣》篇主张：臣之"出而仕也，为天下，非为君也；
为万民，非为一姓也"。他批评："世之为臣者昧于此
义，以谓臣为君而设者也。君分吾以天下而后治之，君授
吾以人民而后牧之，视天下人民为人君囊中之私物。"而
于"四方之劳扰，民生之憔悴"，漠然视之。他认为：
"天下之治乱，不在一姓之兴亡，而在万民之忧乐。"他
评议历史上之治乱，以人民忧乐为标准，而不以政权兴亡
为标准。"故桀、纣之亡，乃所以为治也；秦政、蒙古之
兴，乃所以为乱也。"因为夏桀亡，商汤兴；殷纣亡，周
武兴。于人民有利，故夏殷政权亡而天下治。至于秦朝、
元朝之兴，于人民有害，故秦、元兴而天下乱。他指出：
"为臣道（而）轻视斯民之水火"，"其于臣道固未尝不
背也"。《原法》篇揭露："三代以下无法。……人主既
得天下，唯恐其祚命之不长也，子孙之不能保有也，思患
于未然以为之法。然则其所谓法者，一家之法，而非天下
之法也……所谓非法之法也！"以家天下时代国家之法为
"非法之法"，这可是空前未有之论。《学校》篇批评：
"三代以下，天下之是非出于朝廷。"这是以天子之是非
为是非。但"天子之所是未必是，天子之所非未必非"，
故当"公其是非于学校"，使学校主持天下是非，成为社
会舆论的中心。如此，则天子独断之弊害可去，学校亦因
此在评论天下是非中培养以天下为己任之人才。《置相

篇》认为：天下为公时代，天子"不传子而传贤"。"其后天子传子，宰相不传子。天子之子不皆贤，尚赖宰相传贤，足相补救。"他称赞"昔者伊尹、周公之摄政，以宰相而摄天子"，天下因此大治。这是明确主张提升相权，限制君权。他批评："有明之无善治，自高皇帝罢丞相始也。"故黄宗羲因明亡而发愤著书，于历代政治体制作深刻之检讨，以专制帝制为天下祸乱之源，主张为天下为万民而正君道，正臣道，正法制。主张以相权，以学校制衡君权。他不是为当世著书，而是为后世著书。自秦汉以来之政论，未见有如此卓识者。

以讲学和著述论政之风，经清朝文字狱之压迫而沉寂一百年后，至晚清而复盛。魏源、龚自珍之著述，康有为之著述及其在万木草堂之讲学，梁启超、谭嗣同之著述及其在时务学堂之讲学，皆影响到当时的政治及文化。

邓拓在《歌唱太湖》的一首诗中写道："东林讲学继龟山，事事关心天地间。莫谓书生空议论，头颅掷处血斑斑！"士人议政，皆本着为天下苍生之精神，虽然因议政而"头颅掷处血斑斑"者史不绝书，但议政之风一直不衰。历史表明，中国的正直士人，一直作为"社会的良心"，起着匡政济世的重要作用。

四 缦胡之缨，化为青衿
——劝学之风（上）

武德元年（618），唐朝初建，即诏令于京师及地方设置学校。武德四年（621），高祖下敕令诸州学生经州县考试合格，选送京师参加科举考试。次年，唐朝举行第一次科举考试。武德七年（624）二月，高祖诏称："有明一经已上，未被升擢者，本属举送，具以名闻。有司试策，加阶叙用。其吏民子弟，有识性开敏，志希学艺，亦具名状，申送入京，量其差品，并即配学。明设考课，各使励精，琢玉成器，庶其非远。州县及乡，各令置学。"七月又诏："广设庠序，益召学徒，旁求俊异，务从奖擢。"（《登科记考》卷一）并对史孝谦的两个儿子，以幼童而能通《孝经》，特加褒扬，奖以优秩。以上措施，在中国历史上揭开了以科举功名劝学的第一页。

朝廷以利禄劝学，并不自唐始。汉武帝在长安设置太学，公孙弘建议："闻三代之道，乡里有教"，"其劝善也，显之朝廷"，"故教化之行也，建首善自京师始，由内及外"。具体做法：在太学置博士弟子五十人，由太常负责选拔，免其赋役。又从各郡国选拔有文学、有教养的青年，为"如弟子"，到太学与博士弟子一同学习。每年考试一次。能通一艺以上，补文学掌故，优异者可为郎中，下材则退学。结果是"公卿大夫士吏彬彬多文学之士矣"（《汉书·儒林传》）。这是实行科举以前，以仕宦劝学取得的成绩。

科举以文化考试选官，其劝学作用远过于前代各种选官制度。方干《送李恬及第后还贝州》曰：

> 成名年少日，就业圣人书。
> 擢桂谁相比，簸金已不如。
> 东城送归客，秋日待征车。
> 若到清潭畔，儒风变里闾。

翩翩少年李恬，因为"就业圣人书"而登进士第。当他荣归乡里之日，人们在艳羡他的同时，必然会向他学习。这样一来，"儒风变里闾"，即李恬家乡将会出现习儒向学的社会风气。这是科举功名对于人心世风的导向作用。唐代以来，读书在中国社会蔚为风气，科举的功效实为主因。杜牧《冬至日寄小侄阿宜诗》：

> 愿尔一祝后，读书日日忙。
> 一日读十纸，一月读一箱。
> 朝廷用文治，大开官职场。
> 愿尔出门去，取官如驱羊。

因为是长辈劝勉幼辈读书，所以拳拳之心，谆谆之意，活现纸上。杜牧以读书为"取官"的手段，这在科举时代，乃是人之常情。自唐至清，没有两样。龚自珍《吴市得旧本制举之文，忽然有感，书其端》云："耆旧辛勤伏案成，当年江左重科名。""家家饭熟书还熟，羡杀承平好秀才。"正是科举功名，造成家家有读书声，虽耆年白首，仍孜孜不倦。

科举对于推动落后地区的文化进步，功不可没。福建在唐朝初期，文化上还是一片沙漠。中宗神龙二年（706），闽人薛令之进士及第。这是历史上闽地第一位进士。他在玄宗时，做到左补阙兼太子侍读。当时，东宫官受到冷落，薛令之颇感不满，写诗《自悼》发牢骚：

朝日上团团，照见先生盘。
盘中何所有？苜蓿长阑干。
饭涩匙难绾，羹稀箸易宽。
只可谋朝夕，那能度岁寒！

适逢玄宗幸东宫，见之不悦，援笔批道："若嫌松桂寒，任逐桑榆暖！"（《唐语林》卷五）薛令之冒犯了皇帝，只好辞官还乡。

然而薛令之以后，闽地竟在科场上沉寂了近一个世纪。直到德宗贞元七年（791），才有林藻进士及第。而在贞元八年（792），又有欧阳詹进士及第。从此，闽地人文开始引人注目。故薛令之在唐朝前期的出现，是一个偶然现象。闽地文化显著提高，是唐朝后期的事。德宗即位初年，闽地始建学校。独孤及作《新学记》云："缦胡之缨，化为青衿。"意谓经过文化教育，改变鄙野之俗，渐开文明之风。欧阳詹"睹之叹息"，乃发愤苦读。常衮为福建观察使，优奖文士，于欧阳詹特加"敬爱"。贞元八年（792），陆贽知举，欧阳詹以第三名及第。同时登第者有韩愈、李观、李绛、崔群、王涯、冯宿、庾承宣等，皆当时名重天下之士，世称"龙虎榜"。（《唐摭言》卷十五，《唐语林》卷四）

黄璞《欧阳行周传》谓：欧阳詹字行周，泉州晋江人。贞元八年（792）进士及第后，往游太原，爱上一妓，相约回长安后相迎。后来此女思念成疾，临终前剪下发髻，并作诗一首，嘱妹转致。待到欧阳詹遣人来迎时，方知玉颜已为尘土。欧阳詹见发髻及诗，"一恸而卒"。《全唐诗话》卷二录有太原妓诗曰："自从别后减容光，半是思郎半恨郎，欲识旧来云髻样，为奴开取缕金箱。"又载欧阳詹《初发太原途中寄太原所思》："驱马渐觉远，回头长路尘。高城已不见，况复城中人。去意自未甘，居情谅犹辛。五原东北晋，千里西南秦。一履不出门，一车无停轮。流萍与系匏，早晚期相亲！"欧阳詹之于太原妓，其情不可谓不深，其意不可谓不诚。然而，"相亲"之愿，竟成幻梦。这场才士与名妓之恋，以悲剧结束，双双以身殉情。

李贽孙《欧阳詹文集》序称："精于理，故言多周详；切于情，故叙事重复。宜其司当代文柄，以变风雅。一命而卒，天其绝邪？"他将欧阳詹与韩愈并列，认为都是数百年才出现的杰出人物。韩愈《欧阳生哀辞》也说："贞元三年，余始至京师举进士，闻詹名尤甚。"可见，这是闽地历史上第一位以才学知名天下的人物。他的出现，是科举劝学促进闽地人文的结果。

欧阳詹以后，闽地登进士及第者渐多。其中，懿宗咸通三年（862）登第之王棨，昭宗乾宁二年（895）登第之黄滔，文名颇著。《登科记考》卷二十三咸通三年（862）谓："盖七闽之地，自欧阳詹、王棨为之倡首，相继登上第，遂盛于时云。"可见，在唐后期，闽地文化已摆脱了落后状态。宋以来，闽地成为中国文化先进地区之一。

台湾文教的兴盛，也有赖于科举的促进。1661年，郑成功驱逐荷兰殖民者。在台湾设官府、兴屯田、办学校。1683年，其孙郑克塽在清军进攻下迎降。次年，清设台湾府，下设台湾、凤山、诸罗三县，隶于福建省。康熙二十六年（1687），福建提督张云翼上疏朝廷，请在台湾举行乡试，于福建场另编字号，录取一至二名举人。"礼部覆准：台湾新经归附，文教初开，应将台湾一府三县生员，照甘肃、宁夏之例，另编字号，额外取中举人一名。得旨允行。"（《池北偶谈》卷四）即在原福建录取名额以外，增加一个台湾举人名额。当科福建乡试，第五十一名举人苏峨（台湾凤山县人）成为科举史上第一位台湾举人。从此，台湾文教渐盛。

1884年中法战争以后，台湾在东南沿海地区的战略地位突显。1885年10月，醇亲王奕譞等建言"台湾要区，宜有大员驻扎"。清政府传旨，福建巡抚改为台湾巡抚，原福建巡抚事务由闽浙总督兼理。任命刘铭传为首任台湾巡抚。1887年11月，刘铭传与闽浙总督杨昌濬联名向清廷提出台湾行政区划分方案：台湾省包括三府（台湾、台南、台北）、四厅（埔里社、澎湖、基隆、花莲港）、十一县（台湾、彰化、云林、苗栗、安平、凤山、嘉义、恒春、淡水、新竹、宜兰）。刘铭传治台五年，在建省、布防、整顿吏治、清理财赋、兴建学校、修筑铁路、举办邮政等诸多方面，皆有重要建树。台湾经济及文教进一步发展，人才亦盛。其中之佼佼者，有丘逢甲。

丘逢甲，祖籍嘉应镇安（今广东蕉岭），乾隆年间，曾祖父迁居台湾。同治三年（1864），逢甲生于台湾苗栗县铜锣湾。十四岁应童子试，为全台第一名，有"奇童"之誉。光绪十四年（1888）中举人，次年中进士，年二十六岁。他无意任职朝廷，返台从事教育事业，先后主讲于台中衡文书院、台南罗山书院、嘉义崇文书院。

1894年中日甲午战争爆发。1895年李鸿章与伊藤博文签订《马关条约》，将台湾割让给日本。丘逢甲刺指血书"抗倭守土"四字，投入全台人民保卫台湾的战争。失败后内渡，回广东原籍居住。丘氏居台四世一百多年，视台湾为桑梓之地。逢甲进士及第后决然返台办学，是尽力于家乡的文化事业。他1895年秋离台，赋《离台诗六首》，其一云："宰相有权能割地，孤臣无力可回天。扁舟去作鸱夷子，回首河山意黯然！"第一句，斥李鸿章卖国。第二句，悲自己无力保台。第三句，不甘学范蠡泛舟五湖。第四句，回望故乡河山，不禁意绪黯然。故逢甲离台，而仍心系台湾。1896年春，又赋《春愁》诗云："春愁难遣强看山，往事惊心泪欲潸。四百万人同一哭，去年今日割台湾！""去年今日"者，1895年4月17日《马关条约》签订之日也，时当中历春之三月。故"春愁"者，痛失台湾之愁也。"往事惊心泪欲潸"逢甲为被迫离台之往事而十分伤心，终其一生，一直如此。他为一子改名"念台"，又以所居命名"念台精舍"。他临终遗嘱："葬须向南，吾不忘台湾也！""不忘台湾"，是不忘收复台湾。此非仅逢甲一人之心愿，亦割台之日全台湾"四百万人同一哭"时之心愿，亦赤县神州全体中国人之心愿。

丘逢甲有《柏庄诗草》《岭云海日楼诗钞》传世。其诗抒写爱国怀抱，苍凉雄迈，悲慨淋漓。当时著名诗人黄遵宪在《与梁启超书》中评丘："此君诗真天下健者

也！"柳亚子《论诗六绝句》评丘："时流竞说黄公度
（遵宪），英气终输仓海君（丘晚年改名仓海）。战血台
澎心未死，寒箭残角海东云。"一二句谓丘诗胜黄诗，是
极高评价。三句谓丘恢复台湾之心至死不泯。四句谓丘心
系海峡以东之台湾，其诗如寒箭残角，闻之伤心。此为深
知丘之为人及其诗精神之确评。

五　一代文人有厄
——劝学之风（下）

科举劝学，至宋尤甚。宋太宗太平兴国二年
（977），进士及诸科录取五百人。此后，北宋科举每次录
取额都在五百人以上，最多时达一千人以上，较唐代明显
增加。这就改变了唐时政府官员中非科第人多于科第人的
情况，科举成为主要的做官途径。这样一来，科举的劝学
作用明显加强了。

也是在太平兴国二年（977），宋太宗还对十举至
十五举不第者，并赐进士出身。而在此以前，开宝三年
（970），宋太祖曾对十五举以上不第者一百零六人，并赐
进士出身。这是对于读书人多年苦学的奖励，旨在劝勉读
书人甘心于寒窗之苦。在此两次特恩以后，两宋之世，皇
帝曾多次这样做。

这当然会起到劝学的作用。

宋真宗《劝学》云："富家不用买良田，书中自有千钟粟。安居不用架高堂，书中自有黄金屋。出门莫恨无人随，书中车马多如簇。娶妻莫恨无良媒，书中自有颜如玉。男儿欲遂平生志，五经勤向窗前读。"这是皇帝亲自出面，以财富和美女劝诱读书。而科举考试做官，则是最有力的劝学措施。自唐至宋，数百年科举劝学的结果，读书风气是形成了。

科举制下的读书风气，是因为读书做官才形成的。这固然使士人勤学，但也使士人鄙俗。前面提到过的元载，由寒士而显达以后，即以权势追求财色，贪暴淫虐。又，《旧唐书·段文昌传》载："文昌布素之时，所向不偶。及其达也，扬历显重，出入将相，洎二十年。其服饰玩好、歌童妓女，苟悦于心，无所爱惜，乃至奢侈过度。"还有北宋的宋祁，由科举做官以后，纵情奢侈。他的朋友劝他莫忘当年吃咸菜下饭的艰苦生活。他反问：不知当年寒窗苦读，是为了什么？显然，他当年刻苦，就为了做官享福。宋真宗以千钟粟、黄金屋、颜如玉、车如簇劝学，以之作为读书人的"平生志"，则科举劝学造就的自然大多为庸人和贪人。南宋理宗宝祐四年（1256），文天祥考中状元，试官王应麟上奏说："是卷古谊［义］若龟鉴，忠肝如铁石，臣敢为得人贺。"（《宋史·文天祥传》）文天祥在答卷中，指陈时弊：现在士大夫之家教育子弟，从开始学认字，就教导随俗浮沉和取悦官长。稍大一点，就教记诵经书和学作诗文，以此应考取富贵。父教子，兄教弟，师友间谈论，都只是一个"利"字，能够不追求官禄的，举世没有几个人。故科举劝学，导致了士风的堕落。

士人不知为国为民谋利益读书，只知为个人求富贵读书。不会治国，专会营私。为此不惜贪赃，不惜结党，不惜残民，不惜误国，甚至不惜卖国。北宋末年趋附蔡京的士人，南宋时趋附秦桧、贾似道的士人，都是成千成万。王应麟悲叹：当今大患之一，就是"士大夫无耻"！

科举劝学，不但使士人以富贵为心，而且也严格限制了"学"的内容，即仅仅关心为政之道，从而导致文化不能全面发展，严重妨碍了科技进步。士人单纯为应考而读书，必然知识狭隘、片面，于社会人生、自然科技方面的知识，均甚缺乏。故科举劝学对于中国古代的文化事业，对于古代人才的成长，有着不容低估的消极作用。

科举劝学，乃是以做官为读书的目的。而官场容量有限，使大多数士人读书无用。加以科场舞弊、官场黑暗，以及始终存在非科举入仕的情况，造成学不优而仕，甚至不学而仕。似此，做官何须读书？李商隐《骄儿诗》云：

爷昔好读书，恳苦自著述。

憔悴欲四十，无肉畏蚤虱。

儿慎勿学爷，读书求甲乙。

……

当为万户侯，勿守一经帙。

此与杜牧寄语小侄阿宜之意相反。这是因为义山读书穷愁，而晚唐以军功易致贵显，故言之悲慨。由义山的愤激语可知当学与仕相矛盾时，科举的劝学作用就极为有限了。

《儒林外史》中写到一位老秀才倪霜峰，因为读书不能做官，潦倒不堪。六个儿子，死了一个，卖了四个。最小的一个，也终于过继给别人了。他暮年感叹："我从二十岁上进学，到而今做了三十七年的秀才。就坏在读了这几句死书，拿不得轻，负不得重，一日穷似一日。"倪霜峰的悔恨，既是由于读书不能做官，因而后悔读书，又是由于一心读书，丧失了谋生的能力。故在科举时代，由于读书做官的诱惑，士人的身心都被严重地戕害了。故读书应举做官，造成士人中穷与通两极并在，也造成社会上读书做官与读书无用两极并存。而无论在哪一极，都不存在士人的健全精神，也都不存在文化的健康发展。所谓"万般皆下品，唯有读书高"，乃是假象；实际是"万般皆下品，唯有做官高"。重要的是做官，而绝非读书。

科举制下，文化知识成为进入官场的敲门砖。入门以后，不少人即不再努力。韩愈《上考功崔虞部书》谓："其学其问，以之取名致官而已。"一旦"得一名，获一位"，则或"弃其业而役役于持权者之门"，或"弃其诗书礼乐之旧习，而从事乎簿书期会之新规"，多年所习，束之不顾。此所以仕宦者在文化上之建树往往不及未仕者，而显达者往往不及穷愁者也。科举制本欲将学与仕结合起来，可是，不学而仕与仕而不学现象的大量存在，却使学与仕相分离。而官运与文运往往相反，当然无益于文化事业的发展。

《儒林外史》第一回，写王冕看邸抄所载礼部议定取士之法："三年一科，用五经、四书、八股文。"王冕批评："这个法却定的不好！将来读书人既有此一条荣身之路，把那文行出处都看得轻了。"他断定："一代文人有厄！"这是觉悟者的警语。多少年来，士人总以科举取士为福音；唯有吴敬梓看出这其实是士人的灾难。科举劝学的结果，是士人把"文行出处都看得轻了"。科举不但不能劝学，反而摧残真正的文化；不但不能培养人才，反而把士人引入邪路。

不但如此，科举考试的内容和方法，还严重损害了学风和文风。武则天天授三年（692），薛谦光上疏批评："炀帝嗣兴，又变前法，置进士等科。于是后生之徒，复相仿效，因陋就寡，赴速邀时。缉缀小文，名之策学。不以指实为本，而以虚浮为贵。"（《登科记考》卷三）到唐代宗时，主持贡举的礼部侍郎杨绾，竟上疏请停科举。他认为：科举制下，士人"幼而就学，皆诵当代之诗；长而博文，不越诸家之集"。"六经则未尝开卷，三

史则皆同挂壁。""朝之公卿，以此待士；家之长老，以
此垂训。欲其返淳朴，怀礼让，守忠信，识廉隅，何可得
也！"故科举本欲择贤，实际却走向了择贤的反面，结果
是学风浮虚和文风浮艳。《新唐书·选举志上》指出：
"进士科当唐之晚节，尤为浮薄，世所共患也。"

　　唐代科举重词赋，其弊如此。宋代科举沿袭唐制而略
有变化，故弊端略同。明清科举考试与唐宋有别。明初定
制：考试专以五经、四书命题，四书以朱熹注为准。其文略
仿宋之经义，然代古人语气为之。体用排偶，谓之八股，亦
谓制义。从此直到清末，就都是八股取士。这是以利禄为诱
饵，要求士人牺牲思想自由。如果说，唐宋科举，其弊在
浮；那么，明清科举，其弊在死。这是一种消磨士气、窒息
士心，把士人和文化都引向僵死之路的考试。

　　唐人贾至指出："四人〔民〕之业，士最关于风化。
近代趋仕，靡然向风。"（《旧唐书·杨绾传》）科举是
引导士人学习的指挥棒。科举劝学，主要的后果，是把大
多数士人变成了禄蠹，趋仕成风。《儒林外史》第十三
回，叙写马纯上开导蘧公孙说：

　　　　举业二字，是从古及今人人必要做的。就如孔
　　子生在春秋时候，那时用"言扬行举"做官，故孔
　　子只讲得个"言寡尤，行寡悔，禄在其中"，这便是
　　孔子的举业。讲到战国时，以游说做官，所以孟子

历说齐、梁，这便是孟子的举业。到汉朝用"贤良方正"开科，所以公孙弘、董仲舒举贤良方正，这便是汉人的举业。到唐朝用诗赋取士，他们若讲孔孟的话，就没有官做了，所以唐人都会做几句诗，这便是唐人的举业。到宋朝又好了，都用的是些理学的人做官，所以程、朱就讲理学，这便是宋人的举业。到本朝用文章取士，这是极好的法则。就是夫子在而今，也要念文章，做举业，断不讲那"言寡尤，行寡悔"的话。何也？就日日讲究"言寡尤，行寡悔"，那个给你官做？孔子的道也就不行了。

这是科举制下典型的禄蠹言论。马纯上以禄蠹的眼光，去看几千年历史上的文化人和文化现象，自然只能歪曲历史。但由此也就活画出了禄蠹的浅薄和丑恶，并且也证明所谓"举业"即读书应举做官，是与优秀文化无关的。

既然读书人绝大多数不能入仕，则与寒窗苦读求功名并存的，是弃学厌学日益严重。明清科举，增设功名等级，社会上有进士数千、举人数万、秀才数十万。士人登进士者虽甚少，但能得秀才者却较多，读书似乎比较有用了。这是朝廷加强科举牢笼士心作用的重要举措。弃学、厌学问题是否因而得到缓解呢？顾炎武《亭林文集》卷一《生员论上》指出："合天下之生员，县以三百计，不下五十万人。……然求其成文者，数十人不得一，通经知古今，可为天子用者，数千人不得一也。"之所以如此，顾炎武认为："今之愿为生员者，非必其慕功名也，保身家而已。"因为由秀才而中举不易，由举人而中进士更难，故大多数士人，得为秀才即止。盖秀才名额较多，获得的希望较大，而获得以后，"则免为编氓之役，不受侵于里胥，齿于衣冠，得于礼见官长，而无笞捶之辱"。这也就是所谓的"保身家"。顾炎武估计，得为秀才即不再读书进一步求取功名者，要占秀才总数的十分之七。如《儒林外史》中梅玖那样不读书上进的秀才，《阿Q正传》中未庄赵秀才进学以前燃灯夜读，此后则不再夜读者，神州大地比比皆是。故科举时代社会上读书风气虽盛，但士风及学风则普遍不正。

《聊斋志异·书痴》描写一位书生，先是读书而痴，迂腐可笑。后来不读书而善交际应酬，仕宦以后贪财渔色。这是科举制下士人的两极写照。其为书痴是痴在以为书中果真有财有色。后来则明白仕宦其实不必读书，而官场中才真的有财有色。无论为书痴或为俗吏，面目似乎不同，精神其实一致。《红楼梦》第五回中对联"世事洞明皆学问，人情练达即文章"，就是以善于处世、巧于仕宦为学问文章。故在科举时代，真正勤学因而饱学之士日见其少，钻营趋附、奔走拉关系之士日见其多。科举做官就是这样劝学的！

清代康熙帝曾批评翰林院官员读书立品者不多，甚至有读《资治通鉴》而不能断句者。在清代，翰林院为储才之所，唯进士及第者中的高才方得入选。此事对于科举劝学一千数百年的成绩，做了一个具有讽刺意味的总结。

六　甲科争玉片，诗句拟花枝
——艺文之风（上）

据《唐诗纪事》及《乾馔子》记载：阎济美应进士举落第，将出关时，献座主六韵诗曰：

> 謇谔王臣直，文明雅量全。
> 望炉金自跃，应物镜何偏。
> 南国幽沉尽，东堂礼乐宣。
> 转令游异士，更昔至公年。
> 芳树欢新景，青云泣暮天。
> 唯愁凤池拜，孤贱更谁怜！

（《下第献座主张谓》）

座主读罢，赧然变色，深有遗才之叹，当即应许："所投六韵，必展后效。"大历九年（774），此位座主知东都贡举，阎济美赴洛阳应试。第一场考试杂文，阎济美通过。第二场考试帖经，阎济美请求座主："某早留心章句，不工帖书，必恐不及格。"座主允许以诗代帖经，并出题目《天津桥望洛城残雪诗》。应试诗规矩是五言六韵十二句，阎济美只做成四句："新霁洛城端，千家积雪寒。未收清禁色，偏向上阳残。"座主阅后，称赏再三，于是通过。榜出后，因为阎济美试卷上写错一字，座主特地发下试卷，令重新抄好。像这样特别关照，破格录取，就因为阎济美献座主诗及应试诗写得不错。这是科举史上以艺文取功名的一则佳话。

好尚艺文，不始于唐。魏晋以来，即有以五言佳句获盛名者。至唐，以近三百年承平之世，文艺得到比较前代为优之发展环境。加以唐代科举以进士为最贵，而进士考试又最重诗赋，这自然会刺激士人更加重视词艺。沈既济《词科论》谓：

> 太后颇涉文史，好雕虫之艺。永隆中始以文章选士。及永淳之后，太后君天下二十余年，当时公卿百辟，无不以文章达，因循遐久，浸以成风。故太平君子……征文射策，以取禄位，此行己立身之美者也。父教其子，兄教其弟，无所易业。……五尺童子，耻不言文墨焉。

其后又逐渐盛行举子向考官和显宦名流投献"行卷""温卷"的做法，这也推动了文学创作活动。赵嘏

《送同年郑祥先辈归汉南》云："声名本是文章得，藩阃曾劳笔砚随。"功名所在，即声名所在。此文章所以价高，而艺文之风盛也。

唐世帝王，自太宗始，一般均尚文雅。其中，太宗、武后、玄宗、德宗、文宗、宣宗，尤以爱文能诗著称。武则天游龙门，诏令从臣赋诗。东方虬诗先成，赐以锦袍。及读宋之问诗，不觉叹赏，乃夺锦袍转赐之问。中宗游昆明池，群臣作应制诗百余篇。经上官昭容评议，以宋之问、沈佺期所作最好。然沈诗结句"微臣凋朽质，羞睹豫章才"，词气已竭；至于宋诗结句"不愁明月尽，自有夜珠来"，则豪情健迈，故宋优于沈。（《全唐诗话》卷一）宫廷的风尚影响到社会，朝野无不重诗。玄宗时，宰相张说激赏王湾《次北固山下》诗句"海日生残夜，江春入旧年"，亲笔题写于政事堂壁上，倡为楷式。而唐代文士宴集，往往探题分韵赋诗，佳者声名顿显。唐代宗时，郭暧尚升平公主，宴集赋诗，李端连赋七律二首，皆冠冕众作，因此"终身以荣"。（《唐才子传》卷四）《全唐诗序》谓：唐"用声律取士，聚天下才智英杰之彦，悉从事于六义之学，以为进身之阶，则习之者，固已专且勤矣"。这是一个士人专诗、世人重诗的时代。

元和十三年（818），章孝标应进士举落榜，赋《归燕词辞工部侍郎》献与主考庾承宣，诗曰：

　　旧垒危巢泥已落，今年故向社前归。

　　连云大厦无栖处，更望谁家门户飞？

　　一种彷徨无依的失落感，令人读之凄恻。庾承宣得诗，"展转吟讽，诚恨遗才"。第二年，庾承宣再度知贡举，录取了章孝标。（《云溪友议》）此事在士林广泛传颂，人人皆羡慕章孝标以"二十八字而致大科"，于是学诗之风更盛。

　　不仅献诗得座主佳赏可望得第，而且献诗与当世名人得到好评也可望得第。《唐诗纪事》载：朱庆馀应进士举，向水部郎中张籍呈献诗文。张籍"留二十六章，置之怀袖而推赞之"。其中《闺意献张水部》一篇寓写献诗隐衷：

　　洞房昨夜停红烛，待晓堂前拜舅姑。

　　妆罢低声问夫婿，画眉深浅入时无？

　　朱庆馀明写新娘问装束是否"入时"，暗寓自己诗文是否"入时"，即是否能得座主赏识。张籍不负他的期望，作《酬朱庆馀》，酬诗曰：

　　越女新妆出镜心，自知明艳更沉吟。

　　齐纨未足时人贵，一曲菱歌敌万金，

其时张籍诗名满天下，朱诗得他称赏，时人皆缮录讽咏，诗名遂流于海内。当年朱庆馀登第，张籍赋诗《送朱庆馀及第归越》曰：

> 东南归路远，几日到乡中。
> 有寺山皆遍，无家水不通。
> 湖声莲叶雨，野气稻花风。
> 州县知名久，争邀与客同。

进士科发榜之日，及第人即已举世闻名。故在朱庆馀的故乡，人们早已期待他的荣归。还乡之日，不唯山水田园皆可悦目，而乡人殷殷欢迎之情意，尤足赏心。朱庆馀的幸运，就是世间艺文风尚带给他的。

白居易与元稹书，自谓："十五六，始知有进士，苦节读书"，"以至于口舌成疮，手肘成胝"。登第以后，仍然爱诗。他与元稹"小通则以诗相戒，小穷则以诗相勉，索居则以诗相慰，同处则以诗相娱"。他感慨道："知我者以为诗仙，不知我者以为诗魔。何则？劳心灵，役声气，连朝接夕，不自知其苦，非魔而何？偶同人当美景，或花时宴罢，或月夜酒酣，一咏一吟，不觉老之将至。虽骖鸾鹤、游蓬瀛者之适，无以加于此焉，又非仙而何？"（《旧唐书·白居易传》）实际上，像这样以诗为性命，尽一生精力为诗者，唐世甚多。张祜苦吟时，

"妻孥每唤之皆不应"，说是"吾方口吻生华，岂恤汝辈乎！"（《唐才子传》卷六）同书卷五又载：贾岛为诗，"冥搜之际，前有王公贵人皆不觉"。"每至除夕，必取一岁所作置几上，焚香再拜，酹酒祝曰：'此吾终年苦心也！'"（《唐才子传》卷六）

白居易在与元稹书中，叙及他在从长安到江西长达三四千里的途中，凡乡校、佛寺、旅店行舟之中，处处有题写白诗者。士庶、僧徒、孀妇、少女之口，每每有吟咏白诗者。当他路过汉南时，适逢主人集众娱乐，诸妓见白，皆指而相顾曰："此是《秦中吟》《长恨歌》主耳！"他还听说军使高霞寓欲聘某妓，此妓以能吟诵《长恨歌》，故身价增高。这些，都是唐代社会重诗风气的表现。

李涉夜行遇盗。盗以"久闻诗名"，要求李涉题诗一首。李涉欣然命笔："暮雨潇潇江上村，绿林豪客夜知闻。他时不用逃名姓，世上如今半是君。"此诗末句，不但是感伤乱世民贫，有不得已而为盗者，含同情意；而且尤其感愤官府中人窃国掠民，以强盗之道乱政，含谴责意。以此之故，盗大喜，"因以牛酒厚遗，再拜送之"（《唐才子传》卷五）。

皎然《送陈秀才赴举》诗曰："甲科争玉片，诗句拟花枝。"应进士举的士子们在科场上竞相写出"玉片"般的好诗，这自然会在士林中和社会上煽起重诗和写诗的风尚。可是，观《登科记考》及《文苑英华》所载，应试诗中，称得上"诗句拟花枝"的，实甚寥寥。应试诗限题限韵，已经束缚思想。应试人意欲迎合，急于得到知赏，故立意往往卑下。大历九年（774）试题《清明日赐百僚新火诗》，郑辕诗结句："皇明如照隐，愿及聚萤人。"韩濬诗结句："应怜聚萤者，瞻望独无邻。"（《登科记考》卷十）命意及用典均同，而乞请及第之情令人凄然。大历十四年（779）试题《花发上林苑诗》，周渭诗结句曰："一枝如可冀，不负折芳心。"窦常诗结句曰："宁知幽谷羽，一举欲依林。"独孤授诗结句曰："愿君垂采摘，不使落风沙。"（《登科记考》卷十一）此数首诗角度不同，但乞求及第之情如一。以卑屈之心态，吟告哀之诗章，自难以有佳篇也。

在唐代应试诗中，天宝十载（751）钱起所作《湘灵鼓瑟诗》为最佳之作。《唐才子传》卷四载：钱起"初从计吏至京口客舍，月夜闲步，闻户外有行吟声，哦曰：'曲终人不见，江上数峰青'"。及应试，"即以鬼谣十字为落句"。"鬼谣"自不可信。钱起于京口江边之月夜，忽得即景妙句，恰遇试题巧合，遂成佳制。此由试题与灵感相符，为科场史上之偶然情况。故就一般而论，科场上是断断写不出好诗的。不但科场无好诗，朝中应制之诗、官场应酬之诗，亦极少佳作。前面所说宋之问夺锦之诗，李端赠郭驸马之作，在唐诗中皆非上乘。盖诗贵新意与真情，而此类场合所缺乏的，恰是新意与真情。故才捷者仅能于字句上求工巧而已。

科举制下，多数士人"著书都为稻粱谋"（龚自珍《咏史》）。而在专制制度下，必然是"文格渐卑庸福近"（龚自珍《杂诗，己卯自春徂夏，在京师作，得十有四首》）。故仕宦之意愈切，诗格愈卑；仕宦之途愈顺，诗思愈俗。故科举虽能激扬诗风，而唐诗之卓绝千古，实与科举无关。不但好的诗文不在科场与官场，而且科举取士往往遗才，为世诟病，所谓"文章憎命达"是也。韩愈谈到柳宗元时有谓：

> 子厚斥不久，穷不极，虽有出于人，其文学辞章，必不能自力，以致必传于后如今，无疑也。虽使子厚得所愿，为将相于一时，以彼易此，孰得孰失？必有能辨之者。
>
> （《柳子厚墓志铭》）

韩愈的意思很明白，他认为文章有成就，胜于仕宦致高位。杜牧诗云："谁人得似张公子，千首诗轻万户侯。"（《登池州九峰楼寄张祜》）实则唐代文士中，颇不乏重文轻宦之人；而唐代人心中，亦尊重优秀文士。这才是唐代艺文之风的主流。

《登科记考》卷十八载：李翱女儿见举子卢储文卷，断言："此人必为状头。"李翱遂选卢储为婿。元和十五年（820），卢储果然状元及第。他以能得异姓知己为最大的幸运，新婚之日，赋《催妆》诗云："昔年将去玉京游，第一仙人许状头。今日幸为秦晋会，早教鸾凤下妆楼！"后来，他迎李女到官舍，又赋诗云："芍药斩新栽，当庭数朵开。东风与拘束，留待细君来。""细君"即妻子。他是这样爱她，以至于希望庭中的芍药，待她来时方才盛开。这门婚事无疑是幸福的。李女知人爱才，传为科举史上的佳话。

《聊斋志异·青梅》载：少女青梅，美而慧。邑有张生，家贫，品行端正，孝事父母，笃于学业。青梅认定："欲得良匹，张生其人也！"张生亦以青梅为知己，以为"得人如卿，又何求？"经过两人的共同努力，结成姻好。婚后，青梅承担了全部劳作，让张生一意进取。在青梅的帮助下，张生科举及第，官至侍郎。蒲松龄赞曰："独是青夫人能识英雄于尘埃！"王士祯感叹："天下得一知己，可以不恨。况在闺阃耶！青梅，张之知己也！"这是科举时代士人梦寐以求的事。现实生活中偶然有之，则遇之者莫不视为生平之大幸，而世上人亦无不艳羡叹赏。

李白《示金陵子》诗云：

> 金陵城东谁家子，窃听琴声碧窗里。
> 落花一片天上来，随人直渡西江水。
> 楚歌吴语娇不成，似能未能最有情。

谢公正要东山妓，携手林泉处处行。

此诗所写，为李白晚年的一段风流韵事。761年，李白六十一岁，游于金陵。金陵城东的一个少女（即金陵子）因爱慕李白的才华，前来投奔。李白觉得这是天上飘来的花朵，不禁大喜过望。金陵子以吴声学唱楚歌，似能未能，情态娇俏动人。当李白于762年离开人世之前，金陵子的到来，以爱情为他凄苦的一生奏起了浪漫的一曲。这是唐代崇尚艺文的世风下，才能出现的奇迹。

唐以后，艺文之风不衰。宋世诸帝，皆提倡艺文。士林与官场，亦皆崇尚艺文。《复斋漫录》载：丞相晏殊路过扬州，住大明寺，寺壁多题诗。晏殊闭目徐行，令从人诵壁间诗，不言作者姓名。题壁诗大多平常，故往往诵不终篇而罢。及闻《题扬州九曲池》诗，不禁叹赏。询问作者，乃江都县尉王琪。晏殊遣人招饮王琪，欢饮之后，同步池畔。时值暮春，已有落花。晏殊告诉王琪："我有时得到佳句，或经年不得好句对上。比如'无可奈何花落去'一句，至今不能对上。"王琪应声答曰："何不对以'似曾相识燕归来'？"晏殊大喜，后来推荐王琪入朝，官至枢密直学士。"花落去""燕归来"两句，晏殊分别写进一首诗和一首词中，成为传世名句。

宋世风尚，"妇人女子皆知爱才"（《陔余丛考》卷四十一《苏东坡秦少游才遇》）。有隐士魏野，志节高尚，能诗而貌丑。友人孙仅，为京兆（长安）府尹，爱名妓添苏。孙仅寄诗与魏野，说及此事。魏野和诗谓："见说添苏亚苏小，随轩应是佩珊珊。"孙仅告诉添苏："魏处士诗中，以你比方苏小小，如何？"添苏说："魏处士诗名盛天下，承蒙诗中提及，是苏小小不如我，哪里是以我比方苏小小呢！"孙仅于是赠以魏野和诗。添苏没有见过魏野，从此深怀企慕之思。她请善书法者，书写魏野诗于堂壁，夸示于人。后来，魏野到长安，有好事者带他去添苏家，却不介绍双方姓名。添苏见魏野丑陋，不肯为礼。魏野举头，忽见壁上题诗。添苏说："这是魏处士见誉之作。"魏野不答，乃另题一绝于其侧："谁人把我狂诗句，写向添苏绣户中？闲暇若将红袖拂，还应胜得碧纱笼！"添苏这才知道来客就是魏野，又惊又喜，深致礼遇。（《续湘山野录》）

又惠州女郎温超超，爱苏轼文才，"不肯字人"。绍圣元年（1094），苏轼五十八岁，被贬惠州。超超喜曰："我婿也！"她每日徘徊于苏轼窗外，"听公吟咏"，后来竟因思慕成疾而死去。（《女红余志》）温超超有似金陵子，大约因为苏轼的爱妾朝云随侍在惠州，故超超只能徘徊窗外，终于殉情。二人遭遇不一样，但爱才至于不惜牺牲则相同。又有记载：孙复不是进士，然道德学问为世所高。宰相李迪选他为婿，理由是："吾女不妻先生，不过为一官人妻。先生德高天下，幸婿李氏，荣贵莫大于此。"（《渑水燕谈录》卷二）这就与一般人以是否登第衡量才学不同，是真正以德才为重了。

明清时期，描写才子佳人的戏剧小说十分流行，说明"郎才女貌"的观念已经深入人心。戏剧小说中的才子，通常就是会写诗，而才子借以打动佳人的，也往往是诗，这是艺文之风成为俗尚的表现。《聊斋志异·西湖主》载：书生陈明允偶然窥见龙女西湖公主荡秋千。公主"年可十四五，鬟多敛雾，腰细惊风，玉蕊琼英，未足方喻"。她荡秋千时，"舒皓腕，蹑利屣，轻如飞燕，蹴入云霄"。陈明允见了，不觉"神志飞扬"。因见篱下遗有公主红巾，遂于巾上题诗曰："雅戏何人拟半仙？分明琼女散金莲。广寒队里应相妒，莫信凌波上九天。"公主读诗"三四遍"后，顿生怜才之思，不禁"颠倒终夜"。后来二人得谐连理。又，同书《嘉平公子》载：嘉平公子十七八岁，"风仪秀美"。"二八丽人"温姬"慕公子风流"，"愿奉终身"。一夕，听窗外雨声不止，温姬吟曰："凄风冷雨满江城"，公子竟不能续句。温姬感叹："公子如此一人，何乃不知风雅！使妾清兴消矣！"后来见公子写字，将"花椒"写作"花菽"，"生姜"写作"生江"，"可恨"写作"可浪"，不禁气极，乃提笔批曰："何事'可浪'？'花菽生江'。有婿如此，不如为娼！"她痛苦地对公子说："妾初以公子世家文人，故蒙羞自荐。不图虚有其表！以貌取人，毋乃为天下笑乎！"

于是愤然离去。这个温姬和西湖公主同为爱才的女子。她的不幸，用她自己的话说，就是"以貌取人"。

温姬是不幸的，但她的爱才之心令人感动。实际上，唐宋以来，中国的女性，大抵爱慕才士。《聊斋志异·封三娘》记载：封三娘告诉女友范十一娘，以范之"才色"，"何患无贵介婿……如欲得佳偶，请无以贫富论"。她为范十一娘介绍了一位有才学的穷书生。可见"佳偶"之"佳"，在才学不在富贵。又，同书《素秋》载：女郎素秋，论婚姻不慕侯门，宁依寒士。婚后，不劝丈夫应举求官。她追求的是二人心志与声气之所同。

清代才女林韵徵，四川成都县令林西崖之女，嫁张问陶为妻。张善诗画，曾为林画像写真。画中的林，秀丽而清瘦，形与神皆毕肖真人。林看画十分高兴，不禁写了一首《自题小照呈外》（《赠外》）：

> 爱君笔底有烟霞，自拔金钗付酒家。
> 修到人间才子妇，不辞清瘦似梅花。

"笔底有烟霞"，是说画中人有烟霞气即避俗志，这是妻子以丈夫为知己。"清瘦似梅花"，生活清贫，故形貌清瘦；但志节不俗，故神韵仿佛梅花。"不辞清瘦"者，甘于淡泊也；"似梅花"者，自赏孤高也，她深以"修到人间才子妇"为自己的幸运。张读林诗，喜不自胜，乃依韵和曰：

> 妻梅许我癖烟霞，仿佛孤山处上家。
> 画意诗情两清绝，夜窗同梦笔生花。

因为张与林情趣相同，故张之"画意"与林之"诗情"两皆"清绝"。夫妇二人既然同赏艺文，故夜梦亦必同见笔底生花。张问陶与林韵徵以脱俗之雅趣与艺文之清才相知相赏，是艺文之风下才子佳人婚姻幸福的一个动人事例。这种在艺文之风下形成的婚姻观，其流风余韵，近世犹存。

七 扫眉才子知多少
——艺文之风（下）

科举时代艺文风尚的又一重要表现，是自唐以来以艺文著称的才女较唐以前为多。盖艺文乃女子性情之所近，故不唯爱赏艺文者颇多，而且涉足吟坛者亦不少见。《唐才子传》卷二《李秀兰》论曰："历观唐以雅道（诗文）奖士类，而闺阁英秀，亦能熏染。锦心绣口，惠情兰性，足可尚矣。"《全唐诗》收录唐五代后妃、公主，宫嫔、名媛、女冠诗共十二卷（卷五、卷七、卷九及卷七百九十七至卷八百五十），有一百一十一人。这是唐以前不曾有过的盛况。其中，如徐惠，如宋若华姊妹，如薛涛，皆为世推重。

徐惠，幼聪颖，四岁诵《论语》《毛诗》，八岁能作文章。稍长，遍涉经史。唐太宗闻其才名，纳为才人，不久升婕妤，再升充容。死赠贤妃。太宗晚年，因为治国取得成功，在朝中、国中一片歌颂声中，志得意满，轻用民力，社会不安。贞观二十二年（648）二月，徐上疏直陈："昔秦皇并吞六合，反速危亡之机；晋武奄有三方，翻成覆败之业。岂非矜功恃大，弃德轻邦，图利忘危，肆情纵欲……是知地广非常安之术，人（民）劳乃易乱之源。"她提醒太宗，秦朝亡于首建统一大国之后不久，西晋亡于结束三分割据之后不久，其深刻的教训，就是绝不能矜功自大！绝不能肆情纵欲！绝不能劳民伤财！她建议太宗，留意"千王治乱之踪，百代安危之迹，兴衰祸福之数，得失成败之机"，不骄不躁，慎终如始，"则令名与日月无穷，盛业与乾坤永大"。疏文切直，言当时人所难言，得太宗赞赏。太宗晚年错误未至严重，徐惠及时劝谏，应是一个重要原因。

徐惠能作诗，《全唐诗》收录了五首。其中，《赋得北方有佳人》及《进太宗》二首，写女子情韵婉媚传神。

宋若华姊妹五人：若华、若昭、若伦、若宪、若荀，皆秀慧。其父庭芬，先教五女学经，既而教学诗赋，皆以擅诗文著称。五女中，若华、若昭为文淡丽，性情幽雅，不尚华饰。二人请于父母，誓不嫁人，愿以学问扬名显荣。

贞元四年（788），昭义节度使李抱真表荐若华姊妹。德宗俱召入宫，试以诗赋，兼问经史，深加赏叹。德宗能诗，与侍臣唱和，亦令若华姊妹应制。每进献所作，无不称善。德宗以其风操不俗，尊称为"学士先生"。自贞元七年（791）以后，迄宪宗元和年间（806—820），宫中记注簿籍，皆由若华负责。元和末，若华死，赠河内郡君。穆宗即位以后，令若昭代司其职，拜尚宫。自宪宗以来，历宪、穆、敬三帝，皆呼若昭为先生。后宫妃嫔、诸王、公主、驸马，皆以师礼事之。若昭死，敬宗令若宪接任其职。文宗立，对若宪尤为尊重。宋氏五姊妹，除若伦、若荀早死，若华、若昭、若宪三人，历德、顺、宪、穆、敬、文六帝，相继为女学士，掌宫中文籍。有唐一代，女子以文学受到帝王尊礼，前期有上官婉儿，后期有宋若华姊妹。

《全唐诗》收录若华、若昭、若宪诗各一首。

中唐诗人王建《寄蜀中薛涛校书》诗曰："万里桥边女校书，枇杷花里闭门居。扫眉才子知多少，管领春风总不如。"王建称赞薛涛为唐世许多"扫眉才子"即女才子中的第一人。薛涛，字洪度，长安人，幼时随父薛郧入蜀。父死后，沦为乐妓。以才貌皆美，名动一时。曾与韦皋等十一镇节度使及著名文士元稹等交往唱酬。韦皋镇蜀时，曾欲奏请朝廷授予校书郎之职，故有"女校书"之称（一说武元衡自蜀入朝为相后奏授此职。一说并无奏授之事，乃当时人之雅谑）。世间呼妓为"校书"，自薛涛始。她曾居成都浣花溪，晚年迁居碧鸡坊，着女道士服。工为小诗，以成都笔纸幅大，乃创制深红色小彩笺，世称薛涛笺。《唐才子传》评她的诗："词意不苟，情尽笔墨。"张为《诗人主客图》中，入选的女诗人仅薛涛一人。《全唐诗》录存其诗88首。《春望词四首》曰：

> 花开不同赏，花落不同悲。欲问相思处，花开花落时。
> 揽草结同心，将以遗知音。春愁正断绝，春鸟复哀吟。
> 风花日将老，佳期犹渺渺。不结同心人，空结同心草。
> 那堪花满枝，翻作两相思。玉箸垂朝镜，春风知不知？

此薛涛当春之日，对春之景抒写感伤之作。一首，以"花开不同赏，花落不同悲"为恨，是悲所思不能与己同命运也。二首，谓欲结同心草以赠知音而不能也。其所以不能，是所思未必知己，未必与己同心也。三首，谓华年将逝而同心之愿渺茫无期，是"空结同心草"也。四首，"那堪花满枝，翻作两相思"，谓对此花开满枝，因不能同赏而两相思也。然观三四句："玉箸垂朝镜"，谓晨妆对镜不禁流泪也。"春风知不知"，此时对镜垂泪，所思知否？李白《春思》诗："春风不相识，何事入罗帏？"
以"春风"喻指异性。此处谓所思不知也。故"两相思"
者，诗心所希冀也。果能两相思，则诗心犹有安慰，盖两
人犹是同心也。今则仅一己相思而已，此诗心所以最苦
也，盖所思非能与己同心也。李白《白头吟》："两草
犹一心，人心不如草！"薛涛以惊才绝艳倾动一世，所结
交之才士虽多，却无一人与之同心者。此薛涛命运之可悲
也。今读唐人集中有关薛涛篇什，虽不乏爱赏之意，却不
见有同情其命运之作，真是"人心不如草"也。

又，薛涛《秋泉》诗曰："冷色初澄一带烟，幽声遥
泻十丝弦。长来枕上牵情思，不使愁人半夜眠。"一二句
从秋泉的色与声着笔。"冷色"与"幽声"，渲染出一种
凄清的氛围。"遥泻十丝弦"，不但是说泉声如弦声，而
且是说这"幽声"其实是从诗人的琴心里流泻出来的。黄
周星《唐诗快》谓："愁人心中有秋泉耳，与耳畔嘈切何
关？"诗人以愁心观秋泉，泉水虽澄，却带烟而寒，显出
了迷蒙和清冷；泉声虽美，却幽咽如泣，传出了不尽的哀
伤。故此诗乃薛涛自伤之作，幽怨而蕴藉，深悲而婉曲。
当日"枇杷花下闭门居"的女诗人的情怀，与之唱酬的男
诗人们其实是不了解的。

不过，薛涛的过人之处，尤在于有节概与有识见。
《酬人雨后玩竹》曰："南天春雨时，那鉴雪霜姿？众类
亦云茂，虚心宁自持。多留晋贤醉，早伴舜妃悲。晚岁君

能赏，苍苍劲节奇！"当春日雨后赏竹之时，薛涛却以竹之美不在"众类亦云茂"之春时，而在冬日众类零落时之雪霜姿。能赏竹之雪霜姿，那是晋贤如王献之才能有的雅兴。而当舜妃悲悼舜时，亦唯对竹之雪霜姿而能得慰藉与支持。即便在"众类亦云茂"之春日，竹亦以虚心自持之美而有别于"众类"。君能赏岁暮时候雪霜中之竹吗？那可是"苍苍劲节"之奇美啊！这是薛涛自寓雅意与幽情之作。又，《谒巫山庙》曰："乱猿啼处访高唐，路入烟霞草木香。山色未能忘宋玉，水声犹是哭襄王。朝朝夜夜阳台下，为雨为云楚国亡。惆怅庙前多少柳，春来空斗画眉长。"这是薛涛吊古之作。其佳处在吊古而能鉴古。"朝朝夜夜阳台下，为雨为云楚国亡。"当楚王寻欢作乐时，何曾想到亡国？然而楚之亡，就亡在"为雨为云"之欢娱中！后世谒巫山庙者，能不深思吗？能不警惕吗？又，《筹边楼》曰："平临云鸟八窗秋，壮压西川四十州。诸将莫贪羌族马，最高层处见边头。"一二句写筹边楼之高峻，见出剑南为国重镇，关系西南地区安全。三句讽劝驻防将士，守边当以安边为务。四句为一篇警策，意在婉讽驻成都之节帅能严驭"诸将莫贪羌族马"。此等识见，不唯唐世女诗人中为仅见，就是唐世男诗人中亦不多见。故薛涛虽沦落风尘，却有高出凡俗之清节与卓见。《全唐诗》所收录唐五代女诗人之作，著名者如李冶、鱼玄机、花蕊夫人等，皆无薛涛诗之清逸与峭拔。此薛涛之所以为唐五代女诗人中第一人也。

薛涛一生，所结交之官僚士大夫甚多，而与其命运及情感关系最大者，为韦皋与元稹。薛涛幼年丧父，家境穷困。及笄之年，见赏于韦皋。以韦皋之高位重权，实不难对薛涛人生做出较好的安排，然而竟以其加入乐籍，从此"流落歌舞"（《唐才子传》卷二《李秀兰》）。韦皋此举，乃欲以薛涛陪侍宴游。在唐世官僚士大夫中，此为常见之事。但在薛涛，一生之大不幸，即由此开始。虽然韦皋后来为其脱乐籍，但薛涛之迎来送往生涯却并不能改变。

薛涛恋慕元稹才华，元稹亦赏爱薛涛才貌，其《寄赠薛涛》诗曰："锦江滑腻蛾眉秀，幻出文君与薛涛。言语巧偷鹦鹉舌，文章分得凤凰毛。纷纷辞客多停笔，个个公卿欲梦刀。别后相思隔烟水，菖蒲花发五云高。"唐人吟咏薛涛之美，此诗与王建"万里桥边女校书"最为著名。故元稹并非不爱薛涛，别后亦非不思薛涛，然而竟忍于负情者，不以薛涛之命运为意也。他当初爱崔氏女却遗弃崔氏女，也是如此。故才子元稹，实一无操守之薄幸人也。

薛涛曾赋《十离诗》，或以为写给韦皋，或以为写给元稹。不管是写给谁，读来只觉十分凄伤。薛涛处境之卑屈与心境之悲苦，令人痛惜。薛涛中年以后闭门深居，应是因为她对于与之交往的官僚士大夫完全失望吧！她终于从"揽草结同心"的好梦中清醒过来。

可叹的是，古今都有不少人以薛涛同官僚士大夫交往为风流韵事，不知薛涛乃豪华场中之一伤心女子。这是对薛涛命运的最大误解。

唐以后，两宋明清，科举大发展，文学才女亦较唐倍增。《红楼梦》中大观园闺秀吟咏，就反映了其时闺阁中的艺文风尚。自宋至清，最特出之才女，有李清照与陈端生。

李清照生于北宋末南宋初，曾经有过幸福的少女时代和美好的婚姻生活。金人入侵，夫妇南奔。不久，其夫赵明诚在赴湖州知州任的途中，病逝于建康。此后，清照漂泊于杭州、越州、台州、金华一带。晚境凄凉，在困顿中死去。清照诗词文章书画皆好。明张丑《清河书画舫》记载："易安（清照号易安居士）词稿一纸……笔势清真可爱。"又引述《画系》曰："周文矩画《苏若兰话别会合图卷》，后有李易安小楷《织锦迴文》诗。并则天《璇玑图记》，书画皆精。"清照书画，明代犹存，入清全佚。然清人所编《玉台书史》及《玉台画史》，均著清照姓名。清照散文《金石录后序》，叙国事、家事及身世，皆委曲详尽，而飘零之苦、离合之情，以及国运民生之可伤，时势之可叹，均淋漓尽致，向称名文。骈文《打马赋》，铺写闺中"打马"游戏，描摹真切生动，文笔流转曲折。其间议论，如："或衔枚缓进，已逾关塞之艰；或贾勇争先，莫悟阱堑之坠。皆因不知止足，自贻尤悔。"于游戏之胜负中，寓含人生哲理。又如："今日岂无元子，明时不乏安石。"字面上是希望能有人如谢安之抗御胡兵，如桓温（元子）之挥师北进，实则是失望于南渡君臣之甘于偏安一隅。结末谓："满眼骅骝杂骡骃，时危安得真致此？木兰横戈好女子，老矣谁能志千里，但愿相将过淮水！"寄寓恢复中原之意。《古今女史》卷一谓："文人三昧，虽游戏亦具大神通。""大神通"者，能借小题目发大议论也。清照能如此，是清照念念不忘统一大业也。

清照存诗不多，皆为寄托天下情怀之作。《上枢密韩公、工部尚书胡公》是一首长篇五七言古体诗。据清照所作《序》，绍兴三年（1133）五月，宋高宗以签书枢密院事、吏部侍郎韩肖胄为通问使，试工部尚书胡松年为副使，往金国议和。清照"见此大号令"，因"不能忘言"而作。全诗八十句，共四百六十八字，先叙高宗为遣使而选贤臣，次写朝臣荐贤，又次写使臣受命，又次写出使场面，最后陈述作者"区区之意"。叙次井然，文字典雅，议论恳切，抒怀坦诚。诗中批评高宗不惜卖国乞和："土地非所惜，玉帛如尘泥"，"币厚辞益卑"。希望使臣此去能够振扬国威："径持紫泥诏，直入黄龙城。单于定稽颡，侍子当来迎。"提醒使臣不可大意，谨防不测："夷虏从来性虎狼，不虞预备庸何伤！"终篇自谓："愿将血泪寄山河，去洒东山一抔土！"眷眷故园之情，苍凉悲慨，却毫不衰飒。其时清照五十岁，自建炎三年（1129）以来，五年中，经历国破家亡及夫死之劫难，备尝颠沛流离之苦辛，又正值"贫病"之中，非有忧天下国家之热烈情怀，不能有如此开合动荡之作品。

清照《乌江》诗曰："生当作人杰，死亦为鬼雄。至今思项羽，不肯过江东！"赞项羽宁死不过江东，是责高宗君臣不战而弃中原南逃江东。是借古讽今，亦是怀古伤今。盖高宗君臣之苟且当讽，而国运及民生可伤也。称项羽"为人杰""为鬼雄"，即是鞭笞高宗君臣之庸懦与无耻。"至今思项羽"，是清照与天下人不满高宗君臣也。慷慨淋漓中，含蓄有深味。反复吟咏，亦快意，亦悲恨，亦低回。

清照又有两联失题诗句。一是："南渡衣冠少王导，北来消息欠刘琨。"二是："南来尚怯吴江冷，北狩应悲易水寒。"王导在西晋亡后，辅佐元帝安定江东抗御胡羯南下。刘琨在西晋亡后，坚守并州（治今山西太原）抵抗刘聪、石勒，并上表劝元帝即位以维系天下人心。说"少王导""欠刘琨"，是失望于当日南渡文武之只图苟安，是叹，亦是恨。"南来尚怯"句是说从中原南逃君臣不当偏安江南。"北狩应悲"句是说高宗君臣当念被金人俘虏北去之徽、钦二帝处境可悲。说"应悲"，是责高宗君臣不悲。高宗不悲，是不孝；群臣不悲，是不忠。这在特别重视人伦的古代中国，是极严厉的谴责。

清照写得最多、最好的是词，可惜亡佚甚多。今存辑本《漱玉词》，存词约五十首。前期词作，写景清丽而明媚，写情婉转而热烈。自然风光之美，女性天真形象之美及感情蕴藉深婉之美，皆生动而真切地得到了表现。这是一个享受着爱之幸福的女子，以其多情善感的心，感物抒怀。故虽伤春，但哀愁是轻浅的；虽伤别，但情致是妩媚的。在古来无数爱情词中，清照以此独具一格，婉约中显出明朗，见得活泼。这是秦观、晏几道、姜白石都没有的一种风格。《如梦令》曰：

　　昨夜雨疏风骤，浓睡不消残酒。试问卷帘人，却道海棠依旧。知否，知否？应是绿肥红瘦。

　　此词所写，为暮春景观。因有"绿肥红瘦"四字，历来为人激赏，亦历来被解作伤春之词。然观历来伤春之语，如"落红成阵"，如"风飘万点"，如"红消香断"，皆着眼于花之零落。至若"红瘦"，则虽可怜，然亦风致楚楚。再者，伤春所强调的是花的萎谢，渲染的是凄清景象。清照"绿肥红瘦"之句，与此显然异趣。不但"绿肥"饶有蓬蓬勃勃的气象，而且在那茂密的绿叶中间，点缀着不多的红花，较之繁花满枝，不是别具一种婉媚的风致吗？清照此词的好处，主要就在于发现了，并且成功地写出了暮春景致的可爱之处。这在古代诗词中，实属罕见。

　　词的首句，"昨夜雨疏风骤"，是说今晨醒来，忆及昨夜风雨。次句，"浓睡不消残酒"，说明昨夜酣饮沉睡，故今晨酒意尚存。这两句叙事，语气甚为平静。三四句顿起波澜："试问卷帘人，却道海棠依旧。"第三句是词人发问，第四句是侍女回答。由侍女的答语，可知词人是问：经过一夜风雨，海棠怎样了？当"浓睡不消残酒"之时，即发此问，关切之情甚笃。然则，词人是为春去花残担心吗？五六句："知否，知否？应是绿肥红瘦。"这是紧承第四句侍女之答，纠正侍女之误。"海棠依旧"，语气平淡，与词人的关切形成对照。唯其不甚关切，故观察不细。词人虽尚未观察，却以敏感的心、细腻的情，宛然如见"绿肥红瘦"之在目前。"应是"二字，是明确肯定的推断语。由五六句反观第三句，词人之问，非忧春之将尽，而是欲知风雨过后暮春清晓的海棠景观。这是红渐稀少而绿正加浓的景观，是有别于阳春天气繁红满树的另一种动人的景观，是表现出春渐去而夏将来的物候转换的景观，是显现为花虽少而叶加多的生命运行的景观。不是凄清，而是茂盛；不是萎谢，而是蓬勃；不是凋零，而是成长；不是美的消逝，而是美的变化与美的多姿。这种"绿肥红瘦"的景观，虽是年年皆有，并且人人皆见，却只有清照写出了它特别的美丽，传达了它所蕴含的生命运动的哲理。这是因为清照具有锐敏而细腻的慧心，具有活泼而天真的性情，又正值青春女子品味幸福人生的多彩华年，这才能惜春却不伤春，才能于"红瘦"与"绿肥"的配合中，发现其特美，并由此悟到造化生生不息的奥秘。

此词的又一好处，是篇幅甚短而曲折甚多。全词六句三十三字，每两句为一层次，生一转折。第三句于一二句，接得突兀，然细味语意，似断而实续，盖因风雨催春故发此问也。五六句于第四句，转得自然，而丰美之新境全出。统观全词，风雨之来，不是制造出一片凄凉境，而是催生出一派茂盛景。故此风雨，非一般伤春诗词中之无情风雨，而是助成生命运动之造化信息。"绿肥红瘦"，这是清照情兴飞扬时慧心独得的绝妙好语。这是一首充盈着秀气与灵气的小词。

清照后期的词，因国破家亡及夫死之痛，漂泊零落之苦，发而为深悲沉哀，于凄惨的个人境遇及孤寂愁苦情怀中，见出时代的影子，折射出国家民族的命运。《永遇乐》曰：

> 落日镕金，暮云合璧，人在何处？染柳烟浓，吹梅笛怨，春意知几许？元宵佳节，融和天气，次第岂无风雨？来相召，香车宝马，谢他酒朋诗侣。
>
> 中州盛日，闺门多暇，记得偏重三五。铺翠冠儿，捻金雪柳，簇带争济楚。如今憔悴，风鬟霜鬓，怕见夜间出去。不如向，帘儿底下，听人笑语。

"落日镕金，暮云合璧"，南宋临安元宵节黄昏时天上景观如此之美。"人在何处？"对此美景，却有托身无所之感，盖临安非汴京也。"染柳烟浓"，是春色。"吹梅笛怨"，是寒意。"春意知几许？"却不觉有春意。非天地间无春意也，是词人心中无春意也。"元宵佳节，融和天气"，当此佳节，天气亦佳。"次第岂无风雨？"此刻固然好天气，但接着岂无风雨？面对"融和天气"，却感到好景可能不久，风雨可能会来。此乃词人心中有风雨也。以上三个问句，是词人当元宵节之良辰，对美景而生悲感。"来相召，香车宝马，谢他酒朋诗侣"，因为太过悲伤，故婉谢女伴游赏之邀约。

但词人过去并非如此。下片开篇就写词人曾经有过的元宵节游赏之乐。"中州盛日，闺门多暇，记得偏重三五。"这是说北宋承平时期，汴京女子最重元宵。"铺翠冠儿，捻金雪柳，簇带争济楚。"当此之时，女子们莫不精心装扮。这是一个风光美丽人物更美丽的夜晚。而在"簇带争济楚"的许多美女中，就有词人自己。这与上片所写"谢他酒朋诗侣"的词人，真是判若两人。何以反差如此之大？"如今憔悴，风鬟霜鬓，怕见夜间出去。"词人之悲，不但因为"人在何处"之漂泊处境，而且还因为已然衰老憔悴。这是女性的特别的悲哀。对于一生爱美的词人，这是最难面对的悲哀。她因此谢绝了女伴们的邀约。但又不能忘情于元宵节游赏之乐，于是才有："不如向，帘儿底下，听人笑语。"这是词人聊以遣愁之举。词人只能如此。因为，词人不能在悲痛中不自振拔。

可是，"听人笑语"，能够遣愁吗？词人没有说。其实，词人又何须说。"谢他酒朋诗侣"，是词人不堪面对繁华。"听人笑语"，又怎么能够排解悲伤？故"听人笑语"，结果仍只能是自伤而已！

一百多年后，遭遇南宋亡国惨祸的词人刘辰翁说："余自乙亥上元诵李易安《永遇乐》，为之涕下。今三年矣，每闻此词，辄不自堪。"（《须溪集》卷二）乙亥是1275年，三年以后，即1278年以后。1275年，元军大举南下。1276年正月，元军进占临安，宋恭帝降。1279年2月，宋军崖山战败，宋幼帝赵昺投海死，南宋灭亡。刘辰翁当南宋灭亡在即的己亥年元宵，诵清照此词，"为之涕下"。南宋亡后，刘辰翁"每闻此词，辄不自堪"。显然，刘辰翁读出了清照词中的亡国之恨。清照国破家亡夫死之恨，根本是亡国之恨。清照抒写北宋亡国之恨。刘辰翁因为南宋亡国之恨，而与清照发生共鸣。刘辰翁可谓清照此词的知音。故清照此词，乃以抒写今昔之感及身世之痛，寄寓北宋亡国之深悲沉恨。

清照词艺术成就极高。《声声慢》之"梧桐更兼细雨，到黄昏，点点滴滴"，是写清冷的景，更是写孤寂的愁。那点点滴滴的冷雨，其实都滴在了词人的心头。不堪之情，读之黯然。开篇"寻寻觅觅，冷冷清清，凄凄惨惨戚戚"，情与事皆臻凄绝。而连用十四叠字，在当时为未曾有过之句式。茅暎《词的》卷四评："连用十四叠字，后又用四叠字（点点滴滴），情景婉绝，真是绝唱。后人效颦，便觉不妥。"不过，清照当日，只是将真情真景真事，如实写出。正因为是写自然之情之景之事，所以自然凄绝，自成佳句。其所以"真是绝唱"者，"后人效颦"不能自然也。又，清照《醉花阴》之"帘卷西风，人比黄花瘦"，是写人的形容，亦是写人的相思。历来皆以花喻人之美，清照却喻人之瘦。此为创格，曲尽相思之苦。而"东篱把酒黄昏后，有暗香盈袖"，又见出词人之风韵，何等雅致！何等娟媚！杨慎《词品》卷二评清照："宋人中填词，李易安亦称冠绝。使在衣冠，当与秦七（少游）、黄九（庭坚）争雄。不独雄于闺阁也。"又，陈士业《寒夜录》评清照："古文、诗歌、小词，并擅胜场，虽秦、黄辈犹难之。称古今才妇第一，不虚也！"

清代才女陈端生，为长篇弹词小说《再生缘》作者。杭州人，生于1751年。祖父陈兆仑，乾隆朝以文章知名。外祖汪上堉，曾在云南做知府。端生能诗，著有《绘影阁集》，已佚。二十三岁出嫁。其夫范菼，在乾隆四十五年（1780）顺天乡试科场舞弊案中受到牵累，谪戍伊犁。嘉庆元年（1796）大赦，始得返家。然端生因多年忧劳过度，不久死去。

端生写《再生缘》，始于1768年9月，时年十六岁。当时端生随祖父住在北京外廊营。到次年四月，仅半年余，即成一至八卷。1769年8月至1770年3月，端生随父亲住在山东登州官舍，写成九至十六卷。不久母死，端生辍笔。接着祖父死，接着出嫁，接着生儿育女，接着丈夫远谪，一连串变故，使端生无暇、亦无心续写。十多年以后，1784年，才又续写，到年底，终于写成第十七卷。此后直到端生病逝，十一年间（1785—1796），作者竟不再续写。第十八至二十卷，系道光初年梁德绳所续。《再生缘》又名《华丽缘》《孟丽君》，共二十卷八十回。前十七卷六十八回为陈端生作。写孟丽君与皇甫少华的婚姻横遭破坏，皇甫一家受迫害。孟乃女扮男装，离家出走，由科举中状元，一直做到宰相，辅佐国政。她帮助其夫重振家业，封拜王爵。她与其父、其夫同朝为官，却不肯相认。梁德绳续书，写她终于恢复女儿面目，与其夫完姻。在陈端生笔下，孟丽君不但才华超过所有男子，而且写了其夫及其公公向丽君跪拜，写了丽君在朝廷上批评父亲，写了丽君公然违抗御旨，不肯代为脱袍。当时社会的三纲，在丽君眼里，是没有地位的。续书作者梁德绳批评丽君"竟将那劬劳天性一时捐"，"辱父欺君太觉偏"！续书将丽君重新置于君权、父权、夫权之下。前十七卷中具有独立自由精神的盖世才女，在续书中变为合于闺范要求的才貌双全的佳人。显然，陈端生不写丽君认父和认夫，是因为丽君不可能以女儿面目维护她已经取得的与男子平等的地位。作者心中，积郁着不平之气，她以孟丽君这个形象，向男尊女卑的传统观念挑战。所以《再生缘》一书，乃是18世纪中叶，不羁的才女陈端生写出的高扬女权意识的才华横溢之作。

《再生缘》在艺术上造诣很高，全书规模宏大，情节复杂曲折，结构精严。本书虽是弹词体裁，属于通俗文学，但文字优美、音词和谐、辞采华茂、抑扬有致，实为一部七言排律诗体小说。以排律诗句写作数十万言的长篇故事，叙事、抒情、描写、议论，皆灵动自然。特别是各个人物的口吻，皆合于各自的身份，酷肖各自的性情。以诗歌语言表现如此丰富多彩的内容，结撰成如此精严宏大的巨构，而又具如此卓异之识见，诚为中国古代文学史上别开生面之作。

唐代女诗人鱼玄机《游崇真观南楼睹新进士题名处》诗曰：

> 云峰满目放春晴，历历银钩指下生。
> 自恨罗衣掩诗句，举头空羡榜中名。

鱼玄机在一个雨后初晴的春日，于崇真观南楼看见新科进士题名处，想到自己虽有满腹诗才，却因身非男子，不能应举登进士第，感怆中，写下这首自伤的诗。辛文房《唐才子传》说："观其意激切，使为一男子，必有用之才。"实则巾帼中历来不乏可与才子比美之才女。鱼玄机首发抑塞不平之鸣。陈端生虚构孟丽君以才女改扮男装，在考场中压倒所有才子，一举夺魁。又在朝廷中以施政能力压倒所有男性官僚，升居相位。她改变自己命运和夫家命运，在君、父、夫面前即男权面前，为数千年屈抑之女性扬眉吐气。这是科举制促成的艺文风尚下，闺阁中的奇情幻思。才女们之志、之情、之委屈，可赞、可叹，亦可伤。

《红楼梦》中，林黛玉《咏菊》诗云："毫端蕴秀临霜写，口角噙香对月吟。"艺文风尚下，才女们含英咀华，为中华文学苑圃增添了多少生色真香！

八　九衢冠盖暗争路
——奔竞之风

科举制下，士人大多为仕而学，仕重于学。士人求禄的主观愿望与科举录取名额甚少和官场容量有限的客观现实，使许多士人学而不仕。而科场及官场弊端的存在，则甚至使学而优者亦不能入仕。于是，奔走权门，干谒请托之风盛行。以致世俗口碑，谓应举为"觅举"，谓造请权要为"关节"，谓激扬声价即互相吹捧为"往还"。（《唐摭言》卷一）

武则天天授三年（692），薛谦光上疏批评士人奔走权门之弊："或明制才出，试遣搜扬，驰驱府寺之门，出入王公之第。上启陈诗，唯希咳唾之泽；摩顶至足，冀荷提携之恩。"（《登科记考》卷三）天册万岁二年

（696），武则天在策问中批评当时士风云："露才扬己，干时求进。宁知媒炫之丑，不顾廉耻之规。"（《登科记考》卷四）《因话录》卷四载：唐德宗时，朝廷搜访怀才抱器不求闻达者。有人于昭应县逢一书生，奔驰入京。问求何事，答云："将应不求闻达科。"不求闻达为举荐隐士之科，非可自求应举者。此事有近于笑话。奔竞之风下，竟至有如此不可思议之事发生，说明科举做官确乎疯魔了不少读书人。诚如关播所说：求官者皆干进之士，故朝廷难得"有道贤人"。（《资治通鉴》卷二百二十六）

中和五年（885），黄滔应举，他在《翰林薛舍人启》中诉说："某折角有年"，"羽毛零落"，近者"许垂援手"，使"一身免没于风尘"；"下国儿孙"，"百世宁敢忘于厮隶"！（《登科记考》卷二十三）这是一篇满纸卑辞、哀哀欲泣之书启。但当年黄滔并未及第。由于请托之人太多，所以走后门的效果大多不佳。不但常有受到冷遇的情况，而且有时甚至吃闭门羹。朱湾三次求见湖州崔使君，皆被拒之门外。他在《别湖州崔使君书》中悲叹："贵人之门，无媒而通不可到"；"贵人之颜，无因而前不可识"。"信知庭之与堂，不啻千里！"他到了囊中金尽之时，只好"引分而退"。（《唐摭言》卷十一）

但也有效仿战国时纵横家的手段，以陈诉利害的方式，企图得到援引的。袁参在《上中书姚令公元崇书》中，就采取为姚元崇（即姚崇）打算的方式，说明自己虽有求于姚，却有益于姚的道理。他声称：若姚"常怀相印"，他将到处称颂功德，"使天下之人，不能议君"。若姚遭到"不测之祸"，他将"伏死一剑，以白君冤"。若姚遭谤罢逐，他将"抗议犯颜，解于阙庭"。若朝中有人利用机会暗害姚崇，他将"以直辞先挫其口，不尔，则更以眦血次污其衣"。若姚百年之后，子孙饥寒，他将解衣推食，终身奉养。他说自己"黄金尽，乌裘弊，唇齿落，不得成名"，故"以五利求市于君"，即以上述五种好处换取姚崇施恩于他。他向姚崇呼吁："有利则合，岂宜失时！"（《唐摭言》卷十二）袁参的信，以效犬马之劳为报，求人援引。在豪壮的言辞下面，是与黄滔一类人同样卑屈的心，同样鄙俗的情，却又多了黄滔一类人所没有的豪仆气。他这样热衷于以利求合，谁能保证他在利尽之时，还能报效呢？

奔竞之风导致浮夸之风。士人急于求售，故津津自夸；竞于媚上，故谀词逢迎。试一翻阅唐人文集，凡有求知赏援引之书信，大多不免自夸与媚上之羞，读来令人齿冷。即使杰出之士，亦未能免俗。李白在《与韩荆州书》中，称赞荆州刺史韩朝宗"制作侔神明，德行动天地，笔参造化，学究天人"。实则韩在政事和文化上均无建树，十足一个庸吏罢了。韩愈在《与于襄阳书》中，称赞山南东道节度使于頔"抱不世之才，特立而独行，道方而事实。卷舒不随乎时，文武唯其所用"。实则于頔"公然聚敛，恣意虐杀，专以凌上威下为务"（《旧唐书·于頔传》）。这就不只是溢美，而是颠倒黑白了。

士人觍颜求进，却不免多遭冷遇，岂不痛苦？岂不知耻知愧？杜甫《奉赠韦左丞丈二十二韵》，描写他在长安的屈辱生活：

> 骑驴十三载，旅食京华春。
> 朝扣富儿门，暮随肥马尘。
> 残杯与冷炙，到处潜悲辛。

他内心如此伤痛，以致不禁愤激高吟："白鸥没浩荡，万里谁能驯！"宣称自己决意洁身远引。但他到底没有走隐逸的路，这是因为他怀有一颗志士仁人忠君爱民的赤心，立志要"致君尧舜上，再使风俗淳"。

一般的庸俗文士和杜甫不同，他们是些"但自求其穴"的蝼蚁之辈。这些人"处污秽而不羞"（韩愈《送李愿归盘谷序》），钻营一生，不死不止。比如宋之问，他在高宗上元二年（675）进士及第。武则天时，他谄附佞臣张易之兄弟；中宗时，投靠武三思；睿宗时，媚附太平公主。三易其主，都是腐朽势力。所作所为，大半帮闲，小半帮凶。他一生求进不已，以丽辞华藻，逢迎取宠，直到赐死于贬所，这才结束了丑恶的活动。

宇文翽不学无术，却热衷功名，他有一个美丽的女儿。众多才子求婚，都被拒绝。当时窦璠年过六十，方谋续弦。其兄官居谏议，能助人登第。宇文翃遂嫁女与窦璠，于是榜上有名。（《登科记考》卷二十七《附考·进士科》）

与宇文翃卖女求科第不同，邓敞以联姻权门及第。牛僧孺的儿子牛蔚兄弟告诉邓敞："吾有女弟未出门，子能婚乎？当为君展力，宁靳一第乎？"邓敞虽然已有妻室，但为了求得一第，也就答应下来。当年他果然登科，随即就婚于牛氏。（《登科记考》卷二十二）

唐后期，由于皇权削弱，奔竞者竟至于不惜投靠宦官和藩镇。文宗开成二年（837），高锴知贡举。裴思谦走宦官仇士良门路，欲取状元及第，遭高锴拒绝。次年，高锴又知贡举。裴思谦直入贡院，面见高锴呈上仇士良书信。仇士良在信中要求高锴录取裴思谦为第一名。高锴表示：状元以下，皆可满足愿望。裴思谦以仇士良的话压人，声言非状元不能接受。高锴不得已，让裴占了状头。（《唐摭言》卷九）僖宗时，秦韬玉投靠宦官田令孜。他已经做了官，还不满足，企求进士及第。中和二年（882），以特敕赐进士及第方式，名登春榜。（《唐才子传》卷九）唐后期与宦官作斗争者，主要为官僚士大夫。甘露之变，宦官指挥神策军杀死半数以上的朝官。当时有宦官扬言："凡儒服者，无贵贱当尽杀之！"（《资治通鉴》卷二百四十五）故在晚唐时期，"士大夫深疾宦官。事有小相涉，则众共弃之"（《资治通鉴》卷二百五十）。士人与宦官如此势不两立，裴思谦、秦韬玉却卖身投靠宦官，并仗势强取功名，可谓奔竞者中最无廉耻之人。

至于请托藩镇得第，晚唐著名诗人杜荀鹤就是一个。据《唐才子传》卷九载：杜"尝谒梁王朱全忠，与之坐，忽无云而雨，王以为天泣不祥"。杜即景作诗，竟赞颂梁王"造化"之功，博得了朱温的欢心。荀鹤曾经多次应举，皆落第。至是朱温送其名与知贡举裴贽，于大顺二年（891）以第八名进士及第。《唐才子传》作者谓："荀鹤苦吟，平生所志不遂，晚始成名，况丁乱世，殊多忧惋思虑之语。于一觞一咏，变俗为雅，极事物之情，足丘壑之趣，非易能及者也。""荀鹤……风情雅度，千载犹可想望也。"就是这样一位优秀的诗人，却不得不奉承藩镇以取功名。当时科场已无公道，荀鹤难于以才学进身。他的名篇《春宫怨》诗云："承恩不在貌，教妾若为容。"伤宫中承恩不以貌，即伤仕途进取不以才。其在穷途困顿之时，献谀词于朱温，令人叹惋，尤令人悲酸。

有唐一代，科场及官场奔竞之弊，始终遭到非议。类似前引薛谦光奏疏及则天朝策问上所述之批评，史不绝书。比如唐代宗时，主管贡举的礼部侍郎杨绾，就严厉指责奔竞之人："矜能者曾无愧色，勇进者但欲凌人，以毁讟为常谈，以向背为己任，投刺干谒，驱驰于要津；露才扬己，喧腾于当代。"他告诫说：若不革除此弊，"则太平之政又乖矣！"（《旧唐书·杨绾传》）

奔竞之为大弊，人莫不知，何以竟不能止息？原因
有二：一是科举录取有一定名额。元和八年（813），舒
元舆在其《上论贡士书》中，批评按预定名额而不是按
一定标准录取之弊。他问：如果某年有许多贤才应举，
岂不要大量遗贤？如果某年甚少贤才应举，岂不要以不肖
之士充数？这究竟是选贤呢？还是凑数？（《登科记考》
卷十八）应该说，道理是明摆着的。为什么自有科举以
来，直到废科举之日，一直不改呢？其故既在于这是一个
有效的控制官僚机构膨胀的闸门，又在于这是驱使士人互
相争夺以磨灭其群体意识的手段。奔竞之风，因此日见其
猛烈。二是因为在专制时代，皇帝窃国为家。他需要官吏
帮助他巩固统治，因而用利禄招徕支持者。仕宦者既然为
利，则在野奔竞以求入仕，在朝奔竞以求升官，也就是自
然和必然的事了。盖大利之所在，即奔竞者之所趋也。

奔竞之风，养成逢迎之徒。士节因此荡然，官场愈加
污秽。唐后期科场风气，官场风气，士林风气，呈同步堕落
之势。宋以后，奔竞之风愈演愈烈。北宋士人李觏《题处州
直厅壁》曰："十谒朱门九不开，利名渊薮且徘徊！"虽然
多次被拒于"朱门"之外，但因"朱门"所在，即名利之渊
薮所在，士人忘不了名利，就不得不徘徊于朱门之外。南宋
理宗时，祸国殃民的权奸贾似道，增加太学生的餐钱，给士
人提供较多的做官机会，于是许多文士都争相吹捧他。明代
的焦芳，进士出身。明武宗挥霍无度，财政匮乏。焦芳逢迎

取宠，公然主张加重剥削以满足皇帝花费，他因此被提升为吏部尚书。他后来投靠宦官刘瑾，尊刘为"千岁"，自称"门下"，以此进入内阁，为文渊阁大学士。（《明史·焦芳传》）明世宗时的权奸严嵩，也是进士出身。明世宗一心求神仙，严嵩以善作祭神之"青词"取宠，在内阁擅权二十年。当此之时，士大夫皆争趋严嵩门庭。宗臣详细描述了严嵩专柄时奔竞者的丑态：

> 日夕策马候权者之门，门者故不入，则甘言媚词作妇人状，袖金以私之。即门者持刺入，而主人又不即出见。立厩中仆马之间，恶气袭衣袖，即饥寒毒热不可忍，不去也。抵暮，则前所受赠金者出，报客曰："相公倦，谢客矣。客请明日来。"即明日，又不敢不来。夜披衣坐，闻鸡鸣即起盥栉。走马推门，门者怒曰："为谁？"则曰："昨日之客来。"则又怒曰："何客之勤也！岂有相公此时出见客乎？"客心耻之，强忍而与言曰："亡奈何矣，姑容我入。"门者又得所赠金，则起而入之。又立向所立厩中。幸主者出，南面召见，则惊走匍匐阶下。主者曰："进。"则再拜，故迟不起。起则上所上寿金，主者故不受，则固请。主者故固不受，则又固请，然后命吏纳之。则又再拜，又故迟不起，起则五六揖始出。……马上遇所交识，即扬鞭语曰："适自相公家

来，相公厚我，厚我！"

（《报刘一丈书》）

奔竞者在严嵩面前的卑屈，为的是列于门下，求得仕途上的升迁。明熹宗时，宦官魏忠贤专权，士大夫媚附者众多。崇祯时清算魏阉，党羽中除二人外，竟全是进士出身者。魏忠贤虐遍天下，造成明朝灭亡的形势，这些人难辞其咎。

总之，科举以利禄劝士，士人大多成为贪鄙的禄蠹。士人太多而官职太少，于是发生竞争。政治腐败，造成竞争不以正道。士人但以得官取富贵为荣，故不惜忍辱含垢，驰逐于风尘之中，趋奉于权贵之门，奔竞之风遂烈。在不正之风下，追求名利的士人不由自主地比赛无耻。这就形成一股强大的压迫力，驱使士人像赛跑一样奔向堕落的深渊！

九　满城冠盖九逵尘
　　——朋党之风

在唐代历史上，朝廷第一次下诏公开指责科举与朋党的关系，就是前面提到过的长庆元年复试案。诏书揭露曰："访闻近日浮薄之徒，扇为朋党，谓之关节，干挠主司。每岁策名，无不先定。"后来，穆宗对于朋比作奸情

249

形有了更多的了解，又下诏说：

> 卿大夫无进思尽忠之诚，多退有后言之谤。士庶人无切磋琢磨之益，多销铄浸润之谮。进则诙言谄笑以相求，退则群居州处以相议。留中不出之请，盖发其阴私；公论不容之诛，是生于朋党。擢一官，则曰恩皆自我；黜一职，则曰事出他门。

这份由元稹起草的诏书，切中朋党隐私，描绘了官场中结党营私和排轧异己的丑态，故"朋比之徒"闻之，"如挞于市"。（《旧唐书·钱徽传》）诏书所谴责的，就是唐后期历史上著名的牛僧孺、李宗闵朋党。如杨嗣复"与牛僧孺、李宗闵皆权德舆贡举门生，情义相得，进退取舍，多与之同"（《旧唐书·杨嗣复传》）。这里所说的是科举中同年关系在形成朋党中所起的作用。牛党的一个重要骨干杨虞卿，"能阿附权幸以为奸利。每岁铨曹贡部，为举选人驰走取科第，占员阙，无不得其所欲。升沉取舍，出其唇吻。而李宗闵待之如骨肉，以能朋比唱和，故时号党魁"（《旧唐书·杨虞卿传》）。显而易见，李宗闵之流，由科举结成朋党，又以朋党操纵科举，借助科举张大朋党。由于科举入仕是做官的最佳途径，故操纵科举即能招诱大批士人。大和七年（833）二月，文宗与宰相李德裕讨论朋党问题。李德裕估计："方今朝士三分之一为朋党。"史称："时给事中杨虞卿与从兄中书舍人〔杨〕汝士、弟户部郎中〔杨〕汉公、中书舍人张元夫、给事中萧澣等善交结，依附权要，上干执政，下挠有司，为士人求官及科第，无不如志。"（《资治通鉴》卷二百四十四）由于官场中的争夺，官僚们结党以持权并营私。

朋党的出现，早于科举。西汉元帝时，中书宦官弘恭、石显与外戚许、史朋比乱政，刘向上封事批评："今贤不肖浑淆，白黑不分，邪正杂糅，忠谗并进。……分曹为党，往往群朋，将同心以陷正臣。"（《汉书·楚元王传附刘向》）更早些时候，战国末年的屈原，在其名篇《离骚》里揭露"党人"云："众皆竞进以贪婪兮，凭不厌乎求索。""众女嫉余之蛾眉兮，谣琢谓余以善淫。固时俗之工巧兮，偭规矩而改错。背绳墨以追曲兮，竞周容以为度。"据屈原和刘向所说，朋党中人，以贪婪、竞进而苟合，以纷纷谣琢、颠倒是非正邪，造成积毁销骨的可怕作用。牛僧孺、李宗闵朋党，就是以谣言淆乱朝政，以致文宗举措为难，不禁感叹："去河北贼易，去朝廷朋党难！"（《资治通鉴》卷二百五十四）

朋党虽然不是科举制下独有的现象，但科举与朋党相煽而愈烈。科举把天下士人集中到了举场，为结成朋党、扩大朋党提供了前所未有的便利条件。试看杨虞卿因操纵贡举便能罗致党羽的事实，便可明白。更何况唐科举不糊名，并且公行请托；加以在科举中，又形成了座主与门生之间、同年之间的特殊关系。这些情况，当然会有利于朋党的活动。

唐武宗时，曾为抑制朋党活动而对科举进行了一次改革。宰相李德裕上奏武宗："国家设科取士，而附党背公，自为门生。自今一见有司而止，其期集、参谒、曲江题名皆罢。"（《新唐书·选举志上》）观此，则改革的重点在于限制座主与门生之间、同年之间的交往活动，也就是限制利用科举提供的机会。过去曾有人以此论证李德裕反对科举。实则李德裕秉政之武宗朝，不但年年举行科举，而且规定："礼部所放进士及第人数，自今后，但据才堪即与，不要限人数每年止于二十五人。"（《唐会要》卷七十六《进士》）故李德裕的做法，实为改善并且健全科举制。这与李宗闵、杨虞卿等利用科举结党营私，适成鲜明的对照。

武宗死后，宣宗即位，牛党得势，反武宗朝行事，科举朋比之弊，从此日益严重。按惯例，父兄居高位，子弟往往避嫌，主司亦避嫌不举。大中元年（847），宣宗下诏不避。这显然有利于贵门，也有利于朋比。大中七年（853），崔瑶知贡举，"榜出，率皆权豪子弟"。大中八年（854），京兆尹韦澳披露科举中的朋比弊端："近日已来，前规顿改。互争强弱，多务奔驰。定高卑于下第之初，决可否于差官之日。曾非考核，尽系经营。奥学雄文，例舍于贞方寒素；增年矫貌，尽取于朋比群强。"（《登科记考》卷二十二）宣宗时，牛党令狐绹秉钧，其子令狐滈"以父居相位，权在一门。求请者诡党风趋，妄动者群邪云集。每岁贡闱登第，在朝清列除官，事望虽出于绹，取舍全由于滈。喧然如市，旁若无人，权动寰中，势倾天下"（《旧唐书·令狐楚附绹子滈传》）。至此，科场已成朋党之天下。

唐懿宗咸通元年（860），裴坦知举，纵子纳贿。当时应举者超过千人，而中第者皆显宦之子；唯陈河一人孤贫，列于榜尾，算是点缀。咸通四年（863），萧倣知举，不受请托，遭谤罢职。咸通十年（869），王凝知举，权豪请托不行，为众所怒，贬出为商州刺史。（《登科记考》卷二十二）在此以前，虽然存在请托之弊，然亦偶有因请托而复试并贬责考官者；未闻有考官因拒绝请托而罢职或遭贬者。看来，晚唐科场，由于朋党猖獗，主司守正不易，邪气已压倒了正气。

朋党肆虐科场，使科举遗才问题严重；朋党肆虐官场，使政争不断、政事混乱。朋党的宗旨在于窃权固位，故不能容异己，尤不能容正人。活动在宪、穆、敬三朝的李逢吉朋党，当宪宗时，不欲裴度讨淮西藩镇成功，搞阴谋破坏淮西用兵。穆宗时，河朔再叛，"天下延颈"盼望裴度执政平乱。逢吉朋党却"造作谤言，百端中伤裴度"。在"群小"的攻击下，裴度"竟逐外藩"。（《旧唐书·李逢吉传》）藩镇割据问题从穆宗朝开始恶化，逢吉朋党负有严重责任。

文宗时，李宗闵勾结宦官，于大和三年（829）拜相。接着，在宦官支持下，牛僧孺入相。"二人唱和"，贬逐所谓"德裕之党"。一时，"牛、李权赫于天下"（《旧唐书·李德裕传》）。当文宗大和五年（831）牛僧孺为相时，发生吐蕃维州守将悉怛谋请降事，剑南西川节度使李德裕上奏朝廷。牛僧孺不欲德裕成功，决策将维州及来降吐蕃将士归还吐蕃。吐蕃将士三千人被赞普惨杀于唐、蕃境上。（《旧唐书·李德裕传》）牛党就是这样不惜败坏国事以逞私愤的。

当朋党盘踞朝廷时，他们就粉饰现实以夸饰政绩。大和二年（828），唐朝危机深重，刘蕡对策，直言"土崩瓦解，忧在旦夕"。牛僧孺居然厚颜夸饰，足见朋党乱政之徒之无良心及无廉耻。大和六年（832），文宗问宰相："天下何时当太平？"牛僧孺回答："太平无象。今四夷不至交侵，百姓不至流散，虽非至理〔治〕，亦谓小康。"对于文宗之问，胡三省认为是责备宰相"尸位素餐"。对于牛的回答，司马光批评说：当时宦官专权，藩镇割据，"军旅岁兴，赋敛日急，骨血纵横于原野，杼轴空竭于里闾。而僧孺谓之太平，不亦诬乎"！他愤然说道："当文宗求治之时"，牛僧孺居辅弼之要职，却"偷安取容"，"欺君诬世"，"罪孰大焉"！（《资治通鉴》卷二百四十四）

科举意在选才，朋党操纵科举的结果，却是排斥贤才；科举选官旨在求治，科举与朋党相煽为虐的结果，却是乱政。这样就走到了科举选才、选官目的的反面了。于是，出现了反常的现象：不是优胜劣败，而是劣胜优败，是奸人、邪人、贪人、凶人、庸人充斥于中央和地方各级政府中。《登科记考》卷二十五乾化三年载："唐末五代，权臣执政，公然交赂，科第差除，各有等差。故当时语云：'及第不必读书，作官何须事业！'"

科举朋比之弊一至于此，故北宋初年大力改革。建隆三年（962），宋太祖下诏宣布：国家设科取士，为官择才。既然是朝廷秉公选拔人才使登科第，岂可谢恩于私人？今后，及第人不得拜谢知举官子孙弟侄，不得呼知举官为恩门、师门，亦不得自称为门生。

乾德元年（963），宋太祖下诏：禁止朝臣向知贡举官推荐举人，违者严惩。

宋太宗淳化三年（992），苏易简为知贡举官。任命诏书才下，他立即赴贡院，锁院以杜请托，并且实行糊名评卷。从此，科举考试糊名评卷成为定制。

观宋初改革科举的内容，其实是继承了唐武宗时李德裕改革科举反朋比的精神，且有所发展。经过改革，科举制比唐时完善，较好地体现了考试面前人人平等的原则。以朋党操纵科举变得困难了。

但朋党产生的土壤不是科举制度而是官僚制度，科举起的是火上浇油的作用，故改革科举并不能杜绝朋党。至于科举中形成的座主门生关系和同年关系，不但朋党一定要利用，而且不搞朋党的往往也要利用。这是因为宦海风波不测，做官的人一般都希望多联络些关系。已经上达的，希望有支持者；尚在下面的，希望有援引者。科举造成的特殊关系，不啻为天赐良机，岂肯轻易放过？故自唐至清，座主门生关系和同年关系一直在官场中起着重要作用。而如果有人搞朋党活动，则必定要利用此种关系。座主门生关系和同年关系，是赤裸裸的势利关系。一个读书人在进士及第以后，不以教育他的老师为恩门，却以录取他的考官为恩门；不看重同窗攻读的同学关系，却看重同时及第的同年关系。说穿了，不过是真正的师生关系和同学关系在官场中没有用处。此种建筑在道义和感情上的关系，因而不被重视。至于从未传道、授业、解惑的考官，以及在情义上全不相干的同年，则因为在官场中可为援手，因而十分看重。仕途即利禄之途，仕途中人一般都是重势利而轻情义的。

白居易《东都冬日会诸同年宴郑家林亭诗》云："他日升沉者，无忘共此筵！"这应是同年们的共同心愿。由于宦途中升沉各异，命运多变，故同年之间相互支援也就必要而且重要了。科举行之既久，座主门生及同年关系渐视为自然和当然，彼此间有着互助的责任亦渐成自然和当然。大历六年（771），章八元进士及第后"恃才浮傲，宴游不恭"，韩滉将处以刑罚。章的同年杨於陵是韩的女婿，这时便以同年名义救他，韩滉只得"为杨郎屈法"。

（《登科记考》卷十）建中四年（783），武元衡拜相，而韦贯之与武元衡同年，韦尚是丞尉卑官。武向韦表示歉意："某与先辈同年及第，元衡遭逢，滥居此地。使先辈［同年］未离尘土，元衡之罪也。"不久，提升韦为补阙。（《登科记考》卷十一）杨於陵和章八元并没有搞朋党，武与韦更是唐后期比较有作为的人物。这说明同年间互相救助或扶助，已经成为一种责任。元和十年（815），崔群知举，录取进士三十人。崔群夫人有一次劝他置办庄田，以为子孙将来生计。崔群笑道："予有三十所美庄良田，遍在天下。夫人何忧！"（《登科记考》卷十八）崔群以一个门生比一所庄田，可见座主是指望着门生报恩的。元和十一年（816），李逢吉知举。尚未放榜，而李逢吉拜相。放榜以后，及第进士到政事堂拜谢座主，时谓"好脚迹门生"。（《登科记考》卷十八）所谓"好脚迹"，是说座主拜相，门生们容易青云直上。可见门生皆寄希望于座主的提拔。

元和十四年（819），前面"艺文之风"一节提到过的章孝标，于落第之后，赋《归燕诗》献主司。（《登科记考》卷十八）诗中所写举子欲依傍考官的心态，委婉曲折、凄恻动人。举子这样依恋考官，倘蒙奖拔，自当终生感谢。故座主与门生之关系，虽势利，但难以割断。咸通四年（863），举子武瓘赋《感事诗》，投献知贡举官萧倣，诗云："花开蝶满枝，花谢蝶还稀。惟有旧巢燕，主人贫亦归。"萧俶阅后，"赏其有存故之志，遂放及第"。（《登科记考》卷二十三）这是举子向考官表达异日报恩之心，因而得到知赏。故考官今日之奖拔举子，实寄望于举子之报效于未来。而举子亦以未来报效之忱，求得考官今日之垂青。

总之，座主门生之间和同年之间，都是由于利益相关而相助。虽然此类关系与朋党有别，但是，它起着掩盖和助成朋党的作用，有以私害公之弊，表现并助长着士人重势利的庸俗心理。所有这些，都使得科举难以和朋党划清界限。

科举提供了考场上的竞争机会，然录取数远远低于应举数。入仕以后，又有官场中的争夺。二桃杀三士，斗争惨烈。朋党的实质，乃是以结党造成势力，以便在科场和官场的争夺中居于有利的地位。如果说，士林内部，已经由于奔竞而发生剧烈的窝里斗；则朋党之兴，便是大规模自相残杀。而在自残中，对于专制皇权之政治压迫和思想统治，也就争相就范。愈是急于凌驾于同类，也就愈是奴颜乞怜于皇上恩威的帮助。对于皇帝和上司，争相以卑屈表现忠诚，以献媚邀取恩宠。士林中因此丑态百出，政府中亦因此充满士林之败类。

由于朋党利益的实现是以排他为条件的，所以朋党不但不是士人群体意识的表现，而且恰恰是以士人群体的分裂为代价的。而在朋党内部，个体之间的关系，对朋党利益的维护，也是以实现个体自私利益为前提的，故见利而争先，利尽而交疏，甚至反目成怨仇，也就难以避免。故既结党以营私，则其势不得不堕落，不得不排轧，不得不祸国殃民。故朋党为害的后果，往往超过了结党者的初衷。朋党之祸，在士林造成深深的裂痕，在士心刻下累累的伤痕。诚士类之大不幸，亦历史之大不幸也。

十　桂枝香惹蕊珠香
　　——华侈与狎邪

　　科举引士人追求功名，而功名即是富贵。无论士人还是世人，均以科场为名场。名场得意，身价顿高。士人之骄矜心，世人之势利心，相激而成华侈之风气。及第以后，首先表现为排场盛大的各种庆祝性娱乐活动。仅宴会名称就有大相识、次相识、小相识、闻喜、樱桃、月灯、打球、牡丹、看佛牙、关宴等多种。其中，以曲江宴最为著名。曲江宴就是关宴，因在关试以后举行，故名。又名离宴，因为此后进士们各有所之。（《唐摭言》卷三）这是唐代长安最盛大的游乐活动。

　　曲江宴始于中宗神龙年间（705—707），至开元末盛行。初时，为不第举人而设，含有慰藉之意，宴席也较简率。后为及第进士所据，渐加奢侈。晚唐时，越发铺张靡费。

　　曲江在唐时为长安第一风景胜地。长安朱雀街东第五街，皇城东第三街，升道坊龙华寺以南，有流水屈曲，故谓曲江。此地在秦朝时为宜春苑，汉朝时为乐游园。汉时周回六里，唐时七里。玄宗开元间疏浚，又加拓展。植花木，建楼馆，遂成胜境。其南为芙蓉苑，西有杏园和慈恩寺。菰蒲葱翠，柳荫四合，碧波红蕖，依映可爱。唐世，公卿士庶多于此地游宴娱乐。新及第进士在此宴集，则是倾动整个长安的盛会。宴前数日，各种服务性行业已骈阗罗列于江头。宴日，倾城纵观。新进士们泛舟于曲江，在箫声美酒中游赏竟日。岸边，珠幕栉比，香车相接，红翠满目。皇帝也在紫云楼垂帘观看。新进士是曲江游人瞩目的中心。公卿家有女待嫁者，多于此日选择东床。白居易曾赋诗回忆及第之岁游宴曲江时的情景："去岁欢游何处去？曲江西岸杏园东。花下忘归因美景，樽前劝酒是春风。"（《酬哥舒大见赠》）令新进士们陶醉的，是自然界的春风，更是人世间的春风。

放榜以后，便是不断的游宴，终日娱乐。新及第进士皆置被袋，内盛钱、绢、酒器，逢花即饮。张籍有诗云：

> 东风节气近清明，车马争来满禁城。
> 二十八人初上牒［登第］，百千万里尽传名。
> 谁家不借花园看，在处多将酒器行。
> 共贺春司［主司］能鉴识，今年定合有公卿。
>
> （《喜王起侍郎放牒》）

由这首诗，不难想见放榜以后长安城的喜庆气氛和新进士们的得意心情。"谁家不借花园看"，新进士们简直成了人间的骄子。

唐代进士及第后的这许多游宴活动，有娱乐意，盖酬多年寒窗之苦也；有庆贺意，盖从此前程似锦也；有联络并增进彼此情谊意，盖同年之间、座主与门生之间相期互助于宦途也。如崔沆及第之年，同年卢象在临近曲江宴时，"请假往洛下"。到举行曲江大会时，卢以雕车载妓，微服纵观于侧。被人揭发后，崔沆判曰："紫陌寻春，便隔同年之面；青云得路，可知异日之心。"（《唐摭言》卷三）此事说明，同榜进士在娱游中增进情谊，是为了异日互助。卢象的行为，见出他看轻同年情谊。那么，他将来如果得志，能指望他帮助沉沦的同年吗？这自然要引起同年们的公愤。所以，在及第进士娱游狂欢的后面，隐藏着实用的目的。

孙棨《〈北里志〉序》曰：宣宗以来，"特重科第。……然率多膏粱子弟，平进岁不及三数人，由是仆马豪华，宴游崇侈"。故晚唐进士侈风，与权贵操纵科举有关。及第进士大多为权贵子弟，乃以铺张夸世。僖宗乾符四年（877），刘覃进士及第。其父刘邺，身居将相高位。当刘覃自扬州赴长安应举时，"辎重数十车，名马数十驷"。及第以后，刘邺命人每天以银一铤供其花费，而刘覃所费往往数倍。又值樱桃宴，刘覃暗里遣人不惜重金预购数十石樱桃，"独置是宴，大会公卿"。当时樱桃初出，价值高昂，虽贵人达官亦未尝新。而刘覃筵间，樱桃山积，遍享宾客，虽仆从亦皆"沾足"。（《登科记考》卷二十三）当时黄巢起义已经开始，世上疮痍满目，进士们仍如此华侈！

与华侈之风并行的，是狎邪之风。书载："长安有平康坊，妓女所居之地。……每年新进士以红笺名纸，游谒其中，时人谓此坊为风流薮泽。"（《开元天宝遗事》卷上）我们在"奔竞之风"一节中提到过的裴思谦，由于得到宦官仇士良的帮助，于开成三年（838）状元及第以后，在放榜的当天晚上，即往平康坊住宿。温存之际，仍不忘赋诗添乐：

> 银缸斜背解鸣珰，小语偷声贺玉郎。
> 从此不知兰麝贵，夜来新惹桂枝香。
>
> （《赠裴思谦》）

乾符二年（875），郑合敬状元及第以后，也是不废北里之游，即往寻名妓楚娘，乘兴吟哦："春来无处不闲行，楚润［楚娘］相看别有情。好是五更残酒醒，时时闻唤状头声。"（《登科记考》卷二十三）乾符五年（878），孙偓状元及第，因为贪恋妓女郑举举的美貌，"多在其舍，他人不得预……"（《全唐诗话》卷二）。而妓女亦擅长于奉承新进士，所谓"时时闻唤状头声"也。

咸通六年（865），袁皓及第后，归途中经过岳阳，爱上妓女蕊珠，乃赋诗寄严使君云：

> 得意东归过岳阳，桂枝香惹蕊珠香。
>
> 也知暮雨生巫峡，争奈朝云属楚王！

结果，"严君以妓赠之"。（《登科记考》卷二十三）这样看来，社会上和官场中，对于新科进士的风流行为是肯定和欣赏的，也是赞许的。

新及第进士的华侈和风流，并非孤立现象。初唐诗人卢照邻，在《长安古意》诗中，就淋漓尽致地描写了上层社会豪华奢侈和放诞风流的生活。玄宗时，长安春日，娱游极盛。凡有园林树木处，皆有宴游人。学士苏颋在《应制》诗中描写道："飞埃结红雾，游盖飘青云。"（《开元天宝遗事》卷上）"天宝中，贵戚勋家，已务奢靡。"（《旧唐书·马璘传》）"长安风俗，自贞元侈于游宴。"（《唐国史补下》）白居易《秦中吟·歌舞》诗，这样描写官僚们退朝后的生活情况："所营唯第宅，所务在追游。朱门车马客，红烛歌舞楼。……日中为乐饮，夜半不能休！"

唐代官僚，一般都流连声色之娱。元稹在蜀，迷恋薛涛，以为锦江、峨眉的秀气，幻化出薛涛这样的人物。后来到浙东，又迷恋妓女刘采春，有"举止低徊秀媚多"之句。（《全唐诗话》卷三）牛僧孺好色，服药纵欲。白居易写诗说他："钟乳三千两，金钗十二行。"（《全唐诗话》卷三）杜牧在扬州，见繁华富庶，多歌舞佳丽，遂恣意娱游。自谓："十年一觉扬州梦，赢得青楼薄幸名。"（《遣怀》）故及第进士之聚集于平康坊，不过是他们未来官场中声色生涯的开场罢了。杜牧在大和二年（828）进士及第后，同年又应制举贤良方正科及第，赋《重登科诗》，从诗中可以知道他进士及第后曾来平康坊，现在制科及第后再来。此时之"花前每被青蛾问"，正预示着他日之"赢得青楼薄幸名"。

宋魏泰记述："进士及第后，例期集一月……选最年少者二人为探花，使赋诗，世谓之探花郎。自唐已［以］来，榜榜有之。"（《东轩笔录》卷六）乾宁二年（895），翁承赞进士及第，被推为探花使，赋《擢探花使三首》，其三曰：

> 探花时节日偏长，恬淡春风称意忙。
> 每到黄昏醉归去，纻衣惹得牡丹香。

荡漾在诗里的，是一片融融的春意。华侈之事与狎邪之乐，涵蕴其间。科场与官场风气如此，遂使不少士人沉迷于科举，只图一朝折桂，能够"桂枝香惹蕊珠香"。及第进士卢嗣业诗："苦心亲笔砚，得志助花钿"（《北里志》），即表露了这种心迹。既然寒窗苦学为的是青楼买笑，则每年及第进士二三十人，也就不过是每年在政府里增加二三十个腐败官僚罢了。如段文昌少时家贫，勤学苦读。进士及第后，宦途通显，遂生活靡费、专事铺张，"以金连［莲］花盆盛水濯足"，声称"人生几何，要酬平生不足也！"（《唐语林》卷六）这应该是唐后期进士科贵盛，而政风及国运却日益衰败的一个重要原因。

宋以后，官僚士大夫尚华侈、喜声色之风盛行。如宋祁博学能文章，进士及第，仕途显达，奢华风流。晚年知成都府，带《新唐书》稿本于公余刊修。每宴罢，盥漱毕，开寝门，垂帘，燃二椽烛，婢妾夹侍，和墨伸纸。远近观者，望之如神仙。他后庭多内宠，有一次在锦江边设宴，天气转凉，诸姬妾各送一件短袖上衣至，共有十余件。他"视之茫然，恐有厚薄之嫌，竟不敢服，忍冷而归"（《东轩笔录》）。又，文彦博知成都府，喜歌舞游宴。有蜚语传至京师，宋仁宗遣御史何郯前往调查。文彦博派张俞迎何郯于汉州。在欢迎宴会上，有一女子善舞，得何郯嘉赏。当他问知舞女姓杨时，不禁赞叹："所谓杨台柳者！"张俞当即取舞女项上罗帕题诗曰：

蜀国佳人号细腰，东台御史惜妖娆。

从今唤作杨台柳，舞尽春风万万条。

（《题妓帕》）

数日后，何郯到成都，开始访察文彦博流连声色之事。一日，文彦博大张筵席款待何郯，席间命汉州舞女唱张俞题词劝酒，何郯不觉大醉。他还京以后，京师有关文彦博的传言止息。（《邵氏闻见录》）宋祁、文彦博都是北宋朝位尊望重的大臣，他们的行事和作风，代表了当日官场普遍的风气，故御史何郯从风而靡。

奢侈风气必然带来贪污风气。抱着做官发财和做官享乐的人，不可能不是贪官。史载：裴佶的姑夫在朝为官。一日，退朝回家，对其妻感叹："崔昭何人，众口称美，此必行贿者也。如此安得不乱？"话音刚落，守门人报告寿州刺史崔昭前来拜谒。裴佶姑夫怒责守门人不该通报。既而碍于礼节，不得不"束带强出"。一会儿，即传命奉茶，又命置酒席相待，又命传饭与崔昭的仆人吃，又命喂饱崔昭的马。他的妻子不禁惊讶："前何倨而后何恭也？"（《唐国史补》卷中）后来才知道，是因为崔昭送来一千匹绢的重礼。

这件事说明：贪赃的地方官以重赂收买朝官，从而得到保护和嘉奖，是公开的秘密，所以裴佶姑夫断言"众口称美"的崔昭，必是行贿者无疑。可是，当裴佶姑夫自己面对崔昭以重礼行贿时，他却不由自主地前倨而后恭。看来，要抗拒重礼的诱惑，仅仅明白是非是不够的。

刘舆父《五石瓠》记载：明周延儒第二次拜相，沿淮水舟行，"概不与人宴会，送席者亦却弗受。有一州郡官以人参为肴，设于小櫕，赂左右，俾呈相公一见之。宜兴［周延儒］偶收参而麾其櫕。于是沿途弁绅，密侦其例，遂有以参二斤为一器者。自是舟中之参积若山阜矣"。周延儒开始时拒贿，但禁不住人参的诱惑，于是所收人参堆积如山。事实上，像周延儒及裴佶姑夫这样的态度变化，许多官僚在其第一次受贿时，也都有过的。谈迁《枣林杂俎》载："崇祯末士大夫苞苴辄千百金，苦于赍重，专用黄金、美珠、人参异币，时都门严逻，而径窦愈广。"故知明季官场贿赂风行，而礼金甚重，于是以奇珍异物为代用品。周延儒所获贿赂太多，不得不在京城开设三个店铺，分别卖金、卖珠、卖人参。看来，官场中人大多抵抗不了重贿的诱惑，也就是奢侈生活的诱惑。

凡奢侈者，必不能以俸禄自足，故其居官必贪，亦必以邪曲害公以牟私利。而俭约自奉，方能直道守正，廉洁奉公。

唐藩镇李师古欲向宰相杜黄裳行贿，乃遣使者携带钱物百万进京。使者至杜相门前，见"有肩舆自宅出，从婢二人，青衣褴褛"。使者打听以后，知道是杜相夫人出门。他见杜夫人如此俭朴，便不敢前去行贿。（《唐语林》卷一）这位使者是有眼力的，因为能过俭朴生活的人，是能抵制重贿引诱的。欧阳修在《泷冈阡表》一文中，叙说自己显达以后，母亲依然节俭持家，理由是"吾儿不能苟合于世，俭薄所以居患难也"。这是至理名言。如果做官即纵情享受，则仅仅为了不失去富贵，也要蝇营狗苟的。《论语·里仁》曰："士志于道，而耻恶衣恶食者，未足与议也。"盖奢侈与贪邪相随，而节俭与廉直相辅也。

唐人传奇《枕中记》，描写贫士卢生在梦中进士及第，继而仕宦显荣，出将入相五十年，平生骄奢淫乐之欲念，一一得到满足。卢生的梦，也就是科举时代许多士人共同的梦。在寒窗支持他们孜孜勤学的，是这梦。科举入仕以后支配他们行为的，也是这梦。那么，他们心中还会关注民生疾苦吗？还会系念国情国运吗？

乾宁元年（894），韦庄进士及第，赋诗云：

> 一声开鼓辟金扉，三十仙才上翠微。
> 葛水雾中龙乍变，缑山烟外鹤初飞。
> 邹阳暖艳催花发，太皥春光簇马归。
> 回首便辞尘土世，彩云新换六铢衣。
>
> （《放榜日作》）

当时，国家已被藩镇割据所瓦解，战乱连年，唐昭宗的地位和生命都岌岌可危。在这样的衰乱之世，韦庄却

醉心于"回首便辞尘土世，彩云新换六铢衣"。天复四年
（904），李旭登科，赋诗云：

> 凌晨晓鼓奏嘉音，雷拥龙迎出陆沈。
> 金榜高悬当玉阙，锦衣即著到家林。
>
> （《及第后呈朝中知己》）

其时朝廷已经落入藩镇朱温的手中。同年八月，朱温
杀死唐昭宗，唐朝实际上已经灭亡。当唐朝陆沉之日，及
第进士却庆幸自己之"出陆沉"，并且想象衣锦还乡的光
荣。对照时局，能说他们不麻木吗？

晚明的钱谦益，为一代士林领袖，有"风流教主"之
称。所赋《元日杂题长句八首》之八曰：

> 春日春人比若耶，偏将春病卸铅华。
> 绿窗旧谱姜芽字，绮阁新评玉蕊花。
> 晓镜十眉传蜀女，晚帘双燕入卢家。
> 江南尚喜无征舰，院落烧灯听鼓挝。

此诗系钱为他新纳的爱妾柳如是而作。一二句以柳如
是比西施，谓其病。中间两联写柳如是日常生活韵事。末
二句谓江南尚无战事，故正好作乐。此时已是崇祯十六年
（1643）元日，下距明亡仅一年余。而钱谦益竟然因为江南

尚无征舰而"喜",耽于娱乐之中。读书人到这地步,其平生所学,以及修齐治平的传统人生观念,全不见了。

十一 命属天公不可猜
——侥幸与迷信

士人的命运,因科场成败而有鱼龙之别,故士人莫不巴望春闱得意。然及第与否,与才学并无必然联系。

贞元十二年(796),李程应举,试《日五色赋》。第一场试杂文后,主司已经判他落第。杨於陵看了李程文章后,亲自面见主司,主司乃将李程擢为状元。(《登科记考》卷十四)这是举子因得名人知赏,落而复第,可谓侥幸之极。唐文宗时,牛僧孺为相,赏识举子许道敏"文学精臻",亲自向主司推荐,得到主司应允。不料牛罢相出任地方官,主司遂不敢录取许道敏。(《登科记考》卷二十二)这是由于推荐人的境遇变了,不幸落第。同卷又载:大中八年(854),颜标应举。主司郑薰以为颜标是颜真卿的后人。当时藩镇常有乱事,郑薰"志在激劝忠烈",于是以颜标为状元。后来才知道,颜标与颜真卿毫无关系。(《登科记考》卷二十二)这是由于主司的误会,侥幸得第。大中九年(855),罗泭与韩泭同应举。韩泭与主司沈询为中表亲。沈询在录取时,将韩泭列为第七名。谁知填写榜文时，竟误写为罗洙。一个小小的失误，使本已录取的韩洙落第，同时却使本未录取的罗洙登第。

以上事例说明，士人在科场上的命运受到偶然因素的捉弄。此类事虽然少见，但在表明士人不能把握个人命运上，却具有典型的意义。韩愈《杂说四》谓："世有伯乐，然后有千里马。千里马常有，而伯乐不常有。"科场上举子与主司的关系，也就是马与伯乐的关系。由于主司未必有知人之明，由于科场舞弊严重，故才士难得知赏。实际上，士不遇时及不遇人，乃是古代大多数士人的共同命运，科举制下也不例外。不少士人因而一面钻营，一面祈求侥幸。

唐代，社会上流传着许多关于科第的神异传说。《登科记考》言之凿凿：

贞元十年（794），豆卢署，本名辅真，旅居衢州。刺史郑式瞻建议他将二名改为单名，并书写"署、著、助"三字供他选择。当晚，他梦见有老父要他选"四"字头者为名，并预言他四举以后及第，二十年后为衢州刺史。醒来，他改名"署"。后来遭遇，果然一一如梦中老父所言。乃于所梦之地建"征梦亭"。（《登科记考》卷十三）贞元十八年（802），樊阳源，初名源阳，夜梦当改名阳源才能及第。他改名后，果如所愿。（《登科记考》卷十五）以上二例，皆因梦改名得第。实际的意义，是说明及第与否，与人力无关。

贞元二年（786），李俊应举。深夜五更时，他见冥吏送进士名册，上面没有自己的名字，于是哀求冥吏，将册上"李温"改为"李俊"。他遂于当年及第。（《登科记考》卷十二）元和五年（810），陈彦博应举。他梦见上奏天帝的进士名册上，有自己的名字。陈果然当年及第。（《登科记考》卷十八）以上二例，说明功名乃冥中注定，亦与人力无关。

元和七年（812），李固言应举。他曾得柳神许以及第，结果名列榜首。（《登科记考》卷十八）长庆元年（821），钱徽知举，皇甫弘应举。他曾因酒醉冒犯钱徽。皇甫弘自知无望，于是返回家乡。归途中，他在梦中求得石婆神应允助其及第，乃又进京赶考。钱徽本来决定不取他。临写榜时，一时不知取谁为好。于是命人取一份文卷来看，打开来，竟是皇甫弘的。钱感叹道："此定于天也！"（《登科记考》卷十九）以上二例，皆是得神助及第。后一例，竟是靠神力改变了考官的主意，也还是与人力无关。

在以上种种传说中，当事人的命运，不管是冥中注定，还是神灵助成，都与学业无关。这是科举不公的曲折反映，是对学而优则仕的否定。表面上看，冥定或神助，是命运使然。但冥中如何注定，以及是否能得神助，人们并不知道。这就诱发了企求侥幸的心理。实际上，上述离奇故事，就是此种侥幸之思的创造，并因此种侥幸之思而流播开来。

犹如举子们以请托、以钻营、以行卷求助于考官或显贵一样，这类故事所反映的是举子们求助于鬼神。上苍茫茫，鬼神杳杳，要求助不是很难吗？这较之于求助权贵不是很靠不住吗？但这只是事情的一面。另一面则是：权贵不是容易求的；至于上苍和鬼神，则随时、随处可求。所以，侥幸和迷信之风，不过是奔竞之风以另一种形式表现出来罢了。奔竞之风，是媚权贵；迷信之风，是求鬼神。媚权贵需要厚颜和厚礼；求鬼神则需要一片诚敬之心。相比之下，举子们自然更愿意求鬼神。或者说，举子们在乞怜于权贵的同时，也诚心诚意祈祷于鬼神。这样，侥幸和迷信的风气和钻营奔竞的风气一起，都日益盛行开来。

这自然为方术之士提供了生财之道。元和七年（812），李固言应举。他曾遇见一位胡卢先生，预言他将及第并显达。后遇一僧，也作了同样预言。李果然进士及第，后来仕至宰相。（《登科记考》卷十八）长庆元年（821），李躔应举。有术士为他卜运，预言他将及第，并在显达以后改名。李果然及第，并仕至宰相。武宗即位后，因武宗名躔，为避讳，改名回。（《登科记考》卷十九）以上二例，都说明方术灵验。这自然要吸引举子们争相预卜前程。宋代，此风愈炽。程颐谓："古者卜筮，将以决疑也。今之卜筮则不然，计其命之穷通，校其身之达否而已矣。"（《河南程氏遗书》卷二十五《畅潜道录》）

《东轩笔录》卷十一云：宋时，"士大夫无不作卦影"。这样一来，就出现了"卖卜者唯利举场时"的社会现象。（《宋朝事实类苑》卷七十三《诈妄谬误·卜者》）至于求神拜佛，就更热闹了。《夷坚支志》卷八《陈尧咨梦》谓："每当科举岁，士人祈祷，赴之如织。"自宋至清，为功名事算命及拜佛之风，一直盛行不衰。

此外，人们还迷信葬地风水。明清时期，为选择葬地数年甚至数十年不能葬亲的颇多。史载：邵宝任江西提学副史时，因当地颇多数十年不葬父母者，特规定士人不葬亲的不能参加科举考试。（《明史·邵宝传》）

清康熙时，刑部尚书徐乾学指出：虽有法律禁止久丧不葬，可是"世人往往犯之"（《皇朝经世文编》卷六十三《亲丧不葬》）。乾隆时，江西按察使欧阳永琦奏请定出葬期，如超过守灵期二十七个月不葬不得参加科举考试。可是这些措施，并不能发生效力。《儒林外史》第四十四回叙述当时风气："人家因寻地艰难，每每耽误先人不能就葬。"比如施御史兄弟，老大中进士，做御史，老二没有中，就说是"太夫人的地葬的不好，只发大房，不发二房，因养了一个风水先生在家里，终日商议迁坟"。第四十五回描写余殷自吹他选的葬地："我这地要出个状元。葬下去中了一甲第二［榜眼］也算不得！"余敷帮腔："就要发！并不等三年五年！"清康熙五十四年（1715），大学士李光地请假回原籍葬母及妻。因为选择吉地及吉日，前后历时三年，才办完丧事。清同治元年（1862），浙江按察使段光清请假回乡葬亲，也是由于选择葬地及葬日，历两年才完事。诚如《儒林外史》第四十四回中正直士人迟衡山所感叹的："士君子惑于龙穴，沙水之说，自心里要想发达，不知已堕于大逆不道！"这是说为了功名富贵，士人竟连孝道都不顾了！

第四章　得水蛟龙失水鱼
——科举与士人心态

门外报春榜，喜君天子知。

旧愁浑似雪，见日总消时。

塔下牡丹气，江头杨柳丝。

风光若有分，无处不相宜。

（曹松《览春榜喜孙鄂成名》）

"长安车马道，高槐结浮阴。下有名利人，一人千万心。"（孟郊《感别送从叔校书简再登科东归》）科举时代的士人，在科场上的命运及入仕以后在官场上的命运，都是多变而又莫测的。人生道路之多歧，造成士人心态之多样。对于挣扎在科场及官场上的士人来说，悲喜忧乐实无时不并袭其心，并表现为种种变态。

一　鸿鹄振羽翮，翻飞入帝乡
——赴举者

凡赴举应试的士人，一般都自以为是鸿鹄而非燕雀。他们从四面八方翩翩飞到京城，莫不怀着一展平生所学、跻身青云之上的宏愿。然而，人数众多的赴举者与为数极少的录取名额之间的矛盾，是无从回避的现实。对于每一个赴举者，及第的可能性甚小而不及第的可能性甚大。所以，这些具有鸿鹄之志的赴举者，面临的形势极为严峻，因而心情十分复杂而沉重。士人从走上赴举之路的第一天开始，精神就惴惴不安。贞元十六年（800），白居易赴举，他在《与陈给事书》中写道：

> 今礼部高侍郎为主司，则至公矣。而居易之文章，可进也，可退也，窃不自知之。欲以进退之疑取决于给事。

> （《登科记考》卷十四）

白居易多年苦学，满腹珠玑。但他赴举之时，对于能否考上，缺乏信心。所谓"可进""可退"，是他面临的两种命运。他不禁彷徨之苦，故致书陈给事，一则希望得到肯定的评价以坚定信心，再则希望得到表扬以提高声望。又如前述"艺文之风"提及的，朱庆馀向水部郎中张籍献诗，把自己比作新嫁娘，把张籍比作夫婿。他以新娘要夫婿帮助判断其化妆能否令公婆满意，暗喻他要张籍判断他的诗文能否合考官的心。此诗婉曲地表达了应试人的心境，因而得到张籍赞赏，并在士林中广泛流传。的确，赴举应试的士人，在考官面前，都是些唯恐公婆不满意的"新媳妇"。

白居易《早送举人入试》有云：

　　日出尘埃飞，群动互营营。

　　营营各何求，无非利与名。

　　而我常晏起，虚住长安城。

　　春深官又满，日有归山情。

此诗系白居易历经仕途沧桑以后所写。他怀着甚深的感慨，描写了赴举者清晨入场考试的情景。他此时已是富贵中人，却又有所不满，有些灰心，有些倦意。因而他忘却了自己当年赴举应试时的情态，实与今日所感慨的对象无别。无疑，他的处境和心境，与赴试的举子有了距离。

但正因如此，他看得出应试人的可伤和可叹。"群动互营营"五字，惟妙惟肖地画出了举人入试的情景。成千举子们的辛勤态和紧张态，以及满怀希望的兴奋态，都活现了出来。

　　"蓬巷几时闻吉语，棘篱何日免重来？"这是韦承贻《省试夜潜纪长句于都堂西南隅》一诗中的两个问句，是身在考场的举子抒写自己的愿望。第一句，写渴盼早得及第的消息。第二句，写希望不要再进考场。

　　"棘篱"之设，是为了防止考生作弊。历代科举考试，防作弊如防大盗，戒备十分森严，搜索极其苛刻，应试人不能不感到屈辱。元和八年（813），舒元舆曾在《上论贡士书》中，批评贡举辱士之弊：贡士到尚书省报到，"待命有司，始见贡院悬板样，立束缚检约之目，磨勘状书，剧责与吏胥等伦"。到了考试入场时候，举子们"手携脂烛水炭，洎朝晡餐器，或荷于肩，或提于席，为吏胥纵慢声大呼其名氏"。既入考场，"棘围重重，乃分坐庑下。寒余雪飞，单席在地"。于此，他深感不平："坐举子于寒庑冷地，是比仆隶已下，非所以见征贤之意也。施棘闱以截遮，是疑之以贼奸徒党，非所以示忠直之节也。"在对举人施以无礼待遇之下，恐贤人君子远去，而不肖邪人辐辏。这岂不违背科举选贤、朝廷尊贤的本意？（《登科记考》卷十八）舒元舆不知，朝廷就是要以此挫折士气，故自唐至清，贡举辱士之弊，沿袭不已，愈益加甚。李德裕"盛有词藻，而不乐应举"，理由是"好驴马不入行"！（《唐语林》卷一）在进士科贵盛的唐后期，他宁愿以门荫入仕。李德裕的父亲是宰相，可以走门荫的路，避免了应举入试备遭窘辱的苦况。一般士人没有这个条件，还得走这条屈辱的路。虽然李

德裕能够另辟蹊径，但其祖父李栖筠，因为当时没有凭借，
也只能赴举应试。韦承贻的诗，以"棘篱"代指考场，说明
举子们进入考场是很不情愿的。因为谁乐意置身于"棘篱"
之中呢？显然，在举子们心目中，考场是望而生畏的，是极
其厌恶的。那些在考场笔战的举子，谁不祈祷一生中就只来
此一次呢？

可叹的是，不管举子们如何厌恶这考场，全国各地
的举子，却都匆匆忙忙地向考场赶来。唐代有一句谚语：
"槐花黄，举子忙。"入夏不久，举子们就为赴举应试忙
碌起来了。翁承赞诗云：

> 雨中妆点望中黄，勾引蝉声送夕阳。
> 忆得当年随计吏，马蹄终日为君忙。
>
> （《题槐》）

这是诗人回忆当初赴举路上终日奔波的情景。多少年
后，那黄色的槐花，声声的蝉鸣，以及风雨中马蹄的嘚嘚
声，还清清楚楚地浮现在眼前、回响在耳边。他的感慨是
不言而喻的。

大中四年（850），赴举者刘蜕在《上礼部裴侍郎
书》中，陈诉赴举应试之苦道：

> 家在九曲之南，去长安近四千里。……日行

六十里，用半岁为往来程，岁须三月侍亲左右，又留二月为乞假衣食于道路。是一岁之中，独留一月在长安。王侯听尊，媒妁声深。况有疾病寒暑风雨之不可期者，杂处一岁之中哉！是风雨生白发，田园变荒芜，求抱关养亲，亦不可期也！

（《登科记考》卷二十二）

刘蜕是荆州举人，赴举进京，往返需用时半年，筹措资费需耗时二月。到了长安，拜谒显达极难，得到知赏更难。赴举的代价，是风雨生白发、田园变荒芜；而及第与否，则未可知。举子们的命运和心境，的确是够辛酸的。

"龙门变化人皆望"（《全唐诗话》卷六），这是赴举者的共同愿望，也是吸引着他们寒窗苦读、风雨赶路、棘篱苦战的主要动力。然而，能够"龙门变化"的幸运儿寥寥无几，绝大多数赴举者其实是白费心血的。可是，士人们仍是忙忙地赶来赴举，不少人甚至是年复一年地忙着赴举。

他们就不灰心、不寒心、不死心吗？

乾符三年（876），黄滔在屡举不第以后，又于本年落榜。他在《代陈蠲谢崔侍郎启》中写道：

某词学疏芜，进取乖拙，一叨贡士，累黜名场。……谓一生而便可甘心，叹二纪而徒劳苦节！

（《登科记考》卷二十三）

　　说得很清楚，他不甘心二十年辛苦徒劳无功。读书应举是有进无退的事业。士人一旦身入举场，不到及第是不肯罢休的。故五代时士人桑维翰发誓磨穿铁砚也要登科。

　　家属亲友之寄望殷殷，对举子形成了巨大的压力。方干《送吴彦融赴举》云："上国才将五字去，全家便待一枝归！"这是说举子离家赴京之始，全家人便盼望他折桂归来。科举成败不仅关系举子个人的命运，而且关系家庭的命运。大和元年（827），成都人陈会赴举。因其家以卖酒为业，地位卑下，遭官吏殴辱。"其母甚贤，勉以修进，不许归乡，以成名为期。"本年陈会登第，消息传来，地方长官马上派人关了陈家的酒店，陈会家的社会地位顿时尊显。（《登科记考》卷二十）当陈会在长安读书应举时，他的身上寄托着老母亲要他光耀门庭的厚望。他是幸而不负家庭殷切期望的一人。

　　对赴举的士人来说，最沉重的心理压力，无疑来自娇妻。在男尊女卑的社会，妻子依附于丈夫，她自然希望夫荣妻贵。作为丈夫，则承担着提高妻子社会地位并改善妻子生活条件的责任。这种闺房中的希望，伴着令人心醉的脉脉柔情，伴着令人心碎的缕缕哀情，伴着妻子侍候寒窗苦学的无限辛勤，在士人心头形成情不自禁地冲动，产生一往无前的决心。不少士人落第之后留在京城，除了经济原因和抓紧时间勤学，不忍看见妻子失望而凄伤的神情，应是另一个重要的心理因素。士人追求及第，感情上的一个重要原因，就是希望妻子能以自己为骄傲。一些自负的才子，赴举之初即以必胜安慰闺人。贞元七年（791），赴举者彭伉以诗寄语妻子：

> 莫讶相如献赋迟，锦书谁道泪沾衣？
> 不须化作山头石，待我东堂折桂枝！
>
> （《寄妻》）

后来他果然折得了桂枝。《西厢记》描写张生及第以后，亦寄诗莺莺云：

> 玉京仙府探花郎，寄语蒲东窈窕娘。
> 指日拜恩衣昼锦，定须休作倚门妆！

张生和彭伉都是幸运者，他们的故事因此成为佳话。但如果他们没有考上呢？那他们将是怎样的难堪！日夜盼捷的佳人又将是怎样的哀伤！要知道，绝大多数赴举者的情况，和彭伉、张生是相反的。单是这点，就足以说明科举制下士人的命运在本质上是悲剧的。

《聊斋志异·凤仙》描写狐女凤仙与贫士刘赤水相爱。凤仙的父亲对待诸婿，以贫富为等差，凤仙感到屈辱。她要刘郎"为床头人吐气"，并以一镜相赠："欲见

妾，当于书卷中觅之。"从此，刘如不学，镜中凤仙以
背相向，望去如在百步之外。如果勤学，则镜中佳丽正面
相向，盈盈欲笑。如果懈怠，则镜影惨然若涕。他于是苦
读二年，一举登第。此时，"揽镜视之，见画黛弯长，瓠
犀微露，喜容可掬，宛在目前"。正当他凝眸之时，镜中
人已在左右。这篇小说，就其反映科举时代士人夫妇的情
态而言，具有典型性。凤仙以女性特有的柔情和娇态驱策
刘郎，正是无数士人的共同遭遇。只是，故事的情节和结
局，都理想化了。但即使如此，读了以后，还是可羡的成
分少，可叹的成分多。作者蒲松龄叹息：

> 嗟乎！冷暖之态，仙凡固无殊哉！"少不努
> 力，老大徒伤"。惜无好胜佳人，作镜影悲笑耳！
> 吾愿恒河沙数仙人，并遣娇女昏〔婚〕嫁人间。则
> 贫穷海中，少苦众生矣。

他认为在这人情冷暖的世间，好胜佳人激励丈夫成
名，是一种幸福。他忽略了一点，即使有无数仙女嫁到人
间，由于科举名额的限制，大多数的才子和佳人仍要留在
"贫穷海"中，"苦众生"绝不会减少一些。所以，在科
举时代，不管赴举的士人多么愿意让心爱的佳人高兴，也
不管佳人怎样以柔情、以辛勤帮助才子，都不能从根本上
改变士人的不幸命运。个别才子佳人的幸运，包括实有的

和小说戏剧虚构的，都不过是为挣扎于无边苦海中的士群，添上几缕光明罢了。正是这点光明，使科举成为令士群沉迷而不知返的大骗局。

孟子讲过"齐人有一妻一妾"的故事。这个"齐人"，出门乞讨于墦间，归家却骄其妻妾。所谓"骄其妻妾"，固然是自我炫耀，但也有满足妻妾虚荣心的意思，即她们希望良人是一个有地位的人。后来妻妾探明了良人在外的卑劣行为，不禁相对垂泣。看来，她们也是不甘良人鄙贱的好胜的女子。实际上，没有一个女子不希望郎君出类拔萃的，这是女子择偶特别看重才学的主因。但才学上出类拔萃与地位上出人头地并不是一回事。在科举时代，因为科举考试表面上的机会均等原则，使士人及其家室沉迷于美梦之中，因而酿出的苦酒也就格外酸涩。我们在"奔竞之风"一节讲过的士人的种种钻营、种种乞怜、种种献媚，背后就含有"归则骄其妻妾"的动因。这是专制体制下的科举官僚政治，对于士人及其"好胜佳人"的无情戏弄！

蒲松龄久困名场，终生潦倒。对于赴举应试者的心理，他有切身的体会，也有细致的观察。他在《聊斋志异·王子安》里，这样描写士人赴举应试的情态：

初入时，白足提篮，似丐。唱名时，官呵隶骂，似囚。其归号舍也，孔孔伸头，房房露脚，似

秋末之冷蜂。其出场也，神情惝怳，天地异色，似
出笼之病鸟。

这一段写状传神的文字，把赴举应试人的卑屈委琐、
紧张惶恐、沮丧恍惚都活画出来了。所谓似丐似囚，正是李
德裕所不屑充当的角色。冷蜂，状考场中人孤苦可怜之态。
病鸟，状考完出场时身心交瘁之态。所以，不论赴举者以后
是否及第，都无例外地经受过凄凉惨淡心态之煎熬。

明英宗天顺七年（1463）二月，礼部贡院火灾。当时
正在举行会试，贡院大门关锁，烧死应试举人九十余名。
这在科举史上，诚然是罕见的偶发事故。但它象征性地表
明了科举时代赴举士人的悲剧命运。因为，不正是对于应
试人的严密防范，才造成众多的死难者吗？而如此严密的
防范，恰好体现了专制制度之通过科举牢笼并折磨士人，
令士人就范，令士心屈服。"棘篱何日免重来？"这应是
自唐至清所有赴举的士人发自内心深处的共同呼声。

二　知有杏园无路入
　　——不及第者

蒲松龄描写应试举子在等待放榜期间，想到不及第
时，"瞬息而骸骨已朽"（《聊斋志异·王子安》）的心

情。那么，一旦真的不及第，情况又怎样呢？

元和十三年（818），李廓落榜，赋《下第》诗云："榜前潜制泪，众里独嫌身。"（《登科记考》卷十八）他在人群中看榜，不见自己的名字，禁不住悲酸欲涕。但又怕引起别人的注意，赶紧忍住。这时候，他忽然憎恶起自己的存在来。科举以文化统一考试选官，制造了选才的假象。凡登科的，俨然一副有学问的模样；落榜的，就是没本事。所以，对于士人，及第与否，不但关系到贵贱，而且关系到荣辱。士人自我价值的实现，端赖于此。朝廷对于及第人的优遇，世间对于及第人的奉承，及第人豪华铺张的游宴，这一切，使不及第人的失落感和屈辱感加倍沉重。势利的世态人情以冷落的白眼对下第人的否定，导致下第人对自己的否定。"众里独嫌身"五字，表明科举制对于下第人的自尊心和自信心的打击，对于他们的人格的侮蔑，对于他们的自我价值的贬抑，是多么无情啊！它造成下第人无面目做人的极端的自卑心理。赵嘏《下第》诗曰：

> 南溪抱瓮客，失意自怀羞。
> 晚路谁携手，残春自白头。

这种被社会所抛弃的感觉，是使下第人最为难堪的事。科举时代不断发生的下第人自戕现象，就是为众所弃和自我嫌弃的结果。

下第人首先要面对的，是及第人隆重而热烈的庆祝性娱乐活动。这是及第人的享受，是社会对他们的欢迎。应举的士人，莫不盼望有这一天。下第人为社会所抛弃，与及第人为社会所欢迎，对照如此鲜明，刺激必然十分强烈。这是继落榜而来的又一个难堪。温庭筠伤心地说："知有杏园无路入，马前惆怅满枝红。"（《春日将欲东归寄新及第苗绅先辈》）杏园盛开的红花，他是可望而不可赏了！

和温庭筠相比，李廓显然沮丧得多。其《下第》诗后四句是："暖风张乐席，晴日看花尘。尽是添愁处，深居乞过春。"处处春色，处处歌舞，对他来说，皆是触目添愁。他只能将自己关在屋子里，挨过这难耐的春天。

下第人还要面对的，是朋辈中有人及第的现实。温庭筠在寄赠及第友人苗绅的诗中写道：

> 几年辛苦与君同，得丧悲欢尽是空。
> 犹喜故人先折桂，自怜羁客尚飘蓬。
>
> （《春日将欲东归寄新及第苗绅先辈》）

"犹喜"一句是祝贺友人，但全诗的基调是自伤，并流露出不平的怨情。温庭筠才华出众，他是因为傲兀和不羁，为权贵所排摈，被诬为"轻薄"，才落第的。所以，他虽自伤，却不自嫌。他有自信，因而也就有不平。

李山甫下第以后，在《贺友人及第》中说："得水蛟龙失水鱼，此心相对两何如！"在荣枯对比中，表达了他的难堪之情。在这里，祝贺仅是一种礼节性的表示；充满他内心的，是失意的情绪。故流露于笔端，只能是深沉的悲叹。

崔塗在《喜友人及第》诗中，则别开生面地写道："不有同人达，兼疑此道穷。"他由友人的及第，看到了此路可通的希望。这是把友人的及第与自己的前途相联系，从而真诚地为友人感到高兴。而在为友人高兴的同时，也宽慰了自己、鼓舞了自己。

由于应试举人中绝大多数都不及第，由于他们大抵比较自负，这就在相当程度上减轻了落榜带来的自卑与自伤。特别是初举不第者和年纪较轻者，他们还有足够的信心。贯休《送叶蒙赴举》诗云：

> 年年屈复屈，惆怅曲江湄。
> 自古身荣者，多非年少时。
> 空囊投刺远，大雪入关迟。
> 来岁还公道，平人不用疑。

这虽是送行者鼓励曾经落第的赴举人的话，但曾经落第者自己的想法，实在也就是这样。正是因为相信总有及第的一天，所以他们才能打起精神年复一年地应举。翁承赞诗云："荆璞献多还得售"（《喜弟承检登科》），下第人重整旗鼓准备再战时，就是这样的心态。

后唐清泰二年（935），薛居正及第。他曾在上年应举，下第。当时，他"为《遣愁文》以自解，寓意倜傥，识者以为有公辅之量"（《登科记考》卷二十五）。这是以达观的态度看待自己的挫折。实际上，多数下第人虽然不作《遣愁文》，他们也一样要排遣愁绪的。否则，悲愁郁悒，如何自振呢？所以，士人在科举考试的实践中，不断总结自己的和别人的成败经验，对于科举和自身命运的认识，逐渐深化。应举失败带来的心理创伤，也就比较易于承受。

但如果屡举不第，老而不第，问题就严重了。昭宗大顺二年（891），裴贽知举，多次应举不第的李洞献诗云："公道此时如不得，昭陵恸哭一生休！"结果还是落第，流落死于蜀中。（《唐才子传》卷九）由"昭陵恸哭一生休"句，可知他是伤心失意而死。温宪自懿宗咸通年间（860—873）应举，直至龙纪元年（889）尚未及第。他赋诗抒情道：

> 十口沟隍待一身，半年千里绝音尘。
> 鬓毛如雪心如死，犹作长安下第人。
>
> （《题崇庆寺壁》）

他家庭的贫苦和他本人的潦倒与悲伤，令人不禁凄恻。士人处于这样的境遇，旁人的安慰，自我的排遣，都没有用了。

最悲惨的，莫过于屡举不第之后，在飘零愁苦中死去。元和十一年（816），廖有方进士及第。他曾在上年应举，落第后往游蜀地。行至宝鸡西界，遇上一位病危的寒士，反复诉说："辛勤数举，未遇知音！"临终，叩头托廖掩埋遗体。廖卖马营办了他的丧事，凄然赋诗曰：

> 嗟君殁世委空囊，几度劳心翰墨场。
> 半面为君申一恸，不知何处是家乡？
>
> （《题旅榇》）

可怜这位士人，本欲应举求富贵，结果在贫病中客死于异乡。

悲剧多了，自然会引起反思。罗隐《感弄猴人赐朱绂》有云：

> 十二三年就试期，五湖烟月奈相违。
> 何如买取胡孙弄，一笑君王便著绯。

罗隐由弄猴人讨皇帝一笑，便赐着绯衣（唐制：四五品官绯衣）一事，明白了朝廷本不重才。那么，自己以才学欲求知赏，岂能如愿？他这样的认识，虽然愤愤不平，但因为内省不疚，也就不至过于悲伤和过于难堪。

至于比较积极的态度，有识之士也有所论说。李翱之弟李正辞，未能争取到京兆府解送参加贡举。李翱致书劝勉，他把学与仕分开：

> 贵与富，在乎外者也，吾不能知其有无也，非吾求而能至者也。吾何爱屑屑于其间哉！
>
> 仁义与文章，生乎内者也，吾知其有也，吾能求而充之者也。吾何惧而不为哉！
>
> （《唐摭言》卷二）

这是说，士人当尽力于道德文章，至于名利场得失，则不必介意。这就不仅比较超脱，而且引人向上。在科举时代，极少数士人能够不为名利所拘束，在精神上比较自由，在人格上比较自尊，在文化上有所建树，所持的基本上就是这种态度。

不过，大多数士人牵于物欲，惑于世情，挣不脱名利的羁绊，故下第人的悲愁失意心态，与科举同始终。赵嘏《下第后上李中丞》曰：

> 落第逢人恸哭初，平生志业欲何如？
> 鬓毛洒尽一枝桂，泪血滴来千里书。
> 谷外风高摧羽翮，江边春在忆樵渔。

唯应感激知恩地，不待功成死有馀！

这是一首悲泪淋漓的诗，至今读来，犹觉酸鼻。历代下第人的哀感，基本如此。蒲松龄在《聊斋志异·王子安》中，这样描写落榜人的情态：

忽然而飞骑传人，报条无我。此时神色猝变，嗒然若死，则似饵毒之蝇，弄之亦不觉也。

每逢科举考试，就有许多士人如饵毒之蝇，嗒然若死。这情景，在大约一千三百年的科举史上，反复重演，是何等的可伤！又是何等的可叹！

三　恬淡春风称意忙
——及第者

岑参《送严诜擢第归蜀》诗曰："战胜真才子，名高动世人。"科场文战获胜，就是"真才子"，就能倾动世人。科举时代，士人的自我价值，就是这样通过金榜题名来实现的。乾宁二年（895），赵观文进士及第。（《登科记考》卷二十四）褚载《贺赵观文重试及第》诗云：

一枝仙桂两回春，始觉文章可致身。

……

今日街头看御榜，大能荣耀苦心人。

本年崔凝知举，赵观文列为第八名。后来举行复试，赵升为第一名，故贺诗谓"仙桂"两开。至于文章之可致身，以及苦心人之有荣耀，都是及第带来的结果。如果不及第呢？文章和苦心人就都黯然了。故下第人的失落感和及第人的光荣感，成为每次科举考试后的两个极端表现。

最得意的，是年轻人初举登第。岑参《送许子擢第归江宁拜亲，因寄王大昌龄》云：

十年自勤学，一鼓游上京。

青春登甲科，动地闻香名。

这位许姓少年，在十年寒窗之后，一举获捷，立即香名动地。从此，荣誉簇拥着他，欢笑伴随着他：

到家拜亲时，入门有光荣。

乡人尽来贺，置酒相邀迎。

世人的殷勤，把他周围的气氛都变得滚烫了。

　　白居易初举及第，赋诗云："慈恩塔下题名处，十七人中最少年。"（《唐摭言》卷三）当时白居易二十七岁。唐代虽有"三十老明经，五十少进士"之谚，那不过是形容进士及第之难。由于史料缺乏，现已无法确定唐代进士及第的平均年龄。《唐国史补》载吏部郎中李建论进士及第后仕宦迁升迟速之宜，说是："大凡中人，三十成名。"此说虽非统计数字，但既然作为一般情况而论，则唐代进士及第之平均年龄当为三十岁左右。白居易登科年龄，既低于平均岁数，又为同年登科十七人中最年轻者，又是初举及第，他自然感到十分幸运和高兴。他在《及第后归觐，留别诸同年》诗中写道：

　　擢第未为贵，贺亲方始荣。

　　这是说到实质上了，进士登科之所以荣耀，主要是趋炎附势的世态人情造成的。进士们置身在这样的社会氛围中，不觉自负自矜，甚至有失态的表现，也就不足为奇了。

　　同年及第的进士，或初举及第，或屡举方及第；或少年及第，或老年方及第。情况不一样，但大多不免得意之感和放纵之情。孟郊及第之年，有五十岁和五十四岁两说，总之是老年人了。他的《登科后》诗，以轻快的笔调写道：

春风得意马蹄疾，一日看尽长安花！

看诗人这种癫狂的情态，很难想象他已是过了知命之年的老人。然而同是这个孟郊，往昔下第时也写下心碎的诗句，《落第》诗云：

弃置复弃置，情如刀剑伤！

两相对比，别若天地！到这时，科举对于读书人命运的支配，对于他们的思想感情的操纵，也就充分显示出来了。

刘沧及第时，已是"白头纷纷"的老人。他的《及第后宴曲江》诗备极游赏之乐：

及第新春选胜游，杏园初宴曲江头。
紫毫粉壁题仙籍，柳色箫声拂御楼。
霁景露光明远岸，晚空山翠坠芳洲。
归时不省花间醉，绮陌香车似水流。

此诗吟咏曲江宴游盛况，可谓淋漓尽致。

黄滔三十三岁首次应举，屡试不第。过了二十三年，已经五十六岁了，才得题名榜上。然而他豪兴不减少年，其《放榜日诗》云："白马嘶风三十辔，……曲江烟水杏园花。"其《成名后呈同年》诗云：

297

一字连镳巡甲族，千般唱罚赏皇都。

名推颜柳题金塔，饮自燕秦索玉姝。

不过，屡举方得及第者的心境，并不都是狂喜不禁的。他们遭受过太多的挫折，内心创巨痛深。郑谷《贺进士骆用锡登第》诗曰："苦辛垂二纪，擢第却沾裳。"这是及第以后，回思二十年屡举不第之苦，不觉悲上心来。又如，顾非熊工诗，扬誉远近。遭权豪排挤，应举三十年，未得一第，天下人皆为其称屈。会昌五年（845），他又落榜。武宗亲阅其文，这才追榜及第。（《唐才子传》卷七）他赋《关试后嘉会里闻蝉感怀呈主司》诗云：

昔闻惊节换，常抱异乡愁。

今听当名遂，方欢上国游。

吟才依树午，风已报庭秋。

并觉声声好，怀恩忽泪流。

为什么欢游时不免潸潸泪落呢？因为往事既不堪回首，而来日又已无多。这正如蝉鸣虽在午时，而节候已届秋日一样。诗人项斯理解他的心情，所作《送顾非熊及第归茅山》诗谓："吟诗三十载，成此一名难。自有恩门入，全无帝里欢。"像这样及第以后全无欢情的进士，虽然少见，但其所表现出来的清醒理智，却值得重视。因为他们已经感觉到了科举带来的悲剧，意识到了自己作为及第人也还是摆不脱悲剧命运的实质。

费冠卿为了应举，离家久居京师。元和二年（807），他进士及第。然而，他的母亲也在此时去世。费悲叹道："干禄养亲耳，得禄而亲丧，何以禄为！"于是隐居池州九华山。（《登科记考》卷十七）所作感怀诗云：

> 茕独不为苦，求名始辛酸。
> 上国无交亲，请谒多少难。
> 九月风到面，羞汗成冰片。
> 求名俟公道，名与公道远。
> 力尽得一名，他喜我且轻。
> 家书十年绝，归去知谁荣。
> 马嘶渭桥柳，特地起愁声。

唐人咏科举的诗不少，这一首以其卓识超出常流。他是在经历屡举不第的痛苦和得第而母死的悲哀之后，方才觉悟到了科举的骗人和害人，以及自己向来的迷误。"茕独不为苦，求名始辛酸"，这是根据亲身的感受进行比较以后，认识到先前的寒舍生活不苦，而应举求功名方才可悲。"求名俟公道，名与公道远"，举场既无公道，则得第何可荣？落第何可羞？"力尽得一名，他喜我且轻"，由重视功名屡举求第，到蔑弃功名归山隐居，这样巨大的变化，表明了他的觉醒。只是"轻"科名者寥寥，而"喜"科名者比比皆是，则迷误者众多，科场中的悲喜剧自然仍要不断地排演下去，并且愈演愈令人啼笑皆非。

后梁乾化三年（913），王易简进士及第。他不看榜即归华山。以后虽然一度入仕，但不久就辞官归隐。（《登科记考》卷二十五）他赋诗抒怀曰：

> 汩没朝班愧不才，谁能低折向尘埃？
> 青山得去且归去，官职有来还自来。
>
> （《官左拾遗归隐作》）

他在科场和官场的荣辱升沉中，领悟到了正是由于名利的羁绊，士人才纷纷"低折向尘埃"的。他因此采取了淡泊名利、听任自然的处世态度。

费冠卿对功名的幻灭感，王易简对功名的超脱观，都是进士及第实现多年凤愿以后，抚今追昔，从而看出了挣扎于科场和官场的悲剧实质。在科举史上，他们是先觉者。他们明白了即便博得一第也并非实现了人生价值。在这一点上，他们高于代代沉迷于科举的士人，以及一切歆羡及第进士的世人。

不过，唐和宋以后，以进士及第与否为"高下人物"的主要标准（《癸辛杂识》前集《科举论》），却是士林和社会的共同心理。因此，及第人得意和落第人失意，也就成为自唐至清奋斗于科场的士人们的普遍心态。

四　一鸣从此始，相望青云端
——及第而通显者

唐高宗、武则天时期，科举入仕者开始在政府中占据重要职位。玄宗朝，科举入仕者在宦途上明显优于他途入仕者。其中，尤以进士出身者为贵。唐后期进士及第者中，不少人在中央和地方担任要职，甚至拜相执政。宋以后，宰相基本上皆由进士出身者担任。他们的事功、命运和心态如何呢？

宋人王禹偁著《待漏院记》，以为"一国之政，万人〔民〕之命，悬于宰相，可不慎欤！"他描述了两种类型的宰相，一种是：

> 兆民未安，思所泰之；四夷未附，思所来之。兵革未息，何以弭之？田畴多芜，何以辟之？贤人在野，我将进之；佞人立朝，我将斥之。六气不和，灾眚荐至，愿避位以禳之。五刑未措，欺诈日生，请修德以厘之。……皇风于是乎清夷，苍生以是而富庶。

这一类人以天下为己任。唐朝的宋璟，进士入仕，以立朝刚正，深为武则天所尊重。他屡与佞臣张易之、张昌宗斗争，遭二人进谗诬害，仍不屈挠。中宗时，他与权臣武三思斗争。睿宗时，他与擅政的太平公主斗争，维护李隆基的太子地位。他被睿宗任为宰相以后，坚决斥退冗官，整顿政府机构。玄宗时，他再度拜相，继续推行姚崇的改革措施，尤重择贤任官，使百官各称其职。他刑赏无私，敢犯颜直谏，玄宗每屈意听从。史称："姚〔崇〕、宋〔璟〕相继为相，崇善应变成务，璟善守法持正。二人志操不同，然协心辅佐，使赋役宽平，刑罚清省，百姓富庶。"（《资治通鉴》卷二百一十一）开元二十一年（733），宋璟七十一岁，他上表请求致仕。表称位高任重，而人已衰老：贪恋禄位，必有损政事。他希望"罢归私第"，以免尸位素餐之讥。（《旧唐书·宋璟传》）这是保全晚节之道。故宋璟一生，仕进是为天下，退养也是为天下。

唐后期名臣裴度，和宋璟稍有不同，他由进士入仕，历德、顺、宪、穆、敬、文六朝，长期出将入相。他的主要功绩为坚决辅佐宪宗削藩，并亲自主持了平定淮西叛乱的战争。自安史之乱以来，强藩跋扈，朝廷威权不振，至此始得提高。然自宪宗末年以来，由于宦官专柄，奸人乱政，朋党谗害，裴度虽位望仍高，却不能施展抱负。宪宗末、穆宗和文宗时，他三次被排挤出朝廷。大和八年（834）以后，他

长期住在东都。故裴度仕宦虽久，有作为之日却不多。自元
和十二年（817）平淮西以来，二十余年中，屡遭排陷，时
进时退。他本来刚直，但在宦官及朋党的不断迫害下，锋芒
渐失。晚年在东都，流连山水，诗酒自娱。（《旧唐书·裴
度传》）宪宗朝他第一次拜相时所赋《中书即事》诗曰：
"道直身还在，恩深命转轻。"当时他被藩镇所遣刺客杀
伤，在举朝惶恐中拜相，负起了平淮西的重任。诗句表现的
是以身许国的抱负和直道而行的节操，心境豪迈而悲壮。后
来遭到排斥，赋《太原题厅壁》诗曰：

> 危事经非一，浮荣得是空。
> 白头官舍里，今日又春风。

　　他在挫折中产生了幻灭感，视世事为浮云，随遇而安
了。晚年在东都，有《答白居易求马》句云："君若有心
求逸足，我还留意在名姝"，居然以声色打发岁月。在东
都，他建宅于集贤里，"筑山穿池，竹木丛翠，有风亭水
榭，梯桥架阁，岛屿回环，极都城之胜概。又于午桥创别
墅，花木万株，中起凉台暑馆，名曰'绿野堂'"（《旧
唐书·裴度传》）。当时王纲板荡，国事日非，他却退娱
园林，揆之报效国家的初衷，变化无疑是太大了。
　　王禹偁所描写的另一类宰相是：

> 私仇未复，思所逐之；旧恩未报，思所荣之。
> 子女玉帛，何以致之？车马器玩，何以取之？奸人
> 附势，我将陟之；直士抗言，我将黜之。三时告
> 灾，上有忧色，构巧词以悦之；群吏弄法，君闻怨
> 言，进谄容以媚之。

比如中唐的皇甫镈，由进士及第入仕，官至宰相。宪宗在取得平淮西的胜利以后，认为天下安定，遂恣情娱乐。皇甫镈迎合帝意，割剥百姓以聚敛财富，满足宫廷生活的奢侈需要。当时，宫中有长年积存库物已经朽坏，却交给政府财政部门估价。皇甫镈"尽以善价［高价］买之，以给边军"。这些供军衣料，"触风断裂，随手散坏，军士怨怒，皆聚而焚之。"尽管裴度加以揭露，但皇甫镈得宪宗支持，"益无忌惮"。他为了固宠持权，又向宪宗引荐方术之士，进献长生药。宪宗服药以后，急躁暴烈，为宦官所杀。皇甫镈因此远贬，不久死于贬所。（《旧唐书·皇甫镈传》）

晚唐的柳璨，由进士入仕，以擅长文学得昭宗赏识，超资拜相。朱温逼迁昭宗于洛阳以后，他趋附朱温，助其肆虐，杀朝臣三十余人。后来朱温以"冤声载路"，为平舆情，诛杀了柳璨。（《旧唐书·柳璨传》）

宋朝的秦桧，北宋末年进士及第，官至御史中丞。靖康二年（1127），金灭北宋，俘徽、钦二帝及百官北

去，秦桧亦在其中。金太宗将他赐给其弟完颜挞懒。南宋高宗建炎四年（1130），秦桧与妻王氏及婢仆，从金国回到南宋。他自称是杀死监视自己的金人逃回。当时许多人对此表示怀疑，皆谓百官北迁，秦桧何能独归？杀死金人南逃，路途数千里，且又携带家室奴婢，岂能安然无事？秦桧回南以后，即倡言"如欲天下无事，南自南，北自北"，公开鼓吹放弃中原。由于此议深合以宋高宗为首的统治集团中多数人的苟安心理，故颇受高宗重用。当年，即授任礼部尚书。次年，先升副相，再升宰相。从此，他终其一生在高宗朝两度拜相，执政十九年。他杀害和贬逐主战派人物，以扫清推行投降政策的障碍；他结党营私，凡政府要职，皆为其党羽占据；他贪婪纳赂，广置家产，私家库藏比国库还多数倍。（《宋史·秦桧传》）南宋时，国家的屈辱，政治的腐败，秦桧负有重要责任。

以上三人，皆从科第入仕，皆以奸邪得高位。他们的富贵，是同祸国殃民相联系的。当国家多难、政局多变之时，其富贵又岂能长保？故此类人的下场，大多不好。柳璨在遭朱温诛杀时，不禁自责道："负国〔唐朝〕贼柳璨，死其宜矣！"他本来想把唐朝献给朱温以保富贵，结果却死在朱温代唐的前夕。这是他没有料到的。临刑时的心态，颇有痛悔之意。但他的后悔，是从个人利益的得失去考虑的，是因为失利，故悔恨失计。他当初帮助朱温肆虐之时，何尝不知道自己正在"负国"？只是正在得势，所以心里只有得意。如果朱温继续用他，他必定更加起劲地"负国"而决不后悔。唐朝末年，官僚士大夫大多苟且无耻，他们既以"邀功射利"为能事，自不能避免"陷族丧邦"的结局。

秦桧卖国求荣，贪酷暴虐，举世同愤。公元1138年，胡铨上书请斩秦桧以谢天下。朱松、胡铨等也联名上书说：天下仗义之士将问罪秦桧！1150年，殿前军士施全当秦桧入朝时，挟刃刺之于道，不中，被捕下狱。秦桧亲自审问，施全说：

举天下皆欲杀虏人［金人］，汝独不肯，故我欲杀汝也！

秦桧作恶多端，深畏后人骂他，便指使党羽撰写歌功颂德文章，又检查百官所上章疏及朝廷所下诏书，凡稍有指责他的，即下令焚弃。又以其子秦熺监领国史，其孙秦埙修撰实录，大肆篡改历史。然而，秦桧仍未能逃脱千古骂名，他被永远钉在了历史的耻辱柱上。

上述正邪两类人以外，尚有改节的一类。元稹由明经及第入仕，后又应制举登科，他在朝敢议大政，敢揭时弊，敢弹劾违法官吏。但在遭到宦官迫害贬官以后，改变了作风，结交宦官崔潭峻、魏弘简，得以拜相。此后，他"放意娱游……以渎货闻于时"（《旧唐书·元稹传》）。元稹曾是有志之士，亦颇有才略，但当正直不容于朝之时，在碰壁之后，改节以求显达，不惜交好宦官以求奥援，不惜贪渎以纵奢欲。他有一首《逢白公》诗曰：

> 远路事无因，相逢唯一言。
> 月色照荣辱，长安千万门。

他对于官场中的升沉变化，感慨良深。然而他汲取的教训，是不惜随俗浮沉甚至同流合污以求富贵。

元稹是在宦途受挫后而改节的，此外还有在得君行道、踌躇满志时变质的。明朝的张居正，进士入仕。明穆宗隆庆元年（1567）进入内阁。隆庆六年（1572）神宗即位后升任内阁首辅，从此执政十年。当时明政衰败，豪贵恣横，国库空竭，边患频起，危机深重。他以补敝扶危为己任，实行了一系列改革。首先，裁汰冗员，考核政绩，以澄清吏治并提高行政效率。结果，官吏"不敢饰非，政体为肃"。"虽万里外，朝下〔令〕而夕奉行。"其次，在全国范围内清丈土地，查出了豪强隐漏的大量田亩。在此基础上，在全国推广早在嘉靖时就已局部实行的一条鞭法，将部分徭役转入地亩，减轻了无地、少地农民的负担。结果，国家收入增加，民困有所缓和。隆庆元年（1567），张居正初入内阁时，国库现存银一百三十五万余两，仅够三个月开支。经过改革，国库积银六七百万两，太仓储粟一千三百余万石，可支十年。此外，还实行"外示羁縻，内修战守"的边防政策，整饬防务，并改善民族关系。他以戚继光守蓟门，以李成梁守辽东，以王崇古、方逢时守宣大，战备和防务都明显改善。在此基础上，他接受鞑靼俺答汗乞请封王求和，"自是边境休息，东起延永，西抵嘉峪七镇，数千里军民乐业，不用兵革"（《明史·张居正传》）。明后期衰落之国势，因张居正改革而一度振兴。

随着在政治上获得重大的成功，张居正本人日益骄纵专横。他升降官吏，"多由爱憎"。在他左右用事之人，"多通贿赂"。他家的仆人，也有做官的。有一年，他从家乡江陵还京，所过之处，地方官皆长跪迎送。他的母亲进京，"仪从煊赫，观者如堵"（《明史·张居正传》）。万历十年（1582），张居正病，六部、九卿、五府大员，公、侯、伯贵爵，以及翰林、科道、各部属官吏，下至诸杂职吏人，皆为设斋醮祈祷。在张居正政绩显著的同时，政风也在败坏，官僚士大夫之趋权附势者盘踞于朝廷。故张居正一死，明政即江河日下，不可收拾。

以上三类人，皆科举入仕致身青云之上者。他们的情况，说明专制社会的官场，对于志在济世之士，不大能够提供有利于建立功业的条件；相反，却提供了堕落和营私的机会。因为专制国家本质上就是一个以暴力榨取人民脂膏的机构，所以政府成为营私的利薮。皇帝通过国家取得了最大的一份利益，官吏们则依职权大小分别捞取好处。故官场不能不是世间最污秽的地方。而且皇帝和官僚的特权，使他们不可避免地趋向腐化。皇帝和官僚都是宁死也不放弃特权的，故腐化乃是专制国家政权的不治之症。并且，多数士人将谋国与谋身结合在一起，希望在施展抱负的同时，兼顾自家的生计。但二者有时出现矛盾，当此之时，切近的身家利益，往往得到优先的考虑。还有，在官场斗争中，奸邪之人以不择手段往往得势，正直之人则因不为身谋和不善自谋而受挫受害。专制国家的官场必不可免地要汰优存劣。自古以来，得君行道者少，得君用邪者多。唐朝末年，"孝涂之气纷如，仁义之徒殆尽"，"妖徒若此，亡国宜然"（《旧唐书》卷一百七十九）。古人每以"城狐社鼠"比喻政府中的坏人，专制国家官僚政治的运行规律是一定要弄到狐鼠纵横，然后与"城"、与"社"即与国家政权一同灭亡的。

　　总之，国家以科举官僚制度导向，也即是以权、以利导向的结果，是使士人经过科举做官以后，便置身于污浊的利薮之中，陷身于争夺的泥潭之内，洁身自好和有所作为相当困难，有时还会为此付出罢官甚至杀身的代价。读古代史传和古人诗文，看不到一个人因为做官而变得高尚。裴度这样的人，做官以前就是志士，做官以后则因刚直不阿遭受排挤，不得不俯仰从俗。元稹、张居正一类人，也是做官以后逐渐发生蜕变。柳璨、秦桧一类人，

是做官以后更坏。当士人们寒窗苦读时，学得的是孔孟仁
政之道。而在进入仕途以后，却有许多人不断放弃理想甚
至出卖灵魂。奸佞人做官即营私，所以有如鱼得水之欢；
正直人则有格格不入之苦。适者上达，故当朝者往往为奸
人，而正直人亦多不免于随俗。历史运行规律是前进，官
场的运行规律却是堕落。历史趋向进步的规律，表现为趋
向腐朽的国家政权不断垮台。士人做官以后，往往忽视历
史的规律，而热心于随顺官场的规律即所谓"潜规则"。
当其得意于升官发财之时，却不知灭亡就在目前。唐末、
宋末和明末，许多士人无视国家危亡在即，而汲汲科举如
狂，争夺权力如狂，声色享乐如狂！在多数晚唐诗词中，
看不到国势之危和民生之艰，只看到一群在灯火与笙歌中
寻欢作乐的官僚士大夫。

当士大夫的官运与国运相反时，腾达者怎么可能不是
奸恶之徒呢？又怎么可能不是历史的罪人呢？

五　虚负凌云万丈才
——及第而沉沦者（上）

"莫嫌黄绶官资小，必料青云道路平"，这是方干
《赠孙百篇》诗中的两句。孙在登科后授职华亭尉，官阶不
高。前一句是写科举及第者初入仕途时的地位，后一句是关

于未来的希望，以及可能有的好前程。可是，科举及第者在仕途上虽然较他途出身者为优，但由于政府里高、中级职位不多，能够显达者只能是少数。又由于专制制度下的政治斗争，一般是奸邪之人得势。而奸人当政，所喜欢的只能是奸人，所放心的只能是庸人。李林甫为相，专门排斥胜己者，所用的都是唯诺小人。政事堂中，他一个人说了算。他因此专权乱政达十九年之久。故在专制国家的官场中，通常是劣胜优败。所谓"黄钟毁弃，瓦釜雷鸣"，虽是千古同慨，却是千古皆然。所以，科举入仕者中，不但大多数人不能求得显宦，而且恰恰是贤士多不免于沉沦。

高宗、武则天时期的陈子昂，进士及第入仕。他在政治上有抱负也有见识，比如上书批评武则天讨生羌之失：

> 夫蜀之所恃，有险也；人之所安，无役也。今国家乃开其险，役其人。险开则便寇，人役则伤财。臣恐未见羌戎，已有奸盗在其中矣。

寥寥数语，切中此举之失。他对武则天时期的弊政，如酷吏之横，佞佛之费等，皆多所指责。然而他只做到右拾遗。辞官还乡以后，又遭县令段简迫害，下狱而死，年仅四十一岁。他曾上书武则天说："有非常之策者，必待非常之时；得非常之时者，必待非常之主。""杀身之害小，存国之利大。""言必获用，死亦何惊！"（《旧唐书·陈子昂传》)他是怀抱济世之志，决心忘身殉国的人，却屈抑沉浮于下僚。

陈子昂的悲慨的心情，集中表现在著名的《登幽州台歌》里。幽州台作为特定的典型环境，是君臣遇合的历史象征。士不遇时及不遇人，是古代士人的普遍命运。"前不见古人，后不见来者"含三层悲慨：古人已去，来者未来，悲人生之短暂，叹一己之孤独。可悲一也。古之明君如燕昭王已不复见，后之明君更无由见，悲生不逢辰，怀才不遇。可悲二也。古之贤士如乐毅已不复见，后之贤士亦无由见，悲举世之无朋，怅知音之杳查。可悲三也。此三层孤独感情，包含了人生的普遍悲剧和士人的历史性悲剧。"念天地之悠悠"，状登临所见之无边苍茫景色。"悠悠"含有"远"义，在此既喻平野之阔远，又寓岁月之悠远。而在悠远的岁月中，所展示的乃是前二句所述不幸的人生和不幸的志士的命运。在此无限的时间和空间所构成的"天地"之中，失意的诗人思往事、悲来者，以一个"念"字，挽起第一二句吊古伤今之情，从胸臆间迸发出凄然的悲声。至此，"独怆然而涕下"，也就是情之所必至了。不但"前不见"和"后不见"显得孤独，悠悠天地亦显孤独，并且怆然涕下亦复孤独。似此无可诉说的孤独之情，唯有以怆然一涕，洒泪于天地之间。

这是一首登台感怀之作，所写的主要不是望中之景，而是望中之情。这是由幽州台这个特定的景感发出的特定的情。这虽是孤独者的失志不平之情，但却是在历史长河、悠悠宇宙中感发的孤独之情。诗人不只是感伤一己命运的悲剧，亦是感伤志士不遇的历史性悲剧，这是胸怀历史责任感的贤士的孤独，是欲于天地之间建功立业的英雄的孤独。在一片抑塞哀伤之中，含蓄着磊落的奇气，跃动着雄飞的壮心。故悲怆中不失豪迈，失落中不甘沉沦。"独"字是一篇诗眼，它将诗人在天地间和在历史中的孤独感，集中起来，以怆然一涕出之，令千古贤豪闻而兴悲，感而思奋。它所唤起的，是奋斗而不是消沉。韩愈诗云："国朝盛文章，子昂始高蹈。""高蹈"二字极准确。陈子昂确实是当世的一位高蹈者。高蹈者是寂寞的，所以有悲感；高蹈者又是不屈的，所以有壮心。陈子昂在现实社会中的遭遇，是沉沦；但他的精神和感情，却是高蹈。这应该是他议论卓荦、诗文挺拔的原因。他能一洗齐梁浮靡之余音，开大唐盛世之清响，成为唐代诗史上划阶段的雄才，实在是和他虽沉沦但仍高蹈的情怀分不开的。

历仕德、顺、宪三朝的柳宗元，进士及第后，又应制举博学宏辞科及第，授校书郎，调蓝田尉。贞元十九年（803），为监察御史里行。永贞元年（805），顺宗即位后，擢任礼部员外郎，参与改革大计。失败后，贬邵州刺史，途中再贬为永州司马。元和十年（815），调柳州刺史。元和十四年（819）死，年仅四十七岁。柳宗元壮志凌云又才华出众。自永贞改革失败后，十五年间，一直沉滞于边远州郡。"江流曲似九回肠"（《登柳州城楼寄漳、汀、封、连四州》），哀思何其深曲！他的悲剧是遭到胜利者的无情报复、势利人的落井下石，以及在位者的深忌其高才，故沉废终身。永贞改革虽然失败，宪宗却是较有作为的君主。永贞改革的某些主张，宪宗朝仍在施行，而在削藩上成绩尤大。宗元怀济时之器，抱有用之才，却不为当权者所理解和谅解，遂使在可以有所作为之世，不能一展抱负。这是何等不幸的事！

不过，宗元在抑塞困顿中能够尽力而为。柳州荒僻，当地贫民多以儿女质钱，过期不赎，则没为奴婢。宗元为设方计，使赎归其家。尤贫者，令于主人家为佣工，待佣值与债钱相当即还本家。他有时甚至出私钱助赎。他的善政，得到柳州人民永远的纪念，为其立庙于罗池。

宗元更大的作为，是在文化事业方面。所著《天说》《答刘禹锡天论书》，发展了荀子、王充的唯物主义思想。所著《封建论》认为历史发展自有其客观规律，肯定郡县制取代封建制，抨击藩镇割据的现实。所著《梓人传》《种树郭橐驼传》，论为相者之器与才及治世之道。宗元文章，雄深雅健，韩愈认为可比司马迁。他以卓异的创作实绩，推动了唐代影响深远的古文运动，后世尊为唐宋八大家之一。他在永州和柳州时，不少南方文士从数千里外赶来跟从他学习，经其指点，为文皆有可观，促进了南方人文的进步。

宗元能诗，《江雪》曰："千山鸟飞绝，万径人踪灭。孤舟蓑笠翁，独钓寒江雪。"在"千山""万径"的大环境中，是一叶孤舟，一位钓翁。在"鸟飞绝""人踪灭"的无边之静中，是"钓"之动。在雪山雪地一片皆白中，是"寒江"之碧。这是一幅大小、动静、色彩对比鲜明的图画。不仅此也，还是一幅有层次感的图画。"千山鸟飞绝"是一个层次，"万径人踪灭"是又一个层次，"寒江"是第三个层次，"孤舟"是第四个层次，蓑笠翁垂钓是第五个层次。由千山到万径再到孤舟、钓翁，是由远到近，由大到小。远景无比阔大，近景如在目前。"千山""万径"所衬托的是舟之"孤"与人之"独"。"鸟飞绝"与"人踪灭"所衬托的是"钓"之动。诗的重心、画的焦点是蓑笠翁独钓寒江。大衬出了小，远托出了近。在雪天雪地无比的冷和鸟飞绝、人踪灭无比的静中，孤舟蓑笠翁独钓寒江，显出了生气和活力。这是怎样一位钓翁啊！这当然不是一般的渔夫，而是诗人自己。其时宗元被贬永州。他面对的，是寒气逼人的政治环境。然而他有坚持、有操守，如孤舟蓑笠翁之在冰天雪地独钓寒江。正是因为不屈服于环境的压迫，宗元才能在被贬岁月中在文化上成就骄人的业绩。

最能昭示宗元志士情怀的，是《酬曹侍御过象县见寄》：

破额山前碧玉流，骚人遥驻木兰舟。

春风无限潇湘意，欲采蘋花不自由。

宗元此诗，用兴寄法，于具体可感因而有限的景与情中，寄寓难以言说、不能言说的"潇湘意"。

一二句叙事，叙曹侍御驻舟于象县破额山前的柳江之上。而在此叙事中，生发出动人的景与情。青山碧流，木兰芳舟，景是秀美的。骚人遥驻，寄诗相赠，情是深厚的。叙事中写景，景与事皆见深情。事语是景语也是情语。三四句抒情，抒酬答之情。这情固然是因曹侍御的赠诗引起，同时也是因春风、蘋花之景感发出来，尤其是因"欲采蘋花不自由"之事激发出来。春风、蘋花是景语，"欲采蘋花不自由"是事语，"无限意"是情语。十四个字，情、景、事浑融一片。

"春风无限潇湘意"，此诗的精神，就在此七字。潇湘，屈子行吟之地。第二句中的"骚人"，明写曹侍御，实为渲染出《离骚》特有的氛围。"碧玉流"和"木兰舟"，景和物这样美好，也是《离骚》式的写法。故"无限"二字所蕴含的，不但是春风潇湘之景无限，而且是潇湘之意无限。这无限的潇湘之意，就是《离骚》之意。《史记·屈原贾生列传》说："屈平正道直行，竭忠尽智以事其君，谗人间之，可谓穷矣。信而见疑，忠而被谤，能无怨乎？屈平之作《离骚》，盖自怨生也。"宗元为振兴唐运而参与永贞改革，却遭到持久的迫害，能无怨乎！故此诗乃宗元借助《离骚》的意境，寓托怀抱之作。《离骚》所抒写的，是治平的理想，是人格的修养，是志行的高洁，是贤士的沉沦，是奸邪的乱政，是国势的衰败，确乎是无限的悲情与怨意。这不是出发于自我得失的悲情与怨意，而是忧国忧民的悲情与怨意。这是仁人君子才能有的悲情与怨意。

晚唐时期的李商隐，开成二年（837）登进士第，然仕途蹭蹬，只做过校书郎、县尉一类小官，长期漂泊各地，沉沦幕府，在穷愁中死去，死时年仅四十六岁。商隐当唐运衰败之世，怀着"欲回天地"的壮志。然而，在奸人朋比弄权的朝廷，是不容志士立足的。

李商隐在宣宗时期，多次请求令狐绹援引。从积极处说，他是为了有机会施展抱负。从消极处说，他是迫于生计。这是商隐，也是古代所有落魄士人的不幸。读他的这一类诗，令人感到压抑、难受。这不是商隐的耻辱。可耻的是窃权误国、嫉贤害政的令狐绹之流。

商隐虽然身世可伤，却关注国事，且颇有政治识见。其《行次西郊作一百韵》，痛陈时弊、悯念民艰，议论唐朝盛衰变故，足可称为诗史，为杜甫《自京赴奉先县咏怀五百字》《北征》以后最佳诗作。其《有感》《重有感》，写甘露之变，直指跋扈之宦官，言人所不敢言，并世无第二人作。其咏史诸诗，托古讽今，敢于批评唐世君主。其"无题"篇什，尤为独特之作。此类诗情致婉娈、意境幽邃、辞藻绚丽。从字面上看，是写爱情，可是在朦胧的意象中，给人以隐约幽微、迷离恍惚之感，可谓寄托遥深，言有尽而意无穷。他写情是那样的郑重、执着、深沉、凄楚，那样的缠绵不解，有余不尽，至死方休。他文字又极清丽，音调又极谐美，读来但觉芳馨在口，而绵邈之思，婉约之致，低回之意，萦于怀抱。细味商隐的诗，他在事业上和感情上都处于不可追求的困境，然而他却执着地追求。这是屈原留下的传统。他虽然位卑年促，却因为有理想，有追求，在我国诗史上写下了色彩与韵致都臻绝美的诗篇。

商隐集中，最受人称道却一直公认为难得确解的，是《锦瑟》：

> 锦瑟无端五十弦，一弦一柱思华年。
> 庄生晓梦迷蝴蝶，望帝春心托杜鹃。
> 沧海月明珠有泪，蓝田日暖玉生烟。
> 此情可待成追忆，只是当时已惘然。

诗题"锦瑟"，其实无题。这是《诗经》开创的传统，即以篇首或篇中一字或数字为题。此类诗的特点，或是诗人有意朦胧，盖诗情幽微不欲明言也。或是意象多重，不便具体名篇也。

此诗给人的感觉，就是美丽、凄伤、缠绵，读来一唱三叹，低回不已。然而命意所在，古今论者虽甚多，却迄今无定论。盖此诗具多重意象，故诗思迷离隐约也。

笔者以为，此诗旨意，当由"一弦一柱思华年"求之。中间四句，皆为"思华年"。思华年的结果，是感叹"此情"岂待"追忆"可伤，"当时"已令人不禁"惘然"，盖平生之事与情皆甚可悲也。明乎此，故中间四句，虽一句一意象，但皆为忆华年并悲华年也。历来讨论此诗，或以为悲身世，或以为悼亡妻，或以为自论诗旨，皆不失为有所得之见。盖商隐生平可悲，而最可悲者，为悲亡妻及悲诗心也。今试从此三个角度，诠释如下。

先说悲身世。一二句谓在华年已逝之后回思华年。华年之时，曾有过怎样的理想和追求！又曾是怎样的才华秀出！言外是华年之坎坷和失意。"无端"，恍然于老之将至，哀思出矣，"一弦一柱"，以瑟音之抑扬，状思绪之起伏。盖虽是思昔，而意犹不平也。"庄生"句，写迷离恍惚感，喻命运之难以言说。"望帝"句，写悲怀，悲美好理想及美好感情之破灭，而唯余鹃啼之血泪于诗篇。"沧海"二句，意象极美，进一层写理想及感情之美，然而终成空幻，故望之如烟，思之唯泪。末二句，谓此种追忆终属不堪，盖"当时"已是惘然若失，则何堪回首乎？不堪回首而仍回首者，心不甘也，意不平也。

次说悲亡妻。一二句，见锦瑟而思妻，而思妻子之美及夫妇之爱。"无端"句，无奈竟成往事，唯有伤逝而已。"一弦一柱"，华年之音容及往事，犹历历分明，然而，不能对面，唯有怀思。"庄生"句，往事如梦如幻，是诗人寤寐之间情思如此，亦是诗人伤悼恍惚神情如此。"沧海"句，月照沧海，鲛人泣珠，悲固极深。"蓝田"句，暖日蓝田，良玉生烟，美亦无限。"珠有泪"，悲情实实在在。"玉生烟"，美景虚幻而已。盖痛美之永逝而悲情长在也。末二句，往日绸缪之情可追忆乎？然当亡妻在日，诗人之身世有如飘蓬，夫妇聚少离多，当时已是惘然情伤，何况今日唯余悲思，岂堪追忆！然则，可不忆乎？当时已经惘然，今日何能释然？则是悼亡伤逝之痛，将伴诗人无多之余生矣。

又次说悲诗心。以锦瑟喻诗及诗心，诗人自论历来呕心之作也。"锦瑟无端五十弦，一弦一柱思华年"，无端，没来由，竟写下如许悲音。华年时之一弦一柱，寄托了多少理想、感情、追求，抚今思昔，不禁凄然。"庄生晓梦迷蝴蝶"，诗之朦胧境也。"望帝春心托杜鹃"，诗之伤春情也，包括伤青春、伤爱情、伤国运。"沧海月明珠有泪，蓝田日暖玉生烟"，诗意似梦似幻，如海月，如玉烟，可望而不可即，可感而不可得，可意会而不可指实，于朦胧而玲珑之意象中，传出不尽的美感和不尽的哀思。而诗心，则如鲛人之泣。诗声，则如泣珠之美而含悲。诗境，望之如"蓝田日暖玉生烟"，寓无限之伤心失意。"此情可待成追忆，只是当时已惘然"，今日追思"一弦一柱"之诗篇，令人不堪。其实当时写诗，已是惘然神伤也。

故《锦瑟》一诗，乃商隐"思华年"而自伤也。商隐怀才抱器，却不但不遇于时，并且不遇于人。平生遭际，事事堪伤。幸而缔姻佳偶，谁料竟成双双薄命？平生事业，唯诗而已。而诗心凄苦，又有谁知？商隐因有此种种之苦楚，发而为诗，遂成此"珠有泪""玉生烟"之作。

以上三人，陈子昂生活在唐前期，柳宗元生活在中唐时，李商隐生活在晚唐时。时势不同，沉沦则同，在沉沦中执着于理想，不随俗、不改节亦同。虽然在政治上，他们都是"虚负凌云万丈才，一生襟抱未曾开"（崔珏《哭李商隐》）；可是在文化上，他们的凌云之志与才气，却都开出了奇花异葩。韩愈《送孟东野序》谓：

大凡物不得其平则鸣。

士人的遭遇有穷有达：

抑不知天将和其声，而使鸣国家之盛邪？抑将穷饿其身，思愁其心肠，而使自鸣其不幸邪？

前一种情况，是达者，在政治上建树济世之业；后

321

一种情况，是穷者，在文化上垂名于不朽。韩愈认为：穷与达，皆不由自主，故达不必喜，穷不必悲。无论何种遭遇，都要有所成就。子昂、宗元、商隐，就是在沉沦中坚持奋斗，自致于不朽的英杰人物。

元代辛文房所著《唐才子传》，是一本关于唐代诗人的评传，其中绝大多数皆为遭逢不偶之人。作者在卷一《陈子昂传》末，感叹说："呜呼，古来材大，或难为用！"原因是高才美志之士，必不满于现状，并且富于进取精神，这就往往与维护现状之朝廷发生矛盾，为当政者所不容。但因为与历史的进步一致，与民心相通，故虽不遇于当时，却能显名于后世。正确的裁判，是历史作出的。

韩愈在《与陈给事书》中说："文日益有名，则同进者忌。"在士林内部，高才之士往往不容于同类。"同进"之士，存在着名利上的矛盾关系。曹丕《典论·论文》谓："文人相轻，自古而然。"实则所相轻者，乃同时之文人。曹丕又谓："常人贵远贱近。""远"谓时之远及地之远，即与自己不发生利害关系者；"近"谓时之近及地之近，即与自己发生利益上的矛盾者。故韩愈所谓"同进"之士相忌因而相轻相扼的看法，比较曹丕"文人相轻"之说，更为确切。士林中并非不能容高才，只是不能容同时特别是同进之高才。但如果不是"同进者"，士林内部还是推许才华的。所以，非"同进"之人，特别是后世的人，对于才士，是能公正评价的。故在生时遭受压抑和迫害的才士，终能在历史上显出自己的光彩。人才会被埋没于一时，不会被埋没于永久，就是这个道理。曹丕《典论·论文》确认：

> 盖文章经国之大业，不朽之盛事。年寿有时而尽，荣乐止乎其身……未若文章之无穷。

他批评有些人"贫贱则慑于饥寒，富贵则流于逸乐，遂营目前之务，而遗千载之功"。实际上，从屈原、司马迁以来，志士而不遇于时者，莫不"寄身于翰墨，见意于篇籍"，以鸣不平，而使"声名自传于后"。唐诗和唐文化的盛况，主要是由沉沦之士而非显达之士造成的。

辛文房称赞建安文士"英气逼人"，并且说："唐间如此特达甚多，光烈垂远，慨然不能不以之兴怀也。"（《唐才子传》卷四）建安时代是乱世，其时文士多悲思；但又是拨乱反正之世，故其时文士有抱负、能进取。这就形成士林中逼人的英气，以及慷慨多气的文风。唐代初行科举，其打破士庶不平等的积极作用，振奋了士心，激扬了士气。而国家之富强、世风之雄放，令怀才抱器之士不甘寂寞，欲自奋功名于当代。多数人遭到挫折以后，沉沦而不消沉。这是唐音之所以卓绝千古的一个原因。

当李商隐应举未及第时，喻凫《赠李商隐》诗曰："徒嗟好章句，无力致前途。"李商隐的"好章句"，诚然没有争取到政坛上的前途，但却获得了文化史上永垂不朽的声名。

六　此身合是诗人未
——及第而沉沦者（下）

宋以后，及第而沉沦之士在文化上有所建树者代不乏人。宋代的柳永、秦观、陆游，明代的汤显祖、宋应星，仕宦皆不得意，而皆能在文化上自致于不朽。

柳永于景祐元年（1034）进士及第。他擅长填词，有人推荐其才于朝廷，仁宗问曰："得非填词柳三变乎？"然后他漫不经心地说："且去填词！"（《艺苑雌黄》）他因此一生屈抑于下僚，先后做过睦州掾官、定海晓峰场盐官、屯田员外郎等，世称"柳屯田"或"柳七"。柳永怀才不遇，故有不平；潦倒一世，故多感伤。他为人不羁，纵游歌馆酒楼间，以"偎红倚翠"自慰，声称："忍把浮名，换了浅斟低唱！"其词多写城市风光及歌妓生活，尤长于抒写羁旅行役之思。他是继晚唐温庭筠之后，在北宋第一个全力作词的人。他拓展了词的表现内容，使之不限于唐末五代词之花间与樽前。即使描写歌妓，也不是仅写声色欢娱，而是关切到她们的悲苦与愿望。

在中国词史上，柳永是第一个大量创作慢词的人。慢

词能容纳更多的内容，有利于表现比较复杂的生活和思想
感情。柳永的慢词，以铺叙而有层次的艺术手法，刻画细
致，曲折回旋。比如《八声甘州》，上片写秋景，于萧瑟
寥落中暗寓愁思，而以"唯有长江水，无语东流"递到下
片。下片写旅人归思，而以"不忍登高临远"与首句"对
潇潇暮雨"相呼应，全词气脉贯通，自然浑成。像这样上
半写景，景中寓情，下半写情，情不离景的写法，后世写
景抒情之词，大多仿此。至于《雨霖铃·寒蝉凄切》，
则景语皆为情语。"念去去，千里烟波，暮霭沉沉楚天
阔"，写别时念及别后就要面对之景，一片寥廓空蒙中，
孤寂之感怅惘之情深矣。而"今宵酒醒何处？杨柳岸，晓
风残月"，则是设想今宵酒醒所见之景，清冷之极。亦是
设想今宵酒醒所感之情，凄婉之极。再者，无论是楚江之
千里烟波，楚天之沉沉暮霭，以及夹岸之杨柳，水面之晓
风，天边之残月，又皆是十分可赏之美景。此种十分可赏
之美景，正当与十分爱恋之伊人同赏，却偏是"兰舟催
发"！此所以"执手相看泪眼，竟无语凝噎"也，亦所以
"此去经年，应是良辰好景虚设"也。真正是"多情自古
伤离别，更那堪，冷落清秋节"！词人以如此清丽之文字
写景寓情，古往今来不知感动了多少读者。

又，《望海潮·东南形胜》，写杭州城市风貌与西
湖山水风貌。"东南形胜，三吴都会，钱塘自古繁华"，
如此开篇，兼提山水之形胜与都会之繁华，可谓笔力千

钧。"烟柳画桥,风帘翠幕,参差十万人家",此写杭州城市景观之美。"十万人家",是城市规模。"参差",是城市建筑布局错落有致。"烟柳画桥",是城市环境秀美。而"风帘翠幕"中,是众多俊秀人物。这是一座风光旖旎的城市。"市列珠玑,户盈罗绮,竞豪奢",此写杭州富庶繁盛之美,这是一座民康物阜的城市。繁华都市而有如画风光之美,此杭州所以为地上天堂也。"重湖叠巘清嘉,有三秋桂子,十里荷花",从西湖诸多美景中,撷取出最美之景。"重湖"(里、外西湖)中景,"十里荷花"最美。"叠巘"中景,"三秋桂子"最美。"清嘉"二字甚好,写出了西湖所兼有的清丽之美和繁丽之美。古今描写西湖具体风景之美,无有能及此十五字者。"羌管弄晴,菱歌泛夜,嬉嬉钓叟莲娃",此写杭州风情之美。有杭州城市之富庶,又有西湖山水之清嘉,才能有此种富于诗意的地方风情之美。全词一百零七字,写杭州都市之人文美与湖山之自然美,交织成文,彩绘如画,而能气象浑成,且摇曳多姿,诚词史上不多见之佳作也。

柳永之词语言通俗、音律谐美、易于流传,故"凡有井水处,即能歌柳词"。柳永死,家无余财,由众歌妓出资安葬。每遇清明日,歌妓们都要到柳永墓祭扫,谓之"吊柳七"。(《独醒杂志》《方舆胜览》)受到朝廷排挤的柳永,却得到世人特别是歌妓们的知赏。宋朝早已过去,柳词却至今流传。

秦观初举进士不第，然以才华得当世名流称赏，苏轼
以为他有屈、宋之才，王安石亦谓其诗清丽，有似鲍照、
谢朓。后来登第入仕，历任定海主簿、蔡州教授。以苏轼
举荐，任秘书省正字，兼国史院编修官。但不久即遭贬
斥，外出通判杭州，再贬监处州酒税，继而削秩徙郴州，
再贬编管横州，又徙雷州。后放还，至滕州死。苏轼闻秦
观死，叹曰："少游不幸死道路，哀哉！世岂复有斯人
乎！"（《宋史·秦观传》）秦观一生仕途坎坷，备尝穷
困漂泊之苦。《王直方诗话》载他居京师校勘，甚贫。钱
穆父为户部尚书，二人居处邻近。秦观赋《春日偶题呈上
尚书钱丈》云：

> 三年京国鬓如丝，又见新花发故枝。
> 日典春衣非为酒，家贫食粥已多时。

钱穆父得诗，赠米二石。这是他居京时的窘况。后来
辗转流徙于贬所，悲苦更甚。他善于以清丽之词，抒深婉
之情，是婉约派的代表词人。如《满庭芳·山抹微云》，
写词人与所恋歌女分别，极凄恻，极缠绵。"山抹微云，
天连衰草，画角声断谯门"，写别时之所见与所闻。所见
之景寥廓苍凉，所闻之声凄清感伤。"暂停征棹，聊共引
离尊"，写将别却暂留，是不忍别。然而，暂留也不过是
"引离尊"而已，仍不免于分别。故此时之别，实无可奈

何也。此处透露了词人不由自主的苦衷。"多少蓬莱旧事，空回首，烟霭纷纷"，别时忆及往事之可恋者。然而，一切都成过去，眼前唯余烟霭之纷纷而已。怅惘之情深矣。"斜阳外，寒鸦数点，流水绕孤村"。怅惘中，念及别后独自面对之境，荒旷，空寂，冷清。由此引起下片进一层抒写难堪的离情。"销魂，当此际，香囊暗解，罗带轻分"，此写别时之依依相恋。"漫赢得青楼，薄幸名存"，伊人之恋依依如此，自己却忍于离别，是薄幸也。这是词人自伤并自嘲。盖身世飘零，这才辜负伊人也。"此去何时见也？襟袖上，空惹啼痕"，此写别时伊人之问及伊人之泣。词人面对悲泣的伊人，以一"空"字，写内心之不忍。盖此别可能永别，伊人之泪可能空流也。是痛惜伊人语，亦是深感内疚语。"伤情处，高城望断，灯火已黄昏"，写别后回望所别之处。（望断：望不见）不但望不见所别之人，并且望不见所别之城。相伴者，仅一昏黄之孤灯而已。秦观此词，融别离之痛与身世之苦于一片，伤痛中，寓有深怨。

秦观又一名篇《八六子·倚危亭》，写别后回忆别时"怆然暗惊"之悲伤，以及别后一直以来不尽的离恨。"无端天与娉婷，夜月一帘幽梦，春风十里柔情"，人美，景美，情美，事美。如此至美之人、之景、之情、之事，宜乎别时之恋依依，别后之思绵绵也。至于《鹊桥仙·纤云弄巧》咏牛郎织女七夕事：

金风玉露一相逢，便胜却人间无数。

以及：

两情若是久长时，又岂在朝朝暮暮！

在写法上，一改历来咏牛郎织女诗词之如泣如诉，羡其"久长"，以为"胜却人间"。然"佳期"不过"如梦"，则又何可羡乎？况且，"忍顾鹊桥归路"，织女不忍回顾鹊桥归路，是牛郎织女深以分别为苦也。牛郎织女相逢时虽喜犹悲的复杂感情，唯此词能够写尽。而细味词旨，又有人间不如天上的弦外之音。天上固无情，人间更无情。此词实为无情世界的一曲哀怨之音。

秦观词作，为当世及后世所最推崇者，是《踏莎行·郴州旅舍》：

雾失楼台，月迷津渡，桃源望断无寻处。可堪孤馆闭春寒，杜鹃声里斜阳暮。

驿寄梅花，鱼传尺素，砌成此恨无重数。郴江幸自绕郴山，为谁流下潇湘去？

此为秦观远贬郴州时所作。"雾失"之"楼台"，"无寻处"之桃源，以及"月迷"之"津渡"，乃作者所追求之理想及通往理想之道路。首三句写理想之破灭。"可堪"二句，写身世飘零、晚境凄凉之痛。下片"驿寄"三句，写怀思故乡及亲友之愁。一生事业既已落空，个人境遇又极凄苦，此种难堪的处境，难道真的不能避免吗？这就譬如此地的郴江，本来可以好好地绕郴山而流，却是为了谁而离去郴山流下潇湘呢？言外之意，是作者自问究竟是为了什么才招致此生的种种苦难呢？难道这不是自己所选择的人生道路所招致的吗？这是秦观晚年回首一生的努力及努力后的失败，叩心自问，泣血悲呼。为谁呢？不就是那在"雾"中迷失了的"楼台"、那"无寻处"的"桃源"吗？一生凄凄惶惶寻觅的，不就是那通往"楼台""桃源"的"津渡"吗？这是自孔子以来，历代仁人志士理想之所寄，亦历代仁人志士悲剧命运之主因。然则秦观悔吗？试看那郴江吧，不是没有回流绕郴山吗？不是依然滔滔汩汩流下潇湘去吗？则是词人虽绝望而仍不改初衷，真可谓"亦余心之所善兮，虽九死其犹未悔"！此乃以天下为己任者之大悲，非寻常叹老嗟卑之作可与比拟。被元好问评为"女郎诗"的婉约派代表词人秦观，在这里向我们掬示的是屈子式的悲情。

秦观以其婉美而有寄托的词作，成为宋词中的名家。

陆游（1125—1210），字务观，号放翁，越州山阴（今浙江绍兴）人。年十二，能诗文。二十八岁时，应礼部试。考官录为第一，秦桧孙秦埙第二。秦桧怒，被黜，并黜考官。1155年秦桧死，始入仕。孝宗即位后，赐进士出身。曾通判镇江府、隆兴府（今江西南昌）。1070年，通判夔州（今重庆市奉节）。1072年初，四川宣抚使王炎辟为干办公事。其年冬，王炎罢，陆游入蜀。曾任职蜀州、嘉州、荣州（今四川崇州、乐山、荣县）。范成大任四川制置使，以陆游为参议官。1178年，自蜀东归。其后，断续短暂为官，长期家居。以宝章阁待制致仕。著有《剑南诗稿》《渭南文集》《南唐书》《老学庵笔记》《入蜀记》等。

陆游生于北宋灭亡之时，一生图谋恢复，故为苟且偷安之朝廷所排摈，仕途坎坷。他死时，河山依然破碎，朝政愈加腐败。然而，他在失望与痛苦中，却数十年如一日不断写抗金兴复的爱国诗章。弥留之际，还留下千秋传颂的《示儿》诗：死去元知万事空，但悲不见九州同。王师北定中原日，家祭无忘告乃翁！"

陆游性豪，有"小李白"之称。心系国运，却失志飘零。其诗雄放而又沉郁，悲慨而又激扬，读来令人感奋思起。名篇《书愤》曰：

早岁那知世事艰，中原北望气如山。

楼船夜雪瓜州渡，铁马秋风大散关。

塞上长城空自许，镜中衰鬓已先斑。

出师一表真名世，千载谁堪伯仲间？

此为陆游抒写平生憾恨之作。时为孝宗淳熙十三年（1186），陆游罢官居家已经六年。"早岁"二句，不是后悔早岁"中原北望气如山"即立志恢复中原，而是感叹世事艰难即朝廷以苟安为计故不能恢复中原。"楼船""铁马"二句，学者多以为是将国防重地与旧游之地结合起来，又暗指绍兴三十一年（1161）采石之战及乾道八年（1172）陆游在汉中供职王炎幕府时规划进取关中事。若如此，则是快意语，而非书愤。实则此联乃承第二句"中原北望气如山"，写早岁壮志是在抗金战争中立功，是宋军在东西两线北伐。"塞上""镜中"二句承第一句，写壮志落空，而人已衰老。此二句对于三四句，是反跌，对比鲜明，落差极大。此所以为"书愤"也。篇末二句，赞《出师表》之杰出，恨当今朝廷无诸葛亮其人。此为进一层"书愤"。"空自许""鬓先斑"者，悲己志之不酬及己身之衰老也。此则愤执政者之庸懦也，世事之所以艰难也。盖中原之所以至今不能恢复，非由金人之强大，乃因朝廷为奸庸人所盘踞也。故诗人所愤恨者，又岂仅个人之失志哉？国势之不振，国运之不救，尤可愤也。此许身报国而不能之愤也。全诗八句五十六字，在跌宕盘旋中一气纵贯，是愤慨语，更是伤心语。是自伤，更是忧国。当日陆游目睹国运衰危却无从效力之痛苦，令人不禁抚卷浩叹！

陆游又一佳篇《剑门道中遇微雨》曰：

衣上征尘杂酒痕，远游无处不消魂。
此身合是诗人未，细雨骑驴入剑门。

此诗乃陆游于乾道八年（1172）初冬，由汉中入蜀经剑门时遇微雨即兴而作。本年初至秋九月，陆游在汉中王炎幕府，曾进陈北伐平戎之策，以为经略中原必自长安始，取长安必自陇右始。建议积粟练兵，待机北上。然而朝廷召回王炎，陆游亦调往成都。陆游志在北伐，汉中是前方军事重镇。离汉中往蜀中，深违陆游心愿。"衣上"句、"远游"句和"细雨"句，勾画出了一个失意的诗人形象。"此身合是诗人未"，这是诗人自问，此身只该是一个诗人吗？这是以反问表明陆游之志不是成为诗人，而是成为战士。故此诗寄意，是陆游感伤自己一生竟只能成为一个诗人。为什么陆游不甘心仅仅成为一个诗人呢？这是因为他渴盼的是从军北伐以完成国家统一大业。梁启超《读陆放翁集》其一曰："辜负胸中十万兵，百无聊赖以诗鸣。谁怜爱国千行泪，说到胡尘意不平！"正因为是"百无聊赖以诗鸣"，所以，"以诗鸣"是不得已的事。梁启超的诗，有助于理解陆游此诗。故"细雨骑驴入剑门"一句，虽诗情画意宛然在目，但在陆游自己，却是自伤，而非自喜，更非自赏。

333

陆游《十一月四日风雨大作二首》其二曰："僵卧孤村不自哀，尚思为国戍轮台。夜阑卧听风吹雨，铁马冰河入梦来！"这是陆游六十八岁时所作，当时他罢官乡居已经两年。然而他念兹在兹的是在前方杀敌立功。当风雨大作之夜，居然梦见"铁马冰河"的战地场景。这就是陆游！不甘心仅仅成为诗人的陆游！

然而，陆游一生的主要成就却是诗！梁启超《读陆放翁集》其二曰："诗界千年靡靡风，兵魂销尽国魂空。集中十九从军乐，亘古男儿一放翁！"陆游的诗，寄寓兵魂和国魂。在中国古代诗坛上，陆游以战士的心写战士的诗，垂名不朽。

汤显祖早年即以文章知名。内阁首辅张居正曾命诸子延致显祖，希望以此显扬其子文名。显祖婉谢。他是在张居正死后，万历十一年（1583）方才进士及第的。历任南京太常博士、南京礼部主事。万历十八年（1590），显祖上疏，指责执政辅臣压制不同意见，批评辅臣结党营私，结果被贬为徐闻典史，迁遂昌知县。万历二十六年（1598）辞官，以后绝意仕进。汤显祖意气慷慨，才华出众，却蹭蹬穷老。然而他以慷慨的意气和出众的才华创作戏剧，成为明代最大的戏剧家。著有《牡丹亭》《紫钗记》《南柯记》《邯郸记》，合称"临川四梦"。代表作《牡丹亭》描写杜丽娘和柳梦梅的爱情故事，写二人梦中相遇，由梦生情。杜丽娘因情而病、而死，后来又因情而复活，终于排除阻难，结成良缘。文学作品描写爱情，可谓多矣。然而赋予爱情以如此的伟力，却不曾有过。杜丽娘为情，可死，能死；既死以后，为情，可以复生，能复生。人谁欲死？而唯情可以死之。若不死，情不堪也。既死岂能复生，而亦唯情可以复生。若不复生，情不甘也。是情实超出生死之上也。爱情创造可死之奇迹，欧洲文学有之，如莎士比亚之《罗密欧与朱丽叶》。爱情创造死而复生之奇迹，虽莎翁笔下亦无之。故汤显祖想象力之奇肆，真不可及也。

《牡丹亭》文字精美。"良辰美景奈何天，赏心乐事谁家院？"良辰美景虽好，奈何不能长久！当难得之良辰美景，而能有赏心乐事，谁家能够？此叹人生与人间之普遍憾恨也。天赐良辰美景，而人间不能有赏心乐事，此人类之大悲哀也。人生或迫于生存压力，为求温饱而劳碌一世，岂能有赏心乐事？或追逐荣华富贵，无暇亦无心流连风景，所谓"锦屏人忒看的这韶光贱"也。至若杜丽娘，则被约束于深闺，在感情压抑中虚度年华，真正是"如花美眷，似水流年"，岂不可悲？其"在幽闺自怜"，岂不可叹？故天赐良辰美景，天生青春佳丽，是天地有情也。人间无赏心乐事，"如花美眷""在幽闺自怜"，是人间无情也。故汤显祖之著《牡丹亭》，为控诉当日之无情社会也。

汤显祖笔下，春光的明媚与青春少女的明媚，对美好爱情的憧憬，华年不永的叹息，不能自主的幽怨，含蓄于字里，洋溢于言外，在当世和后世，不知感动了多少追求爱情幸福的青年男女。明代强化专制统治，大力提倡存理灭欲，扼杀人性，妇女所受压迫尤其酷虐。当此之时，《牡丹亭》在非人性的人间礼赞爱情，在文化思想史上具有启蒙的意义。显祖在《牡丹亭·题辞》中写道：

> 如丽娘者，乃可谓之有情人耳。情不知所起，一往而深。生者可以死，死可以生。生而不可与死，死而不可复生者，皆非情之至也。

《牡丹亭》颂扬的就是至真至纯的爱情。

宋应星，字长庚，江西奉新人。明神宗万历四十三年（1615）举人。崇祯时，历仕分宜教谕、汀州推官、亳州知州。明亡后不仕。有科技著作《天工开物》《谈天》《论气》，政论著作《野议》，以及《思怜诗》传世。其中，《天工开物》是中国古代科技史上的名著。此书作于崇祯七年（1634），初次刊行于崇祯十年（1637）。全书十八卷，分为三编。上编内容包括谷类和棉麻栽培，养蚕、缫丝、染料、食品加工、制盐、制糖等；中编包括制造砖瓦、陶瓷、钢铁器具、建造舟车、采炼石灰、煤炭、燔石、硫黄、榨油、制烛、造纸等；下编包括五金开采及冶炼、兵器、火药、朱墨、颜料、曲药的制造和珠玉采琢等。附有插图一百余幅，形象地展现了有关生产工具的构造及生产现场。作者特别重视数据，各种农业、手工业工具的尺寸，都有具体说明。这部书全面系统地记载了中国古代农业、手工业的生产技术和经验，被誉为"中国17世纪的工艺百科全书"。

宋应星在他的三本科技著作中，提出了不少颇有价值的认识和见解。他指出，以为今日之日（太阳）是昨日之日（太阳），其误犹刻舟求剑。他观察到土壤"历时代而异"，物种"随水土（不同）而分"。他发现，物种会因生态环境的变化而变化，而不同物种杂交会产生新品种。他在世界上第一次指出锌是一种新金属，并记载了锌的冶炼方法。他还记载了锌与铜直接熔炼黄铜的方法。

宋应星科技事业最可宝贵之点：一是以仁人情怀经世致用，使科技服务于人民的生产和生活需要，为造福人民而工作。二是坚守中国传统文化"天人合一"和"天人相参"观念。"天工开物"之"天"即自然，"工"即人工，亦即人的技术和劳动。"天工开物"就是自然资源与人的技术和劳动相结合，开发生产社会物质财富。这是人与自然相合作发展经济社会之正道。宋应星是一位具有"民胞物与"情怀兼爱人类和天地万物的科学家。

宋应星的道德良心，还表现在他的政论上。他在崇祯九年（1636）所著的《野议》，议"世运"，议"进身"（科举入仕），议"民财"（民生及财政），议"士气"，议"屯田"，议"催科"（征税），议"军饷"，议"练兵",议"学政"(教育),议"风俗",议"乱萌"(国家及社会乱象、乱源),皆针对明末天下大势而论。《民财议》谓:"普天之下,'民穷财尽'四字,蹙额转相告语。"地方守令"全副精神尽在馈送邀誉",即贿赂上官以求赏誉,以及"催科参罚"即以严刑逼税,目的只在升官。至于"畎亩山林之间,穷檐蔀屋之下",百姓如何悲惨,全不过问。世上富人,则高利放贷,"剥削耕耘蚕织之辈"。平民虽"勤苦耕桑,而饥寒不免"。"从此天下财源,遂至于萧索之尽;而天下寇盗,遂至于繁衍之极矣!"《催科议》揭露:"今方春二月,新谷尚未播种,而严徵(严刑征税)已起者纷纷矣!"他惊呼:"已经寇乱之(地)方,乱不可弭;未经寇乱之(地)方,日促之乱!"他叹息:"民情如此,国计奈何!"

不过,宋应星虽然感叹"天运人事,一至此极耶",但他并不以为明亡不可避免。《世运议》谓:"此政(正)乱极思治之时,天下事犹可为!"其时距明亡之1644年只有八年,宋应星发此宏论,可谓胆识过人。盖乱极之世即天下思治之世,亦即改革救亡之世。《乱萌议》谓:"大凡使民不为盗,道(安民之道)存守令之心,而降(招降)盗化为民,权在元戎之令。守令轻视功名,则势要不能逼细民,从此畎亩(乡村田间)有生存之乐,而寇盗何自生?元戎不惜身命,则士卒不敢避锋镝,指日旌麾,有招降(安抚)之捷,而寇盗何由广(蔓延)?乱萌之起也，则（由于）守令畏显绅如厉鬼，而宁以草菅视子民。乱势之成也，则（由于）将军畏狂寇如天神，而宁以逗留宽卒伍。"在宋应星看来，是官绅虐民，这才有寇乱。是将军畏怯，并且不知安抚，寇乱才不可收拾。故天下之"乱极"，乱源在上。由乱入治之道，在治上以宽下，而不在纵上以压下。上不行苛政，人民乐生，谁愿意为盗？军政严明，招降以化盗为民，乱何能扩大？《催科议》中，他为民请命："将旧欠追呼，一概停止！"《屯田议》中，他建议以屯田开垦大片荒弃土地而不是以加征民粮解决军粮供应问题。《练兵议》中，他批评："将军无死绥之心，士卒萌溃逃之想。"故治军之急务，在严于治将。他认为："时事至此，总之（根本原因在）未尝求将（良将）。""为将之道无他，志在为国"而非"志在贪财好色"。他痛陈：当世将军"偷息闲功，则歌童舞女、海错山珍，以自娱乐。此等人岂能见敌捐躯，舍死而成功业者"？《盐政议》谓：盐政之败坏，由于"弊生"，即奸吏为自肥而舞弊。盐商之贫困，由于"政乱"，即官府加重盐税，贪吏多方搜刮。结果盐商破产，"半成窭人（穷人）债户"。他建议："朝廷将前此烦苛琐碎法，尽情革去。惟于扬州立院分司，逐场（盐场）官价煎炼，贮于关桥，现存厂内。各省买盐商人……径驾各方舟楫，直扣厂前，甲日兑银，乙日发引。一出瓜（瓜州）、仪（仪真）闸口，任从所之。""各省盐法道、巡盐兵，尽情撤去。"沿途"再无讥呵逼扰"。如此一来，国家盐利增收，而盐商亦有利可图。总之，在宋应星看来，明末统治危机之酿成，在国家之政策错误及政风败坏，故救亡之道，在于改革政治与整肃政风。《屯田议》中，他始而长叹："世可谓无人也！"终而长叹："世可谓无人也！"所谓"无人"，是朝廷无人故明亡可救而终于不可救也。

《野议》序谓："夫朝议已无欲讷之人，而野复有议，如世道何？虽然，从野而议者无恶，于朝议何伤也。人生胆力颜面，赋定洪钧（天地造化）。尝思欲伏阙前，上痛哭之书，而无其胆；欲参当道（执政大臣），陈忧天之说，而无其颜。则斯议也，亦以灯窗始之，闾巷终之而已！"这是说当时朝廷，因国家多难，故议论纷纷，然皆不得要领。盖种种弊政，皆由官吏营私制造，故"朝议"不闻有正论，于是才有"野议"即朝廷外之议政。他说自己既缺乏胆力上书皇帝，又不能厚颜求见执政。只能写于灯窗之下，因为是"野议"即不能议于朝并且闻于朝之议。明知"野议"仅止于野议，而仍然作《野议》者，仁人忧国忧民之心不容不作也。故明之亡，非"世无人"也，乃世虽有人却不能参与"朝议"也。

《野议》篇末，作者感慨："野议及此，涕泣继之，不知所云矣！"盖《野议》之作，为忧世也。忧世却不能救世，能不痛乎？故仁人于此，唯有"涕泣继之"而已。

宋应星留存至今的著作，全是写于其分宜教谕任内。自崇祯十一年（1638）离任以后，直到1666年去世，近三十年间，以其志士情怀，面对明清易代之大悲惨变故，岂能沉默？故他的许多文字，应当是在清朝严密的文网和严酷的文禁下而不能传世，逐渐亡佚了。惜哉！

当李商隐辗转于幕职之时，薛逢《重送徐州李从事商隐》曰："尺组挂身何用处？古来名利尽丘墟。"薛逢轻视官爵及名利，以此安慰李商隐，实际上支持李商隐在沉沦中不断挥写彩笔的，支持历代才士在沉废中孜孜不息地从事文化创造活动的，主要就是这种心态。

李白高吟曰："屈平词赋悬日月，楚王台榭空山丘！"这是古代失意文士在沉沦中自尊自信的最强音，表达了正直士人对于政治权威和功名富贵的轻蔑。正是这种精神，使科举官僚制度对于士人的牢笼作用受到了抵制和限制。科举制到底不能完全驯服士人，到底不能扼杀尽士林中的英气和豪气！

七　乍燃乍灭心中火

——穷通变态者

科举官僚政治下，士人的升沉荣辱不定。命运莫测的士人，精神上感受着世态炎凉的严重压迫。其悲剧性的命运，遂带有特别凄伤的色彩。"家贫僮仆慢，官罢友朋疏。"（《全唐诗话》卷二）"家贫"与"官罢"是不幸的，但还可以承受；"僮仆慢"和"友朋疏"，则使这不幸显得难堪，因而难以忍受。

耿湋《许州书情寄韩张二舍人》诗曰：

> 谪宦军城老更悲，近来频梦到丹墀。
> 乍燃乍灭心中火，惟锯惟多鬓上丝。
> 绕院绿苔闻雁处，满庭黄叶闭门时。
> 故人高步云衢上，肯念前程杳未期。

此诗写宦途失意人的心态：谪宦而悲，是现实；频梦丹墀，是希望。三四两句，是希望与失望相交织，不甘老却不免于老。绿苔绕院，黄叶满庭，见处境之冷落。"闭门"，是人情冷暖所致，也是对于人情冷暖的不满。但以"闭门"表示不满，内心是羞愧的。结尾二句，以升沉相形，愈见自己的可悲。冀望援手，却感到杳不可期，盖故人未必不世情也。这里所写的，是感受到宦海风波和炎凉世态双重压迫者的心态。他虽然失意，却希冀得意。他不满势利的人情，却深为势利的人情所苦，并且害怕面对势利的人情。他感到宦情的可伤，却燃烧着炽烈的宦情。他的心情是复杂多变、起伏不定的。在科举官僚制下的士人中，这是具有代表性的一种心态。

《聊斋志异·素秋》描写俞恂九不肯参加科举考试，理由是"一入此途，遂不能不戚戚于得失，故不为也"。耿沛诗所抒写的，就是仕途中人戚戚于得失的心态。只要士人看不出自身处境可怜可笑的本质，他无论多么悲苦，都是不肯脱离宦海的。盖沉于宦海虽苦，浮于宦海则乐。所以，古代许多士人虽然苦于升沉荣辱，却甘于在宦海中浮沉一世。而人情之势利，则呈恶性发展之势。

《唐才子传》卷四载：窦巩科举不第，作《放鱼》诗云："金钱赎得免刀痕，闻道禽鱼亦感恩。好去长江千万里，不须辛苦上龙门！"他在失意中，感到经过科举做官即所谓鱼跳龙门变而为龙，是辛苦而不自由的，因而产生不上龙门而悠游于长江千万里中的想法。应该说，这是觉悟者的声音。可是窦巩在作了这首诗后，依然应举，并且终于由进士及第入仕。是不是此人作诗时言不由衷呢？非也。他在落第的痛苦中有所觉悟，有摆脱名利羁绊、追求自由的愿望。问题在于：上龙门虽然辛苦，但富贵却颇诱人。当其在痛苦中求解脱时，有决然舍去的想法，这是由衷的。后来追求富贵，又不惜辛苦去跳龙门，也是真心实意的。蒲松龄在《聊斋志异·王子安》中，这样描写落第人的情态：

初失志，心灰意败，大骂司衡无目，笔墨无灵，势必举案头物而尽炬之；炬之不已，而碎踏之；踏之不已，而投之浊流。从此披发入山，面向石壁，再有以"且夫""尝谓"之文进我者，定当操戈逐之。

像这样对于科举表示弃绝的态度，乃出于一颗悲愤而失望的心，其感情是真实的。蒲松龄又曰：

无何，日渐远，气渐平，技又渐痒，遂似破卵之鸠，只得衔木营巢，从新另抱矣。

这无疑也是真实的。这种同一个人在不同情况下的心态变化，显示了科举做官对于士人的魅惑之深。窦巩的心态变化，在自唐至清的无数士人中，具有普遍性。可见，由科举官僚制下的升沉荣辱之苦，觉悟到应该有别样的人生，并不困难；而超脱于名利富贵的圈子，在淡泊生涯中高尚其志，自得其乐，则十分不易。故士人不难醒悟于一时，却难以自拔于科场与官场的污泥浊水之中。"相逢尽道休官去，林下何曾见一人？"（《全唐诗话》卷三）苦于仕途之污浊和凶险，欲脱官服。到底不能挣脱名缰利锁的羁绊，故不曾见一人真正退隐。诗含讥讽之意，但更多的是感慨。

在科举制下，一般说来，不论是志在济世者还是企求富贵者，都要走科举做官的路。这条路上互相倾轧的残酷，不测的险恶风波，以及人情冷暖的压迫，令他们惶恐不安和痛苦莫名。在贫富贵贱荣辱的不断变化中，志节之士比较容易醒悟，名利之士则迷而不返。不过，志节之士即使醒悟，仍希望建功立业，而名利之士亦不免于时有幻灭之感。至于多数既有志节又求名利之士，更是在顺利时求上达，在挫折时发幽思。可是，因为遭遇的顺逆无常，故仕与隐之情不定。此种不定，在多数情况下，不是出于虚假，而是由于"乍燃乍灭"的复杂心态。

《唐才子传》向我们展示了无数士人在科举制下的不同命运，及第落第者，或求上达，或再应举，然而也有绝意科举仕进，甘于菜茹，怡然林下者：

沈千运，数应举不第，"遂浩然有归欤之志"，且语："衡门之下，可以栖迟。有薄田园，儿稼女织。偃仰今古，自足此生。谁能作小吏走风尘下乎！"高适赋《还山吟》相赠，有句云："送君还山识君心，人生老大须恣意。"沈千运从长时期凄凄惶惶应举求功名中醒悟到：那是一个困人精神的陷阱。他以归隐求"恣意"即求精神上的自由。

孟云卿，"天宝间不第，气颇难平。志亦高尚，怀嘉遁之节"。他曾短暂受任校书郎，一生漂泊。辛文房论曰：

云卿禀通济之才，沦吞噬之俗，栖栖南北，苦无所遇，何生之不辰也！身处江湖，心存魏阙。犹杞国之人忧天坠，相率而逃者。匹夫之志，亦可念矣。

云卿生逢安史之乱，既为贫困和怀才不遇所苦，更为时势多艰所苦。身世沦落，忧心国事。欲仕却不得入于仕，欲隐又不能安于隐。这是志节高尚之士彷徨于仕与隐之间的无比沉痛的心态。

徐凝，不欲仕进，在亲友敦劝下，"始游长安"。然因不自炫鬻，竟不成名。有诗云：

> 一生所遇惟元白，天下无人重布衣。
> 欲别朱门泪先尽，白头游子白身归。
>
> （《自鄂渚至河南将归江外留辞侍郎》）

于是归隐。从此，"人间荣耀，徐山人不复贮齿颊中也"。徐凝洁身自好，甘于淡泊。然一度难违亲友之意，进京求取功名。终因性与世忤，白身返回。这一次的挫折，使他领悟到自己的性情与世俗富贵是无缘的，从此坚定了隐居之志，不以贫病为苦，"优悠自终"。

刘商，进士及第入仕，为汴州观察判官时，辞官归隐。赋诗云：

> 春草秋风老此身，一瓢长醉任家贫。
> 醒来还爱浮萍草，漂寄官河不属人。
>
> （《醉后》）

刘商科举做官以后，性情与官场格格不入，于是以归隐求适意。这是一位本来有意于功名，也得到了功名的士人。他在经历了功名场中的生活以后，觉得在"春草秋风"中自适，比在名利场中违心地做人，要轻松得多，自在得多。于是常往山林而不返。

李端，本来隐居，后来赴举求功名。进士及第后，授秘书省校书郎。因病辞官，居终南山草堂寺。不久起用为杭州司马。他厌恶在公文堆中度日，也不忍心敲扑贫民，故远隐衡山。"弹琴读《易》，登高望远，神意泊然。"李端隐而仕，仕而又隐。说明在他心里，长期存在着仕与隐的矛盾。他是在彻底明白了自己的性情不宜于官场之后，才从富贵中退出来，在山水中求自由的。

李群玉，清才旷逸，不乐仕进，专以吟咏自适。"亲友强之赴举"，一举不第，从此不再应举。裴休为湖南观察使时，劝勉他说：

> 处士被褐怀玉，浮云富贵，名高而身不知神宝。宁久弃荒途？子其行矣！

后以裴休论荐，敕授弘文馆校书郎。不久弃官归隐湘中。李群玉无意功名，其一度应举和一度入仕，或由于亲友的劝告，或由于显达的敦促。这表现了亲情和世情在推动士人投身功名场中的作用，而且反映了科举制下的人生观念：士人不妨浮云富贵，然不当久弃荒途。在科举官僚制下，以读书做官为士人的正途，否则为自弃，为读书无用。这种观念代代相传，形成了巨大的心理压力和舆论压力。士人在仕与隐之间动摇，时隐时仕，与此种压力有关。

史载：司空图进士及第入仕，官至中书舍人。时当唐末战乱之世，"朝廷微弱，纪纲大坏"。他觉得"出不如处"，遂称病归隐。（《旧唐书·文苑下·司空图传》）他的情形，和隋末唐初的王绩相似。王绩仕宦于炀帝时，当天下大乱之际，叹曰："网罗在天，吾将安之？"乃还乡隐居。这两个人都是在乱世为求免祸而退出仕途的，与李群玉、徐凝等人追求自适有别。

白居易《中隐》诗云：

> 大隐住朝市，小隐入丘樊。
> 丘樊太冷落，朝市太嚣喧。
> 不如作中隐，隐在留司官。
> 似出复似处，非忙亦非闲。
> 不劳心与力，又免饥与寒。
> 终岁无公事，随月有俸钱。
> ……
> 人生处一世，其道难两全。
> 贱即苦冻馁，贵则多忧患。

唯此中隐士，致身吉且安。

穷通与丰约，正在四者间。

白居易在元和十年（815）贬谪九江司马以后，深感宦海风涛之险，由兼济天下转为独善其身。独善之道即所谓“中隐”，也就是担任闲职。好处在于：有做官的待遇，无做官的俗累和忧患。这是一种亦仕亦隐之道。有仕与隐之利，无仕与隐之害。这是官僚士大夫在宦海浮沉和世态炎凉中觅得的全身之路。既免于官场之祸，又不招世人冷眼。其保全自身固可怜，其自我解嘲亦可谅。然既已入仕却逃避责任，实为巧于谋身者之口实。这虽是专制制度压迫下士人为求免祸之一出路，然于士风及世事皆无益而有害。

白居易所说的“中隐”，为巧于仕者。还有一种情况：有隐居之名声，无隐居之穷困，虽隐居而仍与政府保持联系，可谓巧于隐者。如张志和明经及第，待诏翰林。不久，因“亲丧辞去，不复仕”。自称“烟波钓徒”，得皇帝及地方官吏尊重和关照。李德裕称赞他“隐而名彰，方而无事，不穷而达”。（《唐才子传》卷三）这两种情况，都是介乎仕与隐之间的中间状态。这种中间状态的存在，说明仕与隐之间的对立是相对的，二者的关系是微妙的。不但隐者可仕，仕者可隐，而且在仕可有隐之趣，在隐可得仕之益。故仕与隐似相反而实相通。于是，将仕与隐统一起来，将独善与兼济统一起来，逐渐成为古代不少士人的立身处世之道。正因如此，所以在官者优遇隐士，可博尊贤之名；在隐者则联系官府，而身价更高。由是，仕与隐成为士人的两重命运、两重人格、两重心态。

所以，隐不离仕，才是隐的真谛。这是隐逸对于士人的真实意义。不但由隐入仕，以隐为"终南捷径"者如此；就是由仕入隐，或不仕而隐者，也是如此。这只要看看无论怎样的隐士，都不免与官有所联系，就不难明白其间的奥妙了。不必过分嘲笑假隐士，士人在仕与隐之间摇摆不定，根本上是由专制主义的官僚制度决定的。科举制不过使仕与隐之间的联系更便利、更扩大。在科举制下，隐者不必等待朝廷礼聘，随时可经由科举入仕。这是从客观社会历史条件而言。就主观心理而论，仕与隐相通虽不失为安身立命之道，但毕竟有些尴尬，不免难堪。因而在士人内心，往往是不得已的、彷徨的、痛苦的。欧阳修曾与韩子华、吴长文、王禹玉同在翰林院做官，大家相约五十八岁退休。韩子华将此约言郑重地写在院中柱上。可是欧阳修过了六十岁还在做官。六十五岁时，他在《寄韩子华》诗中写道："人事从来无定处，世涂多故践言难！"（《墨庄漫录》）当年相约退归林下是真心希望如此，后来不能践约继续做官则是身不由己。这种士人处境上的两难情况和无可奈何的翻覆心态，以不无嘲讽的悲剧形式，显示了科举官僚制下士人不幸的命运和惶惑而又苦涩的心理。

士人隐居的精神依托，有儒家的"舍之则藏"之说亦即独善之道，有老庄的自然任真之论，有道教的升仙之术，有佛教的禅悟之旨。从消极处看，这是在历尽和饱览升沉变化以后发生的幻灭感。从积极处看，这是对于专制主义的官僚制度影响士人的命运的一种反思。包佶《观壁画九想图》诗曰：

> 一世荣枯无异同，百年哀乐又归空。
> 夜阑乌鹊相争处，林下真僧在定中。

这是诗人在对功名和人生反思以后，感到幻灭而发生的禅悟。黄庭坚《牧童诗》曰：

> 骑牛远远过前村，短笛横吹隔垄闻。
> 多少长安名利客，机关用尽不如君。

这是苦于名利场中争夺之士，羡慕牧童骑牛吹笛的悠闲和自在，由衷地向往自然本真的人生境界。

名利场中太热，固然需要清凉剂。而在科场及官场中，个人不能把握自己的命运，则尤足寒心和灰心。虽是显达者，亦不免惊心。故隐居之幽思，出世之遐想，乃是对于苦于势利的心态的平衡和安慰，也是对于在名利场中所感受到的精神压迫的挣扎，以及对所感受到的心灵痛苦的宣泄。而在朝廷方面，则宁愿士人有这么一条逃路。因为，这样既可缓和官场中的争夺，又可使士人的积愤和积郁从一种无害于统治的方式，转变为在山水鱼鸟中发现乐趣，归于宁静。于是，士人的不满情绪对于专制统治本应具有的冲击作用，得以化强为弱，化有为无。故不但士人可仕可隐，朝廷亦鼓励士人或仕或隐。读书做官固为士人所热衷，读书不做官却去做隐士也为士人所能接受。这样，仕宦的官场固然热闹，幽栖的山林也并不真正寂寞。

八　正己以待天下
——守道者

北宋王令，少时即以兼济天下为志，性不喜羁束，耻为卑屈之事，不应举，不求仕，虽得王安石知赏，并因此知名，却困顿终生，仅能以教书勉强糊口。他在《答刘公著微之书》中宣称："正己以待天下！""正己"，即以正道自守。士之处世，无论遭遇贫贱，还是遭遇富贵，或是遭遇威权压迫，均当坚守正道。所作《暑旱苦热》诗最后四句：

> 昆仑之高有积雪，蓬莱之远常遗寒。

不能手提天下往，何忍身去游其间？

当全天下人都为炎夏酷热所苦时，虽有昆仑、蓬莱那样的清凉世界，如果"不能手提天下往"，即不能让全天下人都往住清凉世界，则自己怎么能忍心独自去清凉世界呢！这就是王令与天下人共甘苦同忧乐的仁人情怀，也是他所坚守的待天下的正道。

在《招夏和叔》一诗中，王令陈述自己的抱负："大遇定当为世福！"在王令看来，士之遇，非谓仕宦获高位为富贵中人也，乃谓行仁义之道于天下，为苍生谋幸福也。此之谓"大遇"，即大道得行于世之"遇"。这就与个人仕宦顺利却不能有益于天下国家者划清了界限。

在《寄洪与权》一诗中，王令与朋友共勉：

须将大道为奇遇，莫踏人间龌龊踪！

"大道"之遇所以为"奇遇"，是因为自古以来，有道之世难得一遇。然而士君子即使不能行道因而潦倒穷困，也绝不可追踪龌龊小人，枉道营谋富贵。龌龊小人之遇，是营谋私利之道得行于政府，是政府施行刻剥人民之苛政，此乃天下之大不幸。王令所处之世正是如此。赵翼在《廿二史札记》卷二十五《宋制禄之厚》中批评宋朝："恩逮于百官者，惟恐其不足；财取于万民者，不留其有余。"此种以万民的困悴为代价来保障官吏的富厚，乃是宋政最大之弊。当此为官为吏者残民逐利厚自奉养之世，稍有良知者，能不愤怒吗？据《王直方诗话》载：王令对于世之"为不义者"，敢于"面加毁折"，无所忌避。这自然要为奸邪人盘踞之官场所拒斥，终于在贫病中抱恨而死，年仅二十八岁。

王令是因为坚守正道招致沉沦之苦，而在饥寒交迫中至死都不改节的守道者。

南宋文天祥则是以亡身殉国名垂青史的守道者。

南宋帝昺祥兴元年（1278）十二月，文天祥在广东海丰五坡岭被元军俘获。次年正月，押解途中经过零丁洋，元将张弘范要求文天祥招降张世杰，文天祥书写《过零丁洋》诗表示拒绝：

> 辛苦遭逢起一经，干戈寥落四周星。
> 山河破碎风飘絮，身世浮沉雨打萍。
> 惶恐滩头说惶恐，零丁洋里叹零丁。
> 人生自古谁无死？留取丹心照汗青。

"人生自古谁无死？留取丹心照汗青。"这是天祥以死明志，明杀身成仁、舍生取义之志。历史的事实是：当天祥毁家起兵勤王之时，南宋大厦已倾，其势已不可救。但天祥明知不可救而仍救。天祥被俘以后不久，陆秀夫背负幼帝赵昺投海殉国，南宋已经灭亡。天祥虽死不能救亡，但他仍一心求死。不可救而仍奋力去救，虽死不能救亡而仍慷慨捐身，他这是为了什么呢？不可救者，国也。仍救者，道义也。虽死不能救亡而仍死者，欲以一己之死守护正道，伸张大义于千秋万代也。《宋史纪事本末·文谢之死》记载：当张弘范劝降时，天祥泫然出涕曰："国亡不能救，为人臣者，死有余罪。况敢逃其死而二其心乎？"元世祖本欲重用天祥，羁囚数载，劝降百端。天祥本可不死，却唯求一死。故天祥乃是以一己之死求其所可能有之大作为，求于人心世道有大裨益，求于中华国家有大用处。其死虽不能存宋，却能存天下大义于人心。人心不死，光复有日。这是天祥的苦心，也是历史的昭鉴。故天祥之"留取丹心照汗青"者，乃在其能存天地之间浩然之正气也。

天祥在他以生命写成的《正气歌》中写道："时穷节乃见，一一垂丹青！"他是在"时穷"即国亡之时以死见其慷慨忠贞之大节。四百年以后，明清之际的顾炎武，也是在"时穷"即明亡以后以至死不忘兴复的奋斗，见其忠贞不屈之大节。清兵南下，炎武参加昆山、嘉定一带抗清斗争。失败以后，心存故国，十谒明陵。他曾遍游华北各省，考察山川形势，访求风俗民情，并垦荒于雁北，图谋兴复。晚年卜居华阴，其志仍在恢复。他在《精卫》诗中写道：

> 万事有不平，尔何空自苦？
> 长将一寸身，衔木到终古。
> 我愿平东海，身沉心不改。
> 大海无平期，我心无绝时！

这是以精卫填海自喻，明其反清复明不挠不屈的决心。在此诗的最后，他不禁慨叹：

> 呜呼！君不见，西山衔木众鸟多，鹊去燕来自成窠！

这是说西山之鸟，仅精卫志在填海。众多的鸟，都忙于各自衔木筑窠。炎武一生，最痛心疾首的，是当日的许多官僚士大夫，在明亡以前，为身谋不为国谋，误国以至于亡国。明亡以后，仍是为身谋不为国谋，纷纷降清求富贵。他为友人朱明德所著《广宋遗民录》作序，认为朱明德收录前代遗民事迹，"将以训后之人，冀人道之犹未绝也"！"人道"，此指做人之道。他在序中痛陈：

> 余尝游览于山〔太行山〕之东西、河〔黄河〕之南北二十余年，而其人益以不似。及问之大江以南，昔时所称魁梧丈夫者，亦且改形换骨，学为不似之人！

在清朝征服者的威胁和利诱下，赤县神州，竟有许多士人变得不像"人"了！炎武一生辛勤著述，为的是唤醒士人的良知，端正士林的风气。

他针对当世学风空疏、文风浮华、士风贪鄙之习，力倡孔门"博学于文""行己有耻"之教，以为"士而不先言耻，则为无本之人"。而"士大夫之无耻"，必至辱国，"是谓国耻"。他在历史上第一次区别"亡国"与"亡天下"，以改朝换代为"亡国"，以民族、文化的沦亡为"亡天下"，提出"天下兴亡，匹夫有责"的名训，集中表达了中华传统爱国观念。他提倡淹贯古今，经世致用。他自己不但潜心古学，尤其留意当世之务。凡事关民生国命，必穷源究本，讨论其所以然。平生无他嗜好，唯未尝一日废书。每出行考察，必载书自随，旅店休息，披寻搜讨，孜孜不倦。有一疑义，必反复推求，以归于至当。有一新见，必援古证今，以畅其说。他学识渊博，于国家典制、郡邑掌故、天文仪象、河漕兵农以及经史百家、音韵训诂之学，都有深入研究。他把读万卷书和行万里路结合起来。以期学问之切实而且有益。他在无力救亡的情况下，以道义自任，致力于学术文化上的建树，寄希望于来者，求天下后世之大有为。其苦心孤诣，令人思之慨然而且肃然。

文天祥和顾炎武，都是以民族气节垂名于不朽。明中期的海瑞，则是置身腐败之朝而能为民请命，以清白的节操和反贪腐的业绩光照史册的坚守正道者。

海瑞为明代第一清官，平生为学，以刚为主，因自号刚峰，世称刚峰先生。《明史》作者赞他秉刚劲之性，处污秽官场，持正不肯稍屈，能言人所不敢言，能为人所不敢为。明世宗即位以来，一心求做神仙，方术妖妄之士充斥朝廷，奸臣当国，政事败坏。海瑞见群官皆苟求自保，乃决意以死谏君。嘉靖四十五年（1566）二月，他上疏直言："陛下……一意修真［仙］，竭民脂膏，滥兴土木，二十余年不视朝，法纪弛矣。""吏贪官横，民不聊生，水旱无时，盗贼滋炽。"他正告皇帝："陛下之误多矣！""天下之人不直陛下久矣！"世宗得疏，大怒，掷之于地，对左右说："赶紧捉拿海瑞，不要让他逃跑了！"宦官黄锦在旁边说："听说海瑞上疏时，已经买好了棺材，诀别了妻子，遣散了僮仆，自己待罪于朝，他是不会逃走的。"海瑞于是下狱。

次年春，世宗病死，穆宗即位，海瑞出狱。隆庆三年（1569），海瑞巡抚应天府。当时，江南多年不修水利，连年有水灾。海瑞上任后，疏浚吴淞江和白茆河，通流入海，变水害为水利。江南自南宋以来，豪富兼并，居全国之最。退休宰相徐阶家，有田四十万亩。他的弟弟和儿子，都是当地大恶霸。海瑞刚到苏州，贫民告官绅侵夺田产者就有几万人。海瑞首先责令徐阶家退田。其他富豪乃不得不退田。官绅群起攻击海瑞，他只做了七个月巡抚，就被调走。其后，海瑞居家赋闲十六年。直到万历十三年（1585），明神宗以他为南京吏部右侍郎，不久改为南京右都御史。他上疏神宗，认为当今吏治腐败，原因在于惩办贪官太宽，而宽待贪吏，即是虐害百姓。他建议恢复朱元璋制定的贪赃八十贯论绞的律条，以死刑止贪。他在南京，严厉整肃官纪，为贪官们所深恨。在贪官们的一片攻击声中，海瑞于万历十五年（1587）病死在南京任上。

海瑞一生，守正不阿。他恨贪官出了名，所至之处，往往有贪官惧罪自行离职。海瑞反对官场奢靡铺张恶习，自奉十分节俭，布袍粗饭，淡泊一世。他死时，全部家财，仅俸银十余两，绫、绸、绢各一匹，四壁萧然，见者无不潜然泪下。海瑞以其廉洁和刚直，为腐败官场所不容，但却为人民所敬爱。他调离苏州时，百姓"号泣载道，家绘像祀之"。他在南京死时，"小民罢市"，"丧出江上，白衣冠送者夹岸，酹而哭者百里不绝"。（《明史·海瑞传》）

海瑞在批评明世宗的奏疏中说："今大臣持禄而好谀，小臣畏罪而结舌，臣不胜愤恨！"他在满朝皆阿谀小人的情况下犯颜谏君，明知有杀身之祸却不回避。这是中国古代服膺孔孟成仁取义之教的贤人君子共同的价值取向。在中国古代历史上，政情昏暗时甚多而清明时甚少，官场中奸庸人甚多而志节士甚少，故廉直忠贞之士往往处于孤危地位。文天祥在《正气歌》中所说的"时穷节乃见"之人物，基本上都是悲剧命运。故凡有志于澄清天下的士君子，莫不具有自觉殉道的悲剧意识。

王令《春游》诗曰：

　　春城儿女纵春游，醉倚层台笑上楼。
　　满眼落花多少意，若何无个解春愁？

纷纷的游人，陶醉于春光之美。虽然已经是"满眼落花"，却都视而不见，不知好景就要过去。这正如当时的北宋社会，官僚集团因为获得中国古代史上最优厚的待遇，沉湎于享乐腐化的生活，纵情声色，极尽奢靡之能事，不知国家积贫积弱已成积重难返之颓势，不知人民对于压迫剥削已经不堪负荷，其忍耐已经达于极限，不知竭民脂膏以奉外敌适足使外患愈益严重。分明是危机四伏之世，举朝上下却粉饰升平，颂声满天下。忧世的诗人忍不住要问："若何无个解春愁？"为什么竟无一人为民生之苦、国运之衰忧虑呢？面对如此腐朽而麻木的朝廷，王令在绝望中死了。王安石秉钧用事，力图挽狂澜于既倒。身处文恬武嬉之朝，王安石不但在面对人数众多的反对派时有懔懔危惧之感，就是在变法派内部，也甚少真正同心同德之人，因而深感孤独。故当王安石"不量敌之众寡"毅然实行并坚持变法时，他也就自愿地选择了悲剧命运。

中国历史上以道义自任的仁人贞士，由于他们义无反顾地坚守正道，以不妥协的姿态反抗流俗，因而大多不免于悲剧命运。他们以殉道的精神守道，以殉道的精神弘道。文天祥死了，然而民族精神的正气却因此而磅礴于中华大地，激荡于历史长河。正是因为历代不惜以生命守道和弘道的志节之士的奋斗牺牲，我中华传统文明才能在历经千百劫以后仍然挺立于天壤之间。这是人类历史上唯一不曾中断过的优秀文明。

孔子曰："人能弘道。"

信哉！

九　高尚其事，以道自尊
　　——超越者

魏文侯礼待贤士和倨傲臣子的故事颇耐人寻味。

魏文侯向段干木请教，恭敬地站着听段干木讲话，疲倦了也不敢坐下休息。而他召见翟璜时，却伸开双脚坐在堂上与翟璜谈话。翟璜以为魏文侯待他不礼貌，很不高兴。魏文侯对翟璜说：我请段干木做官，他不肯；我给他俸禄，他不受。他不做我的臣子，我向他请教，自然要尊以师礼。你的情况不同。你想做官，我用你为相。你要俸禄，我给你上卿的待遇。你接受了我的官禄，就是我的臣子，怎么能要求我以师礼敬待你呢？（《史记·魏世家》《正义》引《吕氏春秋》）由魏文侯对待段干木和对待翟璜的不同态度，可知士人如以官禄为重，则人格必轻。因此魏文侯称赞段干木说：

> 段干木贤者也，不趣［趋］势利，怀君子之道，隐处穷巷，声驰千里。吾敢不轼乎？干木先乎德，寡人先乎势；干木富乎义，寡人富乎财。势不若德贵，财不若义高。
>
> （《高士传》）

说得很清楚，君主用来臣服士人的，是势与财。士人尚德义而轻财势，则君主不能臣士人。故士欲高尚其志，就须不事王侯。

但士无恒产，岂能无禄？士欲行道，又岂能无官？《孟子·尽心》载孟子语：

> 古之贤王好善而忘势，古之贤士何独不然？乐其道而忘人之势，故王公不致敬尽礼，则不得亟见之。见且由不得亟，而况得而臣之乎？

这是说，士为行道而仕，为道不为仕。虽得仕，却不重仕；虽得禄，却不重禄。如是，则官与禄不能屈其道，则虽事王侯，而仍能高尚其志。故士人之身不必不事王侯，但士人之心必须"乐其道而忘人之势"。倘能如此，则无论仕与不仕，皆无妨于高尚其事。否则，在仕固然不能高尚其事；在山林也因为不免于"心存魏阙"而不能高尚其事。

科举官僚制度牢笼了大量的士人，但高尚其志者仍是史不绝书。北宋名臣范仲淹，以振作士大夫风气为己任，在他的名文《严先生祠堂记》中，赞美东汉隐士严光与光武帝刘秀之间"相尚以道"。严光"不事王侯，高尚其事"，其心"出乎日月之上"。他的风范，能使"贪夫廉，懦夫立，是大有功于名教也"。范仲淹的另一篇名文《岳阳楼记》，礼赞"不以物喜，不以己悲"的"仁人之心"，提倡"先天下之忧而忧，后天下之乐而乐"的仁人精神。这两篇名文，一则赞颂不为名利所羁的高士节概，一则赞颂忧国忧民的志士怀抱。虽然退隐与出仕不同，但摆脱了私欲之累，高尚其事则同。自唐以降，有不少在仕而高尚其事者，以及在朝在野皆能以道自尊者，风范深受后人景仰：

（一）在仕而高尚其事

《论语·泰伯》载曾子曰：

　　士不可以不弘毅，任重而道远。仁以为己任，不亦重乎？死而后已，不亦远乎？

同书《先进》载孔子曰：

> 大臣者，以道事君，不可则止。

果能"仁以为己任"并"以道事君"，则求仕、入仕，原都不妨高尚其事。《荀子·修身》曰：

> 志意修则骄富贵，道义重则轻王公，内省而外物轻矣。

能看轻功名利禄这样的"外物"，则仕与不仕，都能高尚其事，如杜甫、李泌、富弼、王安石等，虽在仕途有穷有达，却都能高尚其事。

杜甫立志"致君尧舜上，再使风俗淳"，这便是"仁以为己任"。他一生穷困漂泊，可是他的诗作，自伤之意少，忧世之情多。自伤之意少，是看轻一己之得失；忧世之情多，是看重苍生之苦乐。安史之乱和唐朝盛衰变化，当时的诗人都经历了，然而只是在杜诗中，那个苦难的时代才全面地反映出来。诗人们大多写一己之悲欢；杜甫身世凄凉，却始终系心国运与民生。杜诗动天地感古今的原因在此。王安石《杜甫画像》诗曰：

吾观少陵诗，谓与元气侔。

力能排天斡九地，壮颜毅色不可求。

……

惜哉命之穷，颠倒不见收。

青衫老更斥，饿走半九州。

……

吟哦当此时，不废朝廷忧。

……

宁令吾庐独破受冻死，不忍四海赤子寒飕飕。

正是因为杜甫当"饿走半九州"之时，所吟哦的，仍是国家人民的不幸，所以他能在无比的潦倒中，写出能与元气相侔的伟大诗作。杜甫诗"排天斡九地"的气概，根源于他的"仁以为己任"的志士情怀。王安石赞叹："所以见公像，再拜涕泗流。推公之心古亦少，愿起公死从之游！"应该说，王安石真正把握到了洋溢于杜甫诗中的仁人精神。《苕溪渔隐》评曰："若杜子美，其诗高妙，固不待言，要当知其平生用心处，则半山老人［王安石］之诗得之矣。"

李泌还在童子时，即以早慧得唐玄宗和宰相张说、张九龄叹赏。安史之乱中，他佐助唐肃宗平叛。肃宗猜忌，专权宦官李辅国奸邪。李泌不求官爵，以皇帝宾友自居，着白衣随侍肃宗左右，谋划军国大计。他避开了仕途上的地位和权势，也就从争名争利的旋涡中解脱出来，既免了祸，又尽可能地贡献了平叛的方略。他后来虽然做官，甚至做宰相，但他始终不以官禄为重，故终生能够进退自如，高尚其事。

北宋名臣富弼，居官敢于担当大事。庆历二年（1042），契丹乘西夏侵宋之机，遣使索取关南之地。富弼为此两次出使契丹。第一次出使时，一女死，他前行不顾。第二次出使时，一男生，他亦未淹留。每得家书，绝不拆看，当即焚之，以为"徒乱人意"。他出使之初，皇帝提升他为枢密直学士，他推辞不受。以为当国家有急时，当不惮危难，不当加官晋爵。正因为他置个人利害生死于度外，故在契丹能不惧强横，据理力争，既避免了割地，又维护了和平。而由于朝廷软弱，竟许以增输岁币，富弼深以为耻。使还，朝廷重申枢密直学士之命，他推辞。又升他为翰林学士，他又推辞。他恳切陈情："增输岁币非臣本志……其敢受赏！"次年，皇帝两次提升他做枢密副使，他都坚决推辞。他上奏皇帝："契丹既结好，议者便谓无事……愿陛下思其轻侮之耻，卧薪尝胆，不忘修政！"（《宋史·富弼传》）富弼出使能伸张大义，在朝敢直言极谏，所依恃的，就是在仕却不为仕，勇于成仁取义的精神。

王安石《贾生》诗曰：

一时谋议略施行，谁道君王薄贾生？
爵位自高言尽废，古来何啻万公卿！

历来认为：贾谊未致身贵显，是不遇。王安石却认为：一个人的遇不遇，不在于是否跻身高位，而在于他的主张是否施行。以此为标准，则汉文帝并不薄待贾谊，而自古以来"爵位自高言尽废"的无数公卿，才是真的不遇。王安石自己，于施行新政则以身自任，于尊官显位则往往辞让。他平生最爱吟咏李商隐《安定城楼》诗句："永忆江湖归白发，欲回天地入扁舟。"他在仁宗、英宗时，已以德才俱高著盛名于世。大臣交章推荐他，朝廷多次召命他，都一概辞谢。神宗熙宁二年（1069），他任参知政事，次年拜相。熙宁七年（1074），他辞相职。八年（1075），复召入为相。九年（1076），再辞相职，此后不再复出。他辞相职，不是因为神宗不信任他。他辞相以后，神宗仍继续推行新政，而他本人先封舒国公，后封荆国公，以使相身份住在金陵，地位尊崇。他辞相的原因，是以为长久居于枢机重位，怕不免于盈满之忧；而年老力衰，则工作中会有旷失之惧。他说：

> 历观前世大臣，如此而不知自弛，乃能终不累国者，盖未有也。

他希望能在晚年"优游里闾"。故王安石主动辞相，是为了不累国和不累身。蔡上翔评曰：

> 若介甫身登仕籍，无不以爱民为心，自任以天下之重，终身未之有渝。

这只有看轻官爵才能做到。

宋世官场，奔竞、贪婪、奢侈成风，王安石却襟怀恬淡，一生中只有多次辞官的事，没有一次钻营求进的事。宋神宗说过：王安石不爱官职，不自奉养。他任中书舍人知制诰时，有人来送信，因为他衣服俭朴，送信人竟误认为仆人。他晚年住在金陵，宅在白下门外，离城七里，离蒋山（钟山）也是七里。所居之地，四无人家，又无墙垣，房舍简陋，仅蔽风雨。他出行骑驴，从未骑马或乘肩舆。他有国公的高爵，有使相的尊衔，却俭素有如一介寒士。

元丰七年（1084），苏轼由黄州北还，路过金陵，往谒安石，流连累日，互相唱和。苏轼《次荆公韵四绝》第三首曰：

> 骑驴渺渺入荒陂，想见先生未病时。
> 劝我试求三亩宅，从公已觉十年迟。

此诗写王安石林下情趣，绝不以升沉进退为意。黄庭坚《跋荆公禅简》曰：

> 予尝熟观其风度，真视富贵如浮云，不溺于财利酒色，一世之伟人也！

五百年以后，明代名臣邹元标称赞王安石：

> 荆公，儒而无欲者也。拜相之日，矢寒山以自老；罢相之后，托颓垣以终身。彷徨尘垢之外，逍遥无为之业，斯其人可得而磷淄耶！
>
> （《王荆公年谱考略》）

邹元标说得正确，王安石没有私欲，所以不能污染，无论是否在官，都能高尚其事。

（二）不以仕宦为心，始终以道自尊

《孟子·万章》载，鲁缪公欲以子思为友，子思不悦，他对鲁缪公说：

> 以位，则子君也，我臣也，何敢与君友也？以德，则子事我者也，奚可以与我友？

　　子思不受鲁缪公的官，不是鲁缪公的臣。而以德论，他是鲁缪公的师。孟子指出：士人乐道忘势，以道自高，则"千乘之君，求与之友而不可得也"。在科举时代，士人无论是否应举做官，只要能以道自高，也就能在秽浊中另辟净境，高尚其事。

　　李白有济世志。他的纵横才气，使他不屑于从科举出身，亦不屑于从下吏做起，逐级升迁。李贽有谓："白常欲一鸣惊人，一飞冲天，彼渐陆迁乔，皆不能也。"（《藏书》卷三十八《李白》）当其离开故土，仗剑远游之时，实指望得到天子王侯的礼遇，一展平生抱负于天下。可是玄宗仅以词臣视之，而朝中宫中，谗谤交至。他于是"脱屣轩冕，释羁缰锁，因肆性情，大放于宇宙"。李白不因仕途失意而沮丧，却在"大放于宇宙"中成就了崇高的人格和诗史上的伟业。

　　李白诗的好处，杜甫说是"天真""俊逸""清新"；皮日休说是"真放"，即天真和不羁。宋人严羽《沧浪诗话》称："盛唐诸公，唯在兴趣。""兴趣"高者，无过李白。清人王渔洋论诗，提倡"神韵"，神韵远者，亦无过李白。近人王国维在《人间词话》中说："太白纯以气象胜。"范文澜在《中国通史》中说："他的诗奇思涌溢，想人之所不能想，说人之所不敢说。自有诗人以来，敢于冲破一切拘束，大胆写出自己要说的话，破浪直前，无丝毫畏缩态，李白至少是空前的一人。"李白从孔孟学得积极用世的精神，希望居辅佐之位，澄清宇内；从老庄学得自然无为的思想，放任不羁，向往自由。庄子文章汪洋恣肆，想象奇伟，其对后世的最重要影响，就是任自然以抗约束。孟子文章富于气势，首标见"大人〔有权势人〕，则藐之"的大丈夫气概。屈原志洁行芳，至死不肯随俗浮沉。李白从庄子那里学得不羁的精神，从孟子那里学得大丈夫的气概，从屈原那里学得高洁的品格。他的人品和诗品，较少俗气。历来尊李白为"诗仙"，原因在此。

古今论李白诗，都强调"放"这个特点。"放"有豪放意，有真放意，有奔放意，有雄放意，有纵放意。究其实质，乃是对现实社会的不满、反抗和超出，是以超出的形式来表现不满和反抗。杜甫的深广的忧愤，表现为沉郁；李白的深广的忧愤，表现为超越。所谓"因肆性情，大放于宇宙"之说，点到了李白诗的精魂所在。世俗人在尘网中挣扎，在尘网中屈服，真性情被扭曲了。李白的精神从世网的束缚中摆脱出来，在大自然中找到了归宿。"放"，就是肆性情于宇宙。李白诗《独坐敬亭山》：

众鸟高飞尽，孤云独去闲。
相看两不厌，只有敬亭山。

看敬亭山直到"众鸟高飞尽"，直到"孤云独去闲"。当山间鸟飞，峰际云绕之时，敬亭山可爱。当鸟尽云飞之后，敬亭山仍然可爱。"相看两不厌"，是敬亭山有情，我与山精神相通。然而此时犹有我也。"只有敬亭山"，我与山合而为一，此时已经无我，宇宙之大，只有一座敬亭山。这是融我于自然的境界，是我在自然中获得了永恒的境界。李白的精神从尘俗中超越出来以后，与自然合一达到了真善美的境界。在充斥假丑恶的尘世中感受到精神痛苦的士人，因此永远喜爱李白的诗。

李贽称："古今风流，宋有子瞻〔苏轼〕，唐有太白，晋有东山〔谢安〕。"此三人所处时代不同，个人遭遇亦不同。李贽认为：

> 必如三子，始可称人龙，始可称国士，始可称万夫之雄。用之则为虎，措国家于磐石，不用则为祥麟，为威凤。天下后世，但有悲伤感叹悔不与之同时者耳！孰谓风流容易耶？
>
> （《藏书》卷三十九《苏轼》）

谢安先隐后仕，官居执政，淝水一战，东晋转危为安，此即"用之则为虎，措国家于磐石"。李白则是不用而为祥麟为威凤者。至于苏轼，则由进士入仕以后，大半生浮沉宦海，数度进退。他有用之则为国为民尽职的一面，也有不用则为祥麟威凤的另一面，两方面的业绩皆有足可称道者。

苏轼在朝廷，直言敢谏，虽遭贬斥，亦不改节。在地方官任上，力行善政，泽及当世及后世人民。元祐四年（1089），苏轼出知杭州。当时杭州近海，水皆咸苦。唐时，刺史李泌始引西湖水为六井，从此居民渐多。西湖周回三十里，源出武林泉。白居易为刺史时，复浚西湖，放水入运河，自河入田，灌溉千顷，民以殷富。吴越时，始置撩湖兵士千人，经常开浚，故湖水足用。至宋，废而不治，水渐涸而草丛生，积为葑田，湖面缩小一半以上。如不治理，经年久淤，西湖将不复存在。由于湖水大减，运河失湖水之利，取给于江潮，潮水浑浊多淤泥，运河流经市区，三年一淘，为民大患。原有六井，亦几乎废坏。苏轼奏准朝廷，开治西湖。先疏浚茅山、盐桥三河，以茅山一河专受江潮，盐桥一河专受湖水，并造堰闸以蓄泄湖水，使潮水不入市区。又挖掘湖中淤泥及杂草，堆积为长堤，以通南北，既节省浚湖工费，又免去环湖往来之不便。又募人种菱湖中，收其利以为每年治湖经费。还修复了六井。西湖疏浚既毕，种植杨柳、芙蓉于跨湖长堤之上，望之如霞如锦，杭人称为"苏公堤"。经苏轼治理，西湖秀色甲天下。苏轼咏西湖名句"若把西湖比西子，淡妆浓抹总相宜"，使西湖秀色蕴涵的情韵深入人心。在杭州的历史上，苏轼的善政惠泽至今。

但苏轼更大的业绩是在文化上。他受儒释道思想影响，居官则尽力于政事，穷愁能自我排遣。他气度豪爽，胸情旷达，自谓读庄子书，始得吾心，又谓作文如行云流水，常行于所当行，止于所不可不止。故其诗词文章之佳者，皆臻妙境。《六月二十七日望湖楼醉书五绝》其一曰：

> 黑云翻墨未遮山，白雨跳珠乱入船。
> 卷地风来忽吹散，望湖楼下水如天。

此诗写湖上风雨过程。既是风翻黑云致雨，也就风卷云散止雨。风雨过去，动复归静，湖面澄澈如碧。曾几何时，骤雨之赫然声势，已成过去，而湖天一碧，江山复如画境。以上是就字面上来说。若论寓意，则骤雨之于湖上风光。不正如人生之有时挫折，世事之有时多故吗？变故过去，世事仍有光明；挫折以后，人生犹有顺境。大风会使黑云翻墨，亦会使水天一碧，人世之风雨何尝不是如此？故当风起、云飞、雨骤之时，胸中当有一水天同碧之光明境界。苏轼能够如此，故其一生虽仕途多故，而壮怀及逸气始终不稍衰减。

李白和苏轼的共同点，是进则行孔孟之仁政，退则归老庄之自然。功名富贵拘束不了他们，故不随俗，更不媚俗；无畏怯态，亦无穷愁态。

此所以二人能以崇高之精神创造崇高之文化也。

以上两类人，或以仁民为心，故不为私欲所累；或情寄自然，故不为功名所羁。此之谓超越。苏辙《黄州快哉亭记》曰：

士生于世，使其中［心中］不自得，将何往而
非病？使其中坦然，不以物伤性，将何适而非快？

故"快哉"之乐，不由于境遇之顺逆；而高尚其事，
只在于超越之心态。

十　柳暗花明又一村
——另辟蹊径者

《宋史·道学传·程颐》记载程颐曾言：

> 农夫祁寒暑雨，深耕易耨，播种五谷，吾得而
> 食之。百工技艺，作为器物，吾得而用之。介胄之
> 士，被坚执锐，以守土宇，吾得而安之。［吾］无
> 功泽及人，而浪度岁月，晏然为天地间一蠹。唯缀
> 缉圣人遗书，庶几有补尔。

自春秋后期以来，中国古代社会就由士、农、工、
商"四民"构成。士为"四民"之首，也一直为社会所公
认。而程颐，这位与朱熹齐名的大理学家，却认为农工兵
皆有益于世，亦有益于己。可是自己作为一个士，却无益

于人，只是天地间一个蠹虫罢了。自己要怎样才能有益于世呢？他没有说科举做官，而是说"唯缀缉圣人遗书"即传承孔子之道。《传》文接着写道：

> 于是著《易》《春秋传》，平生诲人不倦，故学者出其门者最多。

程颐一生，从未参加科举考试。他后来也一度做官，那是因为道德学问为世尊仰，得到大臣们推荐。他一生主要事业，不在短暂为官，而在教育与著述。他这是向孔子学习。孔子一生，由于不能从政以行道，于是致力于整理"六经"和培育人才。他在中国历史上最早提出"学而优则仕"。这是主张应是学而优者进入政府，是要求政府中人应是学而优者，是标举尚贤政治。但这不是说学而优必仕，更不是说学而优唯仕。

如果从政不能行道，那就必须辞职，另谋行道之路。孔子自己就是这样做的。可叹的是，自从朝廷以功名利禄驱策士人入毂以来，士人纷纷枉道求仕，而一旦得志，即孜孜营谋富贵。唐人杜佑倡言"士寡而农工商众"乃能安黎庶，就是因为士众而唯仕是趋，必致官冗而政衰，于世事无益而有害。宋代士之众，官之冗，政之苛，均过于唐。程颐以士为"蠹"，实乃痛心疾首之论。故程颐自责的话，其实是在责备普天下所有奔竞于名利场中的士人。

他把一生事业定位在教育和著述上，乃是反思科举时代士人读书做官以后，所提出的新的价值判断，所做出的新的人生抉择。

当士心困于名场不能自拔之时，程颐的反思和抉择，影响虽微，却也在若干有识之士的面前，展开了"柳暗花明又一村"的人生新境界。明代的李时珍和徐霞客，清代的吴敬梓，就都是在科举人生以外，另辟蹊径，成就了一番绝大的事业。

李时珍以其巨著《本草纲目》成为中国历史上最大的医药学家。中国古代最早的药物学著作，是托名神农的《神农本草经》。此书历代相传，不断增补。南朝陶弘景所撰《本草经集注》，增补较多，疏误亦较多。唐初，朝廷下诏征集各地药物，令绘图说明。资料汇集到中央，在苏敬主持下编成《唐本草》，共五十三卷，分本草、药图、图经三部分，收入药物八百四十四种。这是世界上第一次由国家制定颁行的药典。李时珍祖、父两代皆行医。他十三岁考上秀才。后决意放弃举业，继承家传医业。他精研包括《唐本草》在内的历代《本草》，发现所有这些著作都存在不少疏漏及谬误，而在编写上又失之品类太烦、名称多杂。他阅书八百余种，穷搜博采，芟烦补缺。又外出实地考察，并广泛询问有实际经验的人。历时三十年，凡三次易稿而成书。全书五十二卷，一百九十余万字，分十六部，六十类，记载药物一千八百九十二种，比前代新增三百七十四种，附有动植物插图一千一百二十六幅，备述每一药物的名称、产地、形色、气味、性、能、功用、制作方法及主治附方。全书记载药方一万一千零九十六个，内容宏富精审。李时珍死后，其子李建元以父亲遗表及著作上献朝廷，明神宗诏命刊行天下。《本草纲目》全面总结了16世纪以前中国药物学的成就，是中国药物学史上集大成并且开创新局面的大著作，在世界药物学史上占重要地位，已被译成拉丁文、日文、英文、德文、俄文、法文多种文字。李时珍还有《濒湖脉学》和《奇经八脉考》。李时珍在读书做官成为风气的时代，致力于治病救人的崇高事业，实现了人生的辉煌。

稍晚于李时珍的徐霞客，幼时即好读奇书，博览古今史籍，特别留意《舆地志》和《山海图经》。他一生不应举，不做官，献身于考察祖国地理的事业。1607年，他二十二岁，开始出游。三十多年间，他东渡普陀，北历燕冀，南涉闽粤，西北登太华之巅，西南达云贵边陲，足迹遍及明代十四省，途中曾多次遇盗，多次绝粮。他身荷一锸，以何处不可埋吾骨的献身精神和百折不挠的坚韧毅力，履险探幽。直至五十四岁身患重病，方从云南返乡，次年（1641）去世。

所著《徐霞客游记》（下文简称《游记》），共十卷，每卷分上、下，以日记体记载他行屐所至，考察所得。《游记》内容，自山川源流、地形地貌的考察，到岩石、洞壑、瀑布、温泉的搜奇剔胜；从动植物生态品种的比较，到矿产、手工业、居民点、物价的记录；从民情民俗的观察，到民族关系以及边疆防务，范围广泛。其中，关于河道地理的考察以及西南石灰岩地貌的记载，价值尤高。自古以来，有"岷山导江"之说。徐霞客经过实地考察，否定了岷江为长江正源的误说，提出金沙江为长江正源的新说。在正确探明长江源头上，这是最具关键意义的一个重大贡献。中国西南各省，是世界上最大的石灰岩地貌区域之一。《游记》记录了石灰岩地貌的种种特征，如"铮铮骨立"的石山，"攒作碧莲玉笋世界"的峰林，"坠壑成井"的圆洼地，"漩涡成潭"的落水洞，"水皆从地中透去"的伏流等，皆准确详明而又生动。《游记》还分析了各种形状的石灰岩地貌的具体成因，并考察其具体方位，研究其具体结构。这是世界上第一部关于岩溶地貌的科学文献。《游记》不假雕饰，如大自然一样质朴，亦如大自然一样瑰丽。作者怀着关切国计民生的深情，出入于自然与社会，写来文情并茂。

在中国历史上，纯粹以考察自然为目的，毕生从事旅行探险事业的，徐霞客是第一人。在中国地理学著作中，对岩石、水文、植物、气候等做多方面观察记述，开创实地考察自然、系统描述自然的新方向的，徐霞客也是第一人。在中国游记文学中，论篇幅之巨和内容之富，展现祖国山川之壮美、奇美、幽美，多姿多彩，千变万化，《游记》也是无与伦比之作。比如描述漓江夜航所见："萤阵烛（照）山，远近交映，以至微而成极异，合众小而现大观。余不意山之能自绘，更无物不能绘也！"寥寥三十七字，不唯写景胜于图画，并且悟得"无物不能绘"的哲理，而又不露议论痕迹，景趣、情趣、理趣皆臻胜境。比之柳宗元《永州八记》，并无逊色。

当万千士人在科举仕宦路上迷而不返之时，徐霞客在自然山水中写出了天地间未曾有过的奇文字。

清代前期的吴敬梓，在厌弃科举以后，以十年时间，撰写《儒林外史》。这是中国文学史上第一部也是唯一一部专门描写科举与士林风气的长篇小说。作者出身于世代科第仕宦家族，本人亦曾多次应举，故于科场及官场，在仕之官及在野之士，皆极熟悉。他由富贵入贫困，故深谙世态及人情。举凡士子躁竞、官吏舞弊、豪绅暴横、膏粱庸妄、名士招摇，皆形诸笔端，跃然纸上。历来批评科举，大抵着眼于所选未必贤士，而主司不公，才人抱屈，尤为世所诟病。

吴敬梓则另有一番见地。他认为科举官僚制度根本上就是错了。不但不第者、沉沦者是受害者，并且及第者、显达者也并非受益者。因为士人一旦看重功名富贵，必定看轻文行出处，真道德、真学问都不讲了，这才真是士人的大不幸，也才真是人间的大不幸。他这样从精神品格而不是从贵贱贫富去看士运，可谓独具只眼！他在小说第一回开篇写道：

人生功名富贵，是身外之物。但世人一见了功名，便舍着性命去求他。及至到手之后，味同嚼蜡。从古及今，那一个是看得破的！

小说中的许多士人，为了功名富贵，真是舍命追求，不惜蝇营狗苟，不惜绝情绝义。不管其间有多少挫折，多少磨难，多少失落，多少痛苦，甚至多少屈辱，都宁愿在名利场中浮沉挣扎。人格的尊严没有了！人性的善良泯灭了！这是士林真正的厄运，也是科举官僚制度对于士林的莫大的摧残。

小说中王冕的母亲临终嘱咐儿子：

我眼见得不济事了。但这几年来，人都在我耳根前说你的学问有了，该劝你出去做官。做官怕不是荣宗耀祖的事。我看见那些做官的，都不得有甚好收场。况你的性情高傲，倘若弄出祸来，反为不美。我儿可听我的遗言，将来娶妻生子，守着我的坟墓，不要出去做官。我死了，口眼也闭。

在举世都沉迷于读书做官的年代，这可是石破天惊之语。作者以官场为桎梏性灵之所在，以为有真性情、真学问者，不但不要做官，而且一定要逃官。王冕就是再三逃官，才终于葆有高洁的人品，才能够拥有相对自由的人生。

吴敬梓由反思科举而否定科举，由反思科举人生而摹写士林生态及心态。他写了士类的许多丑恶。他这样做时，不是站在士林之外讥弹指斥，而是置身士林之中，以悲悯的心，向同类指示迷误。他为当日儒林作史，为世间各色士人写照，虽尽其情伪，却存忠厚之意。鲁迅《中国小说史略》评论：

> 迨吴敬梓《儒林外史》出，乃秉持公心，指摘时弊，机锋所向，尤在士林；其文又戚而能谐，婉而多讽；于是说部中乃始有足称讽刺之书。

鲁迅以"秉持公心"评作者的用意，以"婉而多讽"评作品的境界，可谓精当。

作者的批判锋芒，虽在于士林，而用意却在为士人提供一面认识自己的镜子，促其反省。这是一部旨在拯救士人灵魂的著作。

吴敬梓以理性观照科举功名对于人性的扭曲，与程颐同时的北宋词人晏几道，视功名富贵如敝屣，选择了一任性情之自然的人生。吴敬梓笔下的王冕，是置身功名富贵之外的田园山水中葆有真性情。真实的历史人物晏几道，则是以富贵中人却蔑弃富贵，因而葆有真性情。

晏几道是历仕真宗、仁宗两朝的名相晏殊的小儿子。

黄庭坚《小山词序》说他："人英也，其痴亦自绝人。"
所谓"人英"，是说晏几道性豪，纵驰不羁；才高，词华
秀出。所谓"痴绝"，是说他一生行事，与世俗观念相
反，为世俗所不能理解。其父晏殊由科举入仕终致高位，
晏几道却不但不应举，而且"不肯一作新进士语"。按照
当时制度，他以门荫入仕，可是他不但不求升进，并且不
到退休年龄就提前早早退了。晏殊虽死，但由于多年担任
高官，门生故吏半朝堂，其中不少人愿意并且能够在仕途
上帮助晏几道，可晏几道却从不"一傍贵人之门"。苏轼
文名满天下，任职翰林学士时，曾通过晏几道的朋友黄庭
坚请与一见，晏几道却以苏轼位居政要拒绝见面。他这样
不应举，不求官，除黄庭坚等三四友人，不与官僚士大夫
交游。出身富贵，仗义助人，耗尽千万资产，家人寒饥，
却毫不介意。尤其是"人百负之而不恨，己信人，终不疑
其欺己"，真正是纯然天地间一个赤子。

他这样一个赤子，感情所寄，除少数几个朋友，就
是朋友家中的几个歌女：莲、鸿、蘋、云。《小山词》中
的不少作品，就是为她们写的。其中，第一佳作是《临
江仙》：

> 梦后楼台高锁，酒醒帘幕低垂。去年春恨却来
> 时，落花人独立，微雨燕双飞。
> 记得小蘋初见，两重心字罗衣。琵琶弦上说相

思。当时明月在，曾照彩云归。

楼台上，帘幕中，曾是与小蘋相聚之处。当酒醒梦后，对此人去楼空，情何以堪！此二句写当前寂寥境况。以下则写在当前之孤寂境中忆念往事。"去年"三句，写此时忆及去年暮春怀思小蘋时的感伤。在"微雨"的冷清中，见落花而伤流年，对"燕双飞"而悲"人独立"，怅惘深矣。此为第一层忆念。下片"记得"三句，写此时忆及与小蘋初相见时的情景。"两重心字罗衣"，只写到她的服饰。"琵琶弦上说相思"，只写到她的弹奏。然而其人之娟好，其心之灵慧，其思之深婉，皆如画分明。这是一见钟情之遇，从此便开始了铭心刻骨之恋。正唯恋情深到十分，故别意深到十分。这是第二层忆念，更深层也更缠绵的忆念。结末"当时"二句，是此时忆及与小蘋月下之别。"彩云"喻小蘋。小蘋在明月下如彩云一样冉冉离去，既写出其人如仙如幻的缥缈美，又写出其人依依难舍的别离情，"当时明月在"，是当时照见小蘋离去之明月仍在。"曾照彩云归"，是今时之月虽犹昔时之月，而小蘋归去之后再没有归来。从此便只能面对楼台高锁与帘幕低垂。惆怅之情至此而极，忆念之殷亦至此而极。当此之时，对楼台，思小蘋，离合悲欢之事与情，纷纷都到心头，盘郁纠结，今生今世，定是不得解脱了。

康有为以为"楼台"二字，造句有如"华严境界"

（《艺蘅馆词选》）此语甚谛。盖在晏几道心目中，小蘋乃华严境界中人物也。以小词写歌女，造境如此庄严，寄意如此珍重，实属罕见。昔人以晏几道追步"花间"，乃因其词多写歌女有似于"花间"，而词风婉约亦有类于"花间"。然晏几道笔下之歌女形象与感情性质，实与"花间"有别。收录晚唐五代（西蜀）词的《花间集》，大多为"裁花剪叶"之作，是以丽词描摹"娇娆之态"，乃"南朝之宫体，扇北里之倡风"。（见《十国春秋》卷五十六《欧阳炯传》）此种软媚香艳的词风，是当日官僚士大夫华侈风尚的见证。此类词作中的歌舞女子，不过是筵席间娱宾遣兴之具。晏几道则不然，他以清丽之语，写知赏之情，忆念之忱，形象则天真婉秀，感情则深挚柔厚，这不是寻常花间樽前之歌舞娱乐，而是在尘俗中觅得一片纯洁感情的空间，是彼此以天真和单纯相对，是纯情的相契，是融入晏几道全部人生中的一份至珍至贵的感情。他以赤子之心抒情，出语自然，故虽淡语而能有厚味，虽浅语而能有深致。他写出了清新淡雅有如出水荷花一样的小蘋形象：绰约而灵秀，蕴藉而风致。在中国词史上，晏几道以净洁而且真淳的词心，在众多的婉约词人中，自立规模，自成高格。

晏几道以赤子之心立身，在世俗社会中由富贵入于贫寒。但他因而有了率性的人生，有了"能动摇人心"的词作。晏几道的一生行事，表明追求功名富贵与纯真至善的人性人情不能相容，从而启迪我们反思科举官僚制度戕害人性人情的深弊巨患。

程颐、晏几道、李时珍、徐霞客、吴敬梓等人的存在，证明中国古代士群尚未丧失批判社会和批判自我的能力，尚能在一定程度上代表社会良心，尚知真性情之弥足珍贵。他们在科举仕宦以外的人生领域中取得的成功，昭示了士运和文运希望之所在。

附 论 天之未丧斯文也
——清末废科举以后

    《文摘周报》于2007年7月10日转载《北京青年报》杨早《上进》一文，该文记述民国时期一位叫陶希圣的读书人努力"上进"，终于跻身社会高层的事迹。文章从1924年写起，此时距1905年清朝废科举十九年，距1911年清朝灭亡十三年。从陶希圣这个个案，看一看废科举以后的中国读书人的人生经历，对于我们深一层认识科举制及废科举以后的中国社会和中国士林，应该是一件有意义和有兴味的事。

    1924年，陶希圣供职于上海商务印书馆编译所。像他这样的北京大学毕业生，月薪八十元，用的是三尺长、一尺半宽的小桌子，坐一条硬板凳，墨水则是工人用大壶分注到若干小瓷盂中，一人一瓷盂。若是从日本明治大学毕业回国的，月薪一百二十元，桌子长三尺半、宽二尺，也是硬板凳。若是从日本帝国大学毕业回国的，月薪一百五十元，桌子长四尺、宽二尺半，坐的是藤椅，桌子上有水晶红蓝墨水瓶，还有一个五格的木架子。而从欧美一般大学毕业回国的，月薪二百元，其他同于日本帝大回国的。至于从英国牛津、剑桥或美国耶鲁、哈佛毕业回国的，月薪二百五十元，其他同于日本帝大回国的。此外加一个硬凳子，给访客坐。这就是废科举以后的民国年间，一个并非官府的文化出版机构，工作人员待遇上的等级差别。是不是享受高待遇者能力就强、贡献就大呢？也不是。编译所的王所长，就曾夸奖陶希圣的工作绩效超过了从欧美归来的周鲠生。然而周的月薪是二百元，比陶希圣足足多出一百二十元。陶希圣因此十分气愤。他告诉妻子："我总不能在商务过一辈子，我要图上进！"

不久以后，陶希圣去了武汉，投身政界。1931年重回商务印书馆时，身份变了，待遇高了，月薪超过从哈佛、剑桥回来的人，桌子长六尺、宽四尺，上面有大玻璃板，右手边还有两部电话机，座椅可以四面转动。再以后他去北京大学做教授，再以后担任国民参政会参政员，再以后担任国民党中央宣传部副部长。二十余年间，在学界和政界都可谓春风得意。他是"上进"成功了。

当陶希圣不断"上进"，不断提升社会地位和生活待遇时，中华民族正面临生死存亡的危机，中国社会正经历纷纷不断的战乱，中国人民正遭受"三座大山"的严重压迫。陶希圣本人所为之效力的"党国"，也正在由贪腐走向衰亡。陶希圣的个人命运，不但和中华民族的命运相反，不但和中国人民的命运相反，而且与其利益所寄托的

"党国"的命运也不一致。这和科举时代许多由学而仕的读书人，一生致力于升官发财，其个人命运与国家人民的命运往往相反，并无不同。

为什么废科举以后的读书人，他们的精神面貌，他们的价值取向，他们的人生道路，他们一生活动的社会作用，与废科举以前的读书人，大致相同呢？

清朝废科举，发生在清末慈禧实行所谓"新政"期间。刚刚进入20世纪，慈禧有见于清廷统治岌岌不可终日，乃不得不于光绪二十六年十二月初十日（1901年1月29日）在西安颁发上谕，宣布变法，开启了所谓"新政"。光绪二十九年（1903），张之洞等上奏称："科举一日不废，即学校一日不能大兴。将士子永远无实在之学问，国家永远无救时之人才。中国永远不能进于富强，即永远不能争衡于各国。"（《光绪政要》卷二十九）他们建议一面兴学堂，一面分三科递减科举中额，用十年时间渐废科举。

光绪三十一年八月初四（1905年9月2日），张之洞等呈进《奏请立停科举推广学校折》，吁请慈禧"宸衷独断，雷厉风行，立沛纶音，停罢科举"，以求"转危为安"。当天，慈禧下谕："方今时局多艰，储才为急。朝廷以提倡科学为急务，每习空文，屡降明谕，饬令各省督抚广设学堂，将俾全国之人咸趋实学，以备任使，用意至为深厚。前因管学大臣［张之洞］等议奏，当准将乡会试分三科递减。兹据该督等奏称'科举不停，民间相率观望，推广学堂必先停科举'等语，所陈不为无见。著即自丙午科为始，所有乡会试一律停止，各省岁科考试亦即停止。"（《张之洞全集（三）》）

故科举之废与学校之兴，乃是19世纪60年代以来，大约半个世纪间，清政府以办洋务维护统治所必定要导致的一个结果。自从清朝在同西方列强的较量中败下阵来，洋务派就走上了逐渐接受西技、西学、西政的自救之路。他们希望以西技、西学、西政之"用"，来维护专制制度、纲常名教之"本"。慈禧的变法上谕说得很清楚："不易者三纲五常，昭然如日星之照世；而可变者令甲令乙，不妨如琴瑟之改弦。"她责令臣工们就朝章国政、吏治民生、学校科举、军制财政因革省并，各举所知，条陈上奏。显然，科举即是"可变者令甲令乙"之一种。变"可变者"，是为了保住"昭然如日星之照世"的"不易者"，即"三纲五常"。而"三纲"之首即是"君为臣纲"。所以，废科举实出发于清政府之私心。慈禧关心的是专制帝制，臣工们关心的是官僚等级特权。这两条中国社会的大毒根，恰恰是君臣们要全力保护的，恰恰是君臣们要用废科举兴学堂以富国强兵来保护的。

科举作为一种选官制度，在中国古代历史上曾经有过的几种选官制度中，是相对比较合理的一种。它以"一切考诸试篇"的原则，在中国古代社会体现了相对公平的精神，开启了平民子弟进入中上层社会的大门，终结了贵族政治。政府亦因为从全社会广选人才，多少显出生气和活力。中国古代社会政治上和文化上的诸多成就，科举功不可没。科举的问题，在于它作为一种选官制度，是为专制主义政治服务的，是与官僚等级制度相衔接的。士人读书应举，是要进入官僚机构以效力于专制皇权，并谋求荣华富贵。正是科举制与官僚制相结合，并受官僚制支配，科举才弊端丛生，士子才人格扭曲。清末朝野对科举的批判，虽不乏灼见，然亦有舍本逐末之嫌，即回避专制帝制和官僚主义政治，把本来是专制帝制和官僚主义政治的弊害，算在了科举头上。故废科举既是历史大势之所趋，又是清王朝以之作为替罪羊，希图苟延残喘。

　　既然清王朝的统治危机根本上不是由科举造成的，则废科举当然救不了清王朝。既然中国社会的种种问题根本上也不是由科举造成的，则废弃科举以后的中国社会，当然不可能面目一新。何况，清政府规定，各级各类学校的学生，以及留学归来的学生，经考试合格，即赐予或进士，或举人，或贡生，或生员的出身，并授予相应官职。（《清史稿·选举三》）科举虽废，但读书做官不变，功名等级及官职等级亦不变。实际上，废科举以后，清朝末年和民国时期，专制独裁如故，等级制度如故，官权凌驾民权如故，官场为社会最大利薮如故，官场为钻营利禄之徒所盘踞如故。

虽然因为已经不是古代社会，读书人的出路不限于从政入仕，但从政入仕仍然是最具诱惑力的一种。再者，其他领域也都在迅速衙门化。试看当年的商务印书馆，不是连用什么桌椅甚至用什么墨水瓶也是严格分等级吗？所以废科举以后的中国社会，不管你是在政界或其他什么界供职，都面临着一个自己处于什么位置的问题，因而也都会痛感身居下位的委屈并力求"上进"。"聪明人"很快发现，由于中国依然是官本位社会，由于西方文化在中国是强势文化，因而热心于从政为官，热心于出国留学。虽然不读四书、五经去应举了，虽然主要改学西方文化了，但要"上进"以争当人上人之心，与古之许多应举者没有两样。试看陶希圣的人生轨迹，时而学界，时而政界，几经腾挪，节节攀升，终至高位。他的成功奥秘，在善于凭借执政党之势力为自己"上进"开路。当国民党由立党以实现"三民主义"蜕变为结党营私以后，陶希圣这样的今之禄蠹，就都纷纷入党做官以谋私利之最大化了。

所以，废科举以后的中国社会，承袭了科举官僚制度时代的官本位制度和等级特权制度，不少读书人因而淡化了平民意识，甚至拒绝平民意识；不肯追求社会公平，甚至反对社会公平；以成为人上人为贵，甚至为荣。这样，如陶希圣那样如愿以偿者，固然趾高气扬，以能分享较多的民脂民膏为大幸。就是尚未如愿者，只要还在企求"上进"，也一定身在平民阶层却不甘于为平民，身受社会不公平之苦却无意追求社会公平。陶希圣所在的商务印书馆中，那些按照西方学制受过高等教育的职员，处于较高等级者，不是都心安理得吗？他们中间，不少人是从西方民主国家留学归来的，可他们对于等级制度提供的特殊待遇却是十分惬意的！

明乎此，也就不难明白德、赛二先生在中国社会的不同遭遇了。早在19世纪40年代魏源提出"师夷长技"之时，赛先生就开始为中国社会所接纳了。虽然此后的道路仍多障碍，但科技能够加强国家统治力并为统治者带来诸多新享受的毋庸置疑的好处，终能打破朝廷和社会的种种成见、偏见，逐渐传播开来。而当慈禧废科举时，很重要一条理由就是科举不利于科学。张之洞等人以科学为"实在之学问"，慈禧强调科学为"急务"，他们都殷殷期盼赛先生能致富强以保大清。至于德先生，清朝一直坚决拒斥。清朝废科举的用意，就是借助于赛先生之"用"，来抵制德先生，以保专制帝制之"本"。

清亡以后，民国时期，党阀们、军阀们、财阀们，无论是掌握中央政权，还是割据一方，也都无例外地接纳赛先生，并且断然拒斥德先生。近代中国的政府及其官吏既然以西学为强化专制政治之用，当然只要赛先生不要德先生。近代中国的部分读书人既以西学为晋身之阶，则与古之读书人以八股文为晋身之阶有什么本质区别呢？他们当然也只要赛先生而不要德先生。此所以近世中国社会民主之不能昌明也，亦所以近世中国之士林仍多丑态也。

《史记·孔子世家》记载，孔子困于匡，弟子们感到恐惧，孔子说："文王既没［殁］，文不在兹乎？天之将丧斯文也，后死者不得与于斯文也。天之未丧斯文也，匡人其如予何！"所谓"文"，就是道，就是孔子所提倡的修身之道，所祖述的尧舜之道，所宪章的文武之道。修身之道要求士人成为安人安天下的仁者。尧舜之道即天下为公的大同之道。文武之道即天下为家时代的王道，也就是以"礼"规范社会不同等级的权利义务，达成各等级之间关系协调，以期实现社会和谐的小康世局。（《礼记·礼运》）这是孔子标举的人格理想和社会理想。修身成为仁者就必须见利思义，与人民同忧乐。推行王道政治就要限制剥削和压迫。实现大同理想就意味着消灭剥削和压迫。这自然要遭到处于剥削压迫地位的利益集团的坚决反对。这是孔子之道不能在剥削压迫社会真正实行的根本原因。不过，孔子有着强烈的历史使命感，有着仁以为己任的担当精神。"天之未丧斯文也"，这是孔子的自信，也是历史的事实。因为这是代表社会公平与正义的人间正道，是通向天下太平之道。孔子生前，道虽不行，而在身后，却因合于人心，故在社会上不断传播开来。战国时期，成为最具社会影响力的天下"显学"。贾谊《过秦论》批评：秦之亡，亡于"仁义不施"。故西汉武帝乃不得不采董仲舒之议，确立"独尊儒术"的治国方针。其后直至清亡，历代朝廷皆相沿不改。

清初方苞《书〈汉书·儒林传〉后》感叹："儒之途通而其道亡矣！"这是揭露汉武尊儒的结果竟然是儒道沦亡。原来汉武所尊，乃经董仲舒改造之儒道，主要的一条，是引进法家韩非的"三纲"主张，将王道政治降格为霸王道杂之。而且从与董仲舒同时的儒者公孙弘曲学阿世得以拜相封侯以来，越来越多的儒者不惜枉道媚势以求富贵，儒道之渐趋沦亡与儒者人格之不断矮化，乃成为中国文化史上最令人切齿腐心的问题。黄宗羲《恽仲升文集序》惊呼："举业盛而圣学亡！"这是批评自唐至清的士人，争相投入科举之彀中，竞利禄而背大道，士心、士风都败坏了！

明人吕坤《呻吟语》卷一之四《谈道》指出："天地间惟理与势为最尊。虽然，理又尊之尊也。庙堂之上言理，则天子不得以势相夺。即相夺焉，而理则常伸于天下万世。故势者，帝王之权也；理者，圣人之权也。帝王无圣人之理，则其权有时而屈。然则理也者，又势之所恃以为存亡者也。"吕坤所说的"理"，即孔子之道。"势"之尊在于国家政权拥有强大的政治、军事、经济、文化力量。"理"之尊在于合于天意人心。吕坤看到了中国历史上以"势"夺"理"及"势"屈于"理"这样两种情况。这是因为"势"所维护的剥削压迫虐民暴政与"理"所要求的小康仁政不相一致，故"势"要夺"理"即压制摧折孔子之道。黄宗羲、方苞所说，就是此种情况。但"势"即"帝王之权"如果悍然拒绝仁政，"其权有时而屈"，一定会亡国。所以，不论权势多么暴横，"理"即孔子之道"常伸于天下万世"。

实际上，黄宗羲、方苞之论，就证明了孔子之道尚存。他们是站在孔子之道的立场上，对历代朝廷以利禄引诱士人提出严正的批判，警示士人当心利禄的陷阱。而自有科举以来，对科举的批评就从未间断。主要是批评科举如何不利于国运与民命，不利于士运与文运，不利于士风与士节，并且无例外都是从孔子之道出发加以评论。正是这些批评，在一定程度上抵制了"势"对于"理"的压迫和扭曲，减轻了科举的负面作用，使孔子之道在一定程度上得以在中国古代国家生活和社会生活中发生作用，在士人成长和文化发展中发生作用。

"天之未丧斯文也"，行科举以前如此，行科举以后如此，废科举以后仍是如此。

结　语　丹青难写是精神

　　科举制度发展并完善了官僚制度。作为选官制度，它本身成为官僚制度的一个组成部分，科场则为官场的附属部分。官场不正之风引起科场不正之风，官风之不正引起士风之不正。二者相促，官风与士风遂成堕落之定势。当士人庆幸科举制在原则上提供了平等竞争做官的机会之时，却不料正是因为如此，才把读书与做官紧紧捆缚在一起，才把士人引诱进专制主义用金丝织成的牢笼之中。士人的出路仅限于仕宦。在所谓锦绣前程的夺目光辉的炫惑下，成千成万的士人在十分狭窄的通道上拼命挤轧。大多数的士人成为拜官主义者。士风和世风都庸俗化并势利化。士人的知识技能和思想天地，变得越来越狭隘。士人的精神境界，变得越来越卑下。故从政之风并未带来实现政治理想的结果，议政之风蜕变为阿谀之风，劝学之风不过是寻觅敲门砖罢了，艺文之风不免轻薄浮华之弊。

　　由于科场录取及官场职位有限，奔竞之风与朋党之风以极其酷烈的形式，将士人投进专制皇权设置的绞肉机中。可悲的是，士人不但不悟，反而愈加嫉视同类，自残更甚。而侥幸和迷信之风，则乞怜于神助，从而丧失了自我的尊严、抱负和信念，并滋长了投机的心理。当其俯伏于权贵之前或鬼神之下时，所祈望的是借权贵或鬼神之力，使自己在竞争中处于有利的地位。这样，本来是提供平等竞争机会的科举制，由于科场和官场均盛行不正之风，不少士人反而欲借此不正之风使自己凌驾于同类之上。所以，人们虽然憎恶不正之风，然致力于反对不正之风者少，竭力利用不正之风者多，这应是不正之风长盛不衰的一个重要原因。士群内部的互相嫉视与争夺，与士人在皇权与神权面前的卑躬屈节，不但恰成鲜明的对照，并且互为因果，无休无止地恶性循环下去。于是，一代又一代的士人，争先恐后地竞走于堕落的途中。

至于有幸及第入仕者，则大抵沾沾自喜于荣华富贵之到手，遂以华侈与淫乐报偿往昔之苦读生涯，一踏入官场即成为贪鄙之俗吏。故不但官场成为奸庸人的天下，士林中的奸庸人也呈日益增多之势。正如为仕而学必然排斥许多有用的学问一样，奔竞和结党营私亦必然排斥志士仁人。士人作为知识阶层，居然容不了天才；标榜修齐治平，却容不了以天下为己任之志士。不要以为只是专制朝廷在迫害天才，士林中对于天才的摧残至少是同样严重的。实际上，朝廷总是依靠邪曲之士来迫害正直之士的。

前述孔颖达，在隋朝时，举明经高第，受任河内郡博士。隋炀帝征召诸郡儒官集于东都，在关于经学问题的辩论中，颖达显示了出众的才华。当时颖达年少，"先辈宿儒耻为之屈，潜遣刺客图之"。幸得礼部尚书杨玄感保护，才免不死。（《旧唐书·孔颖达传》）又如常敬忠，十五岁明经及第，数年间遍通五经。他的记忆力极好，一千字的文章，读一遍就能背诵。宰相张说亲自考核，一万字的文章，读七遍就能背诵。经张说推荐，任为东宫卫佐，直集贤院，侍讲《毛诗》。最后他"为同辈所嫉，中毒而卒"（《唐语林》卷三）。孔、常二人的遭遇，说明士林中相争相嫉的结果，使才士不但难得出头，甚至难得幸存。士群往往乐于容纳甚至推戴庸人。此中国历史上所以流行"庸人庸福"之说也。在此种士风的推动下，士群遂趋向于平庸化。此固中国古代士林之悲剧，亦中国古代文化之不幸也。

唐人章碣有诗曰："尘土十分归举子，乾坤大半属偷儿。"（《癸卯岁毗陵登高会中贻同志》）所谓"偷儿"，在章碣所处之世，乃指假公权牟取私利的官吏，以及恃武力强行劫夺的藩镇。科举选官制度下，大多数士人所获得的，竟是寒窗下煎熬，尘土中奔波！

然而事情不止于此。朝廷以科举牢笼士人，纳士人于一定的轨道，控制士人的思想及感情，以名利引诱士人在品格上渐趋堕落之途，并以制造士人之间的争夺来迫使士人就范。加上社会人情和家属亲情的压力，使得士人群驱争骛于功名场中，虽白首无成，仍不倦不悔。无论是不第者还是及第者，是显达者还是沉沦者，命运和心态虽然各个不同，但本质上都不能说不是悲剧人物。士人从寒窗读书开始，就为名缰利锁所羁绊，就为势利人情所驱策，一生都由不得自己。梁锽《咏木老人》曰：

> 刻木牵丝作老翁，鸡皮鹤发与真同。
>
> 须臾弄罢寂无事，还似人生一梦中。

木偶是不能自主的，科举时代的士人也是如此。经历多了，见闻多了，冷静思之，一旦悟到自己的一生不过是做了一世的木偶，岂不可伤？岂不可叹？

不过，觉悟到自己的命运可伤和可叹的，在士林中是极少数。"浮名浮利过于酒，醉得人心死不醒！"（《全唐诗话》卷六）绝大多数的士人，是至死都醉心于功名的。历来都是谋身之士多而谋国之士少，鄙俗之士多而高尚之士少，故老死于场屋者有之，不择手段以求一第或一官者有之，乱政以牟利者有之，甚至卖国以求荣者亦有之。士气因而沦替，士风因而颓靡。宋人感叹道："士大夫多被富贵诱坏！"（《宋稗类钞》卷二《躁进》）历来读书人所追求的理想，博学于文何在？行己有耻何在？修齐治平何在？不仅此也，人格之尊严何在？人生之价值又何在？故在专制制度对于士心和士气的摧残上，科举无疑发挥了重要的作用。士人一旦投身举业，背上了名利的包袄，他的精神就萎缩了，人格就扭曲了。

科举时代士人的命运，还有更深一层的原因。当以孔孟为代表的先秦士人孜孜于从政以行道和惶惶于三月无禄之时，古代士人的悲剧命运就已经开始了。虽然历来都肯定士人以天下为己任的精神，但在专制帝王的内心，其实是不以为然的。《汉书·高帝纪》所载刘邦求贤诏就说："贤士大夫有肯从我游者，吾能尊显之！"说得很清楚，天下的主人是"吾"。"贤士大夫""尊显"与否，由"吾"不由"贤士大夫"决定。清朝雍正帝宣称：

> 使孔孟当日得位行道，惟自尽其臣子之常经，岂有韦布儒生，要自做皇帝之理？
>
> （《大义觉迷录》卷二）

也还是强调士人当谨守臣仆的身份行事，并且由皇帝决定其命运。乾隆四十六年（1781）四月，已经退休的大理寺少卿尹嘉铨被处死刑，罪名之一是"著书狂悖"。（《清史稿·高宗本纪》）所谓"狂悖"，是指尹嘉铨竟在书中称大学士为"相国"。乾隆皇帝为此特别下谕说："宰相之名，自明洪武时已废而不设"，大学士仅仅秉承圣旨票拟而已。他告诫官僚士大夫们："使为宰相者，居然以天下之治乱为己任，目无其君，此尤大不可也！"（沈起炜《中国历史大事年表》）从西汉高帝到清乾隆帝，都认为只有皇帝一人才能以天下为己任。所以，虽然第一个以太牢祭孔的是刘邦，而清代皇帝祭孔更是空前隆重，但他们对于儒家提倡的士人应以治平天下为己任，骨子里是反对的。

这样，士人的政治抱负，就与皇帝家天下的私心不能完全一致。于是，在皇帝的统治术里，如何驾驭士人，就成为颇劳"圣虑"的大事。秦朝的焚书坑儒，汉朝的尊经崇儒，隋唐开始的科举取士，明清的八股文加上文字狱：所有这些，都是历代专制皇帝压迫和牢笼士人就范的大手段。古代士人所面对的，就是这样贫富、贵贱、荣辱、生死对比鲜明的两种选择。由是，古代士人的命运，就不能不受着大的利诱和大的威压的驱迫。

陶渊明不为五斗米折腰的事，一直令古代士人景仰不已。但陶渊明是有退路的，那就是"方宅十余亩，草屋八九间"（《归园田居》），在那里保障着他的生计，使他能够"登东皋以舒啸，临清流而赋诗"（《归去来兮辞》）。至于晚唐诗人李商隐，之所以不能不"薄宦梗犹泛"者，就因为"故园芜已平"也（《蝉》），他已经断了归乡的路。当陶渊明最后一次辞官归隐时，曾坦率地承认自己过去迷误的原因在于"心为形役"，即人格和精神受着血肉之躯的生存需要的奴役。此种"心为形役"的痛苦，一直如影随形地困扰着历朝历代的读书人。

当士人窘于生计时，其中的多数人是会人穷志短的。

古代士风的沦替，第一个原因是移于贫贱，第二个原因是淫于富贵，第三个原因是屈于威武。专制皇帝用以摧折士气的一个重要手段，就是将士人置于穷困境地。《列子·天瑞》说："贫者，士之常也。"故士多清贫，乃专制政治蓄意造成的。

"满朝朱紫贵，尽是读书人"，这是科举官僚制度带来的社会政治现象。然而，在满朝贵士的后面，是世上大量的贫士。清代小说《花月痕》，写韦痴珠与韩荷生皆高才之士，游幕并州，皆与名妓相恋。韦所爱者刘秋痕，韩所爱者杜采秋。韦遭逢不偶，困顿而死，秋痕以身殉情。韩则宦途显达，竟至封侯，采秋为一品夫人。作者之旨趣，在使升沉相形，盖感慨于士人命运而作也。科举时代士人的命运不定，穷与达两种极端的境遇，在对照中更见分明，更觉可悲。

无论贵士或贫士，一心所专注的，都是一个"贵"字。正是读书做官的科举制，使文化和教育成为专制政治的附属品，使士人甘心成为专制帝王的御用工具。以"洞房花烛夜，金榜题名时"为理想结局的小说、戏剧之盛行，淋漓尽致地反映了科举时代读书人的迷梦。清代小说《野叟曝言》中，主人公文素臣文武双全，无所不能，而又生逢良辰，遭遇明主。文治武功集于一身，天子尊为"素父"。居家则姬妾环侍，有二十四男。男皆富贵，且生百孙。复有曾孙、玄孙。而母寿百岁，喜见"六世同堂"。另一本清代小说《青楼梦》,叙写金挹香先为寒儒,怀才不遇,却得青楼女子慧眼相识于穷途。后来,金由科举及第做官,纳名妓五人为妻妾。再后来金挹香悟道升仙,并度其妻妾飞升。作者的理想,是"游花国,护美人,采芹香,掇巍科,任政事,报亲恩,全友谊,敦琴瑟,抚子女,睦亲邻,谢繁华,求慕道"。以上两本小说,把科举时代读书人的追求,包括在家与在国的好处,入世与出世的利益,可能实现的和不可能实现的种种欲望,都以最佳方式得到了满足,真可谓占尽了人间甚至天上的一切好处。这自然是妄想,只见其荒唐;但却反映了科举官僚制下一部分士人贪欲的无所不至。故专制皇权以科举官僚制度把读书与做官与特权联结起来,诱导士人自愿地走上堕落之路,陶醉于春风得意,沉湎于温柔富贵,恣意于作威作福。圣贤之教,义利之辨,愧耻之心,全没有了。这是士人的非人化,是士运的真正浩劫。

唐代科举官僚制度下,士人的命运和心态,已足令人悲慨。宋以后,尤其是明清,科举官僚制度对士人的牢笼和对士心的戕害尤烈,士人命运愈益不幸,士人情怀更加鄙俗,故吴敬梓愤而著《儒林外史》。在小说的结尾,士林中贞士凋零殆尽,作者赞赏的几位奇人,一为"会写字的",一为"卖火纸筒子的",一为"开茶馆的",一为"做裁缝的":皆非士流中人。作者于士林可谓绝望矣。

吴敬梓笔下的这几位人物,虽然生活在"市井中间"，却都有着士人的气质。该书第五十五回写道：裁缝荆元，"每日替人家做了生活，余下来工夫就弹琴、写字，也极喜欢作诗"。朋友们和他相与的问他道："你既要做雅人，为什么还要做你这贱行？何不同些学校里人相与相与？"荆元回答：

> 我也不是要做雅人，也只为性情相近，故此时常学学。至于我们这个贱行，是祖父遗留下来的。难道读书识字，做了裁缝就玷污了不成？况且那些学校中的朋友，他们另有一番见识，怎肯和我们相与？而今每日寻得六七分银子，吃饱了饭，要弹琴，要写字，诸事都由得我。又不贪图人的富贵，又不伺候人的颜色，天不收，地不管，倒也快活。

当时的学校、官场，所谓的"雅人"中间，情形是怎样的呢？

> 论出处，不过得手的就是才能，失意的就是愚拙。论豪侠，不过有余的就会奢华，不足的就是萧索。凭你有李、杜的文章，颜、曾的品行，却是也没有一个人来问你。所以那些大户人家，冠、昏（婚）、丧、祭，乡绅堂里，坐着几个席头，无非讲的是些升、迁、调、降的官场。就是那贫贱儒

生，又不过做的是些揣合逢迎的考校。

比较起来，在裁缝荆元这些"奇人"那里，有真性情，有真见识，有自由自在的精神天地；而在学校、官场那班"雅人"群里，却只有势利和虚伪。

荆元这些人的高风卓行，不但是由于"又不贪图人的富贵，又不伺候人的颜色"，而且还由于靠了裁缝之类的职业，"每日寻得六七分银子"，可以不愁生计，这才能免去"心为形役"的痛苦。《儒林外史》结尾的这番叙写，透露了一个新的重要的时代信息，士人可以在科举做官之外，另辟人生之路。

明代大儒王守仁为一位先为士人后为商人的方节庵作《节庵方公墓表》，其中说："四民异业而同道"，意谓士、农、工、商"四民"虽然所操之业各异，但"其归要在于有益于生人之道，则一而已"。这就突破了过去的士高于农、工、商的旧传统。他指出：

> 自王道熄而学术乖，人失其心，交骛于利，以相驱轶，于是始有歆士而卑农，荣宦游而耻工贾。夷考其实，射时罔利有甚焉。特异其名耳。

这里，王守仁批评尊仕宦而卑农、工、商，是"人失其心，交骛于利"的结果，而仕宦者之贪利，有甚于农、工、商。所著《传习录拾遗》说：

> 果能于此处调停得心体无累，虽终日做买卖，不害其为圣为贤。何妨于学？学何贰于治生？

所谓"心体无累"，即不汲汲于营利。为农、为工、为商而汲汲于营利，亦犹为士而汲汲于求官谋富贵，皆为有累于"心体"。若无"营利"之心，则为农、为工、为商，皆不妨于学，即不妨于为士。甚至"终日作买卖"，亦"不害其为圣为贤"。王守仁为之作墓表的方节庵，就是士人从商以后，虽终日做买卖，但仍讲究"忠孝节义"之道者。

清初儒者唐甄，晚年经商，他在《养重》一文中说："我之以贾为生者，人以为辱其身，而不知所以不辱其身也。"唐甄"以贾为生"，这才"不辱其身"，即不因为生计困难而"心为形役"。这与荆元以裁缝为生，这才自得其乐，是相似的。

此种士人不妨为商、为农、为工、之说，在一定程度上将士人从科举做官的狭小圈子中解放出来，不但士人谋生的路子比较广阔了，而且高尚之士可以免去"心为形役"被迫仕宦的痛苦。明清之际的大儒顾炎武，在致力于学问的同时，也经营农、商，"累致千金"。（《鲒埼亭集》卷十二《亭林先生神道表》）这使他的生计不成问题，从而为他的治学，为他坚持义不仕清的气节，提供了物质上的支持。另一位明遗民归庄，在《严氏传砚斋记》中写道："盖今之世，士之贱也甚矣！""今之世"，即明清易代之世。"士之贱"，谓士人为生计所迫觍颜求仕于清政府。归庄在此文中劝告亦士亦商的严舜工说："吾为舜工计，宜专力于商，而戒子孙勿为士！"原因是为士不免于要仕宦求禄以解决生计问题，那样一来，岂不要改节事清了？

《儒林外史》第四十六回写虞博士对杜少卿说：

> 我本赤贫之士，在南京来做了六七年博士，每年积几两俸金，只挣了三十担米的一块田。我此番去，或是部郎，或是州县，我多则做三年，少则做两年，再积些俸银，添得两十担米，每年养着我夫妻两个不得饿死，就罢了。子孙们的事，我也不去管他。现今小儿读书之余，我教他学个医，可以糊口。我要做这官怎的？

虞博士自己，只要能够"不得饿死"，就不做官。他希望儿子学医为生，也不做官。这就不是传统的学而优则仕，而是学而优不仕。这既是由于官场太污秽，令人厌恶；也是由于官场桎梏人的性灵，约束人的自由。故士之欲葆其人格之尊严与独立者，不能不弃之如敝屣。

　　诚然，学而优不必仕的新思想和新作风，只见于士林中的少数人，但其意义重大，因为这代表了士林的新精神，启示了士林的新机运。一直受着科举官僚制度牢笼的士心，终于有了觉悟。真正的豪杰之士，才能从科举制这个皇帝设置的"彀中"摆脱出来。而一旦出其"彀中"，士的精神也就翱翔于太空了。

　　不过，学而优可以不仕，可以为商、为农、为工，但这不是目的。诚如王守仁所说，士可仕、可商、可农、可工，如不汲汲于营利，皆不妨于为圣贤。如汲汲于营利，则皆同样卑劣。所以最根本的，是"士志于道"。在科举时代，优秀的士，有仕宦而"仁以为己任"的，如范仲淹一类人物。

　　但更多的，是在文化事业上坚持"仁以为己任"，并有所建树。

　　孔子晚年语曰："君子病没世而名不称焉。吾道不行矣，吾何以自见于后世哉？"（《史记·孔子世家》）孔子此语，乃谓君子所憾恨者，为道之不行，故名不称于后世。这里所关心的，是道不是名。"没世"者，身死以后也。身死以后，不可能求名。不可求却"疾没世而名不称于世"，所疾乃生前无益于世，故名与身共朽也。唯生前孜孜行道有益于世，则没世而名称于世，可谓不朽。再者，生前如以枉道得名，其名亦必不能称于身后。没世而能名称于世，则其一生志业，必定有所裨益于当世及后世。故君子所当致力的，是道不是名。所接受的，是历史的检验。孔子的政治主张不获施行，但他一生行道的结果，是在文化史上成就了伟业。司马迁赞叹说：

> 天下君王至于贤人众矣，当时则荣，没则已焉。孔子布衣，传十余世，学者宗之。自天子王侯，中国言六艺者，折中于夫子，可谓至圣矣！

孔子之为"至圣"，是由于他在文化上而非政治上的成绩。

司马迁是一位有节概的士人，他以遭受腐刑为奇耻大辱，然而却"隐忍苟活，函粪土之中而不辞"，原因就在于他"恨私心有所不尽，鄙陋没世，而文采不表于后也"！（《汉书·司马迁传》）《史记》之作，使他名垂千古。

曹丕《典论·论文》曰：

> 是以古之作者，寄身于翰墨，见意于篇籍，不假良史之辞，不托飞驰之势，而声名自传于后。

曹丕是皇帝，但他在历史上的影响，仍以文化上的成就比较长久。故自孔子以来，"仁以为己任"和"疾没世而名不称焉"，成为中国历代优秀士人孜孜不倦的追求。于是，在中国古代的士传统中，士人人生价值的实现，主

410

要寄托在文化上，其次才是在政治上。中国历代优秀士人
因此具有高度自觉的文化使命感。优秀的士人，无论遭遇
的顺与逆，皆始终致力于文化的传承与创造。科举官僚制
度不能完全牢笼士心，这是最重要的原因。苏轼《潮州韩
文公庙碑》称赞韩愈："匹夫而为百世师，一言而为天下
法。"孔子以后，这是中国古代士人希望达到的最高境
界。中国历代的优秀士人，由于胸中有此境界，故能在
污浊中求清高，在困顿中求远举，在束缚中求自由，在挫
折中不失激扬，在穷愁中不废著述。我们因此才有孔子，
有司马迁，有王充，有陶潜，有杜甫，有苏轼，有张载，
有朱熹，有王守仁，有王夫之，有吴敬梓，有曹雪芹。还
可以列出一大串光照古今的名字。有了这许多卓越的文化
人，才有无比灿烂的中国古代文化。历史已经表明，中国
历代士人留在文化史上的业绩，远远高于他们留在政治史
上的业绩。

在科举官僚制下，古代士人的身心虽都受着煎熬，却
尚有生气、壮气和豪气，亦尚有清气、逸气和奇气。王冕
似的嶔崎磊落之士，代不乏人。专制政治终于不能使士心
死尽，这是值得庆幸的。而自隋唐以来一千数百年间科举
官僚制度对于士心的戕害，则有必要认真反思。

王安石《读史》诗曰："糟粕所传非粹美，丹青难写
是精神。"为历史上的士人传神写心，是最难最难的事。
笔者虽勉力为之，结果如何，也只有等待读者批评了。

再版后记

本书于1998年第一次出版。此次修订再版，除对原文有所增、删、改，又在第三章增写了"扫眉才子知多少"一节，第四章增写了"正己以待天下"及"柳暗花明又一村"二节，还在"结语"以前加写了"附论"。

本书初版及修订再版，均得到人民出版社资深编辑陈来胜先生严谨细致的审读和编辑加工，谨此致谢！

己丑年霜降日于成都未济书屋

第三版后记

　　此次修订出版，部分章节有所增、删、改。其中，第一章"七岁神童古所难"一节，第二章"玉经磨琢多成器"一节，第三章"特立敢言人所难"一节，第四章"正己以待天下"一节和"柳暗花明又一村"一节，增改较多。此外，第三章加写了"一代文人有厄"一节，第四章加写了"此身合是诗人未"一节。

　　感谢四川人民出版社壹卷工作室为出版本书所做的工作!

癸卯年白露日于成都未济书屋

附　识

看完清样，不由想起王国维的一首小词《浣花溪》：

> 天末彤云暗四垂，失行孤雁逆风飞。
> 江湖寥落尔安归？□□陌上金丸看落羽。
> 闺中素手试调醯，今宵欢宴胜平时！

词的上阕，写孤雁的苦况。天上阴云密布，寒风凄
紧。这样的天气，对于飞雁是可怕的，何况又是一只失群的
孤雁！何况这孤雁又是逆风而飞！第三句，是词人同情并担
心孤雁，忍不住问："江湖寥落尔安归？"江湖空旷阔远，
你能归向何处呢？

下阕，写一夕欢宴的盛况。"陌上"句承上启下。
"落羽"句，谓雁惨遭杀害。它是被陌上人的金丸打杀
的。"闺中"句，谓烹调雁肉制成佳肴。"今宵"句，谓
人们因为席上多了一味雁肉，于是欢宴胜于平时。

词分两阕，分写两种境遇，两种感情。苦与乐，悲

与欢，分明对立。并且，又不只是对立而已。两种境遇，两种感情，还是相关联的。孤雁的死，由于陌上射来的金丸，则孤雁的厄运，来自欢宴的人们。而今宵欢宴之所以胜过平时，又是由于孤雁的死，则宴席上的人们的欢乐，实由于孤雁惨遭杀害。这样两两的对照，千古以来人间苦乐对立悲剧，苦乐因果的关系，真是触目惊心！

词人运用象喻手法，通过孤雁的不幸，揭示人间的惨剧，言近旨远，见微知著。其中有关欢宴者的描写，委婉含蓄，不着贬词，而讽世极深。"闺中素手"，何等秀丽，岂是作恶之手？岂有作恶之意？然而人世悲欢的真实消息，却由此透露出来。剥削压迫者在宴席间觥筹交错之时，何曾想到这醉人的美酒，原是生民的血泪，这可口的佳肴，原是百姓的脂膏呢！人与人之间，就是这样地苦乐不通！

为什么科举时代的许多士人，虽然读的是安人安天下的圣贤书，却在做官以后残民以逞呢？原因就是自私逐利之贪欲泯灭了不忍人的恻隐之心。

昔年读陶渊明《桃花源记》，曾有句云："桃源路断何处寻？桃花流水自秋春。古今世局纷争苦，可有几人觅桃源？"

呜呼！古之士已矣。

今之士如何？

今之士该当如何？

壬寅年二月初二

YE BOOK

洞 见 人 和 时 代